일본의 재난·안전과 지방자치론
포스트 3·11 동일본대지진의 거버넌스

가와무라 가즈노리 편저
김영근·김경림 옮김

진인진

일본의 재난·안전과 지방자치론 포스트 3·11 동일본대지진의 거버넌스

초판 1쇄 발행 | 2019년 3월 11일
편 저 자 | 가와무라 가즈노리
옮 긴 이 | 김영근·김경림
발 행 인 | 김태진
발 행 처 | 진인진
편   집 | 김민경
등   록 | 제25100-2005-000003호
주   소 | 경기도 과천시 별양상가 1로 18 614호(별양동 과천오피스텔)
전   화 | 02-507-3077~8
팩   스 | 02-507-3079
홈페이지 | http://www.zininzin.co.kr
이 메 일 | pub@zininzin.co.kr

ISBN 978-89-6347-347-5   93300

東日本大震災と地方自治 ― 復旧·復興における人々の意識と行政の課題
Copyright (C) ぎょうせい, 2014
Korean Translation Copyright (C) Zininzin Co., Ltd 2019

*책값은 표지 뒤에 표시되어 있습니다.
*이 저서는 2007년 정부(교육과학기술부)의 재원으로 한국연구재단의 지원을 받아 수행된 연구임(NRF-2007-362-A00019).

목차

역자 서문 일본의 재난·안전과 지방자치를 묻는다 _7

에필로그 _13

제1장   3·11 동일본대지진의 특징과 교훈 _29

제2장   재해지에서의 이타적 활동은 어땠을까?
            - 조사 결과로 보는 센다이 시민의 볼런티어(봉사) 활동·절전행동 _57

제3장   재해지역 재일본대사관의 정보발신 및 과제 _77

제4장   재해와 '지역의 인프라스트럭쳐(교통)' 확보 _97

제5장   사회단체조사를 통해 본 3·11 동일본대지진
            - 재해지역의 지원과 재해 대응에 관한 평가 _115

제6장   재해 복구와 부흥에 대한 평가
            - 센다이 시민의 의식조사 결과 분석을 중심으로 _137

제7장   '새로운 공공' 지원사업의 교훈
            - 운영위원의 경험과 지혜 _157

제8장   '이웃의 힘'의 의한 재해 복구와 부흥 _175

제9장   가설주택자치회는 유대관계로 형성된 것인가?
            - 자치회 임원에 대한 청취 조사 결과에서 _197

제10장	무엇이 복구·부흥을 지연시키는 것인가? - 주민참여의 역기능에 주목하자	_219
제11장	공무원 제도가 초래한 재해 복구·부흥의 지연 - 수장의 리더십과 관계를 의식하며	_243
제12장	시정촌은 위기관리·부흥의 단위가 될 수 있을까? - 시정촌 합병 효과를 중심으로	_261
제13장	지자체 간 클라우드의 가능성에 대한 고찰 - 재해시 상호응원협정과 비교에서	_285
부 록	센다이 시민의식조사·센다이 북부조사 내역	_309

참고문헌　_312

집필자 소개　_325

역자 소개　_327

색 인　_328

일러두기

1. 본문에서 사용하는 일본어 표기는 가능한 한 원어발음을 사용하고, 외국어표기법과는 달리 장음과 단음을 구별한다.
   예) 南三陸 → 미나미산리쿠 南三陸, 오오츠치쵸 大槌町

2. 일본의 행정구역인 시나 현은 아래와 같이 표기했다.
   예) 仙台市 → 센다이 시(仙台市), 福島県 → 후쿠시마 현(福島県)

3. 일본어의 동일본대진재(東日本大震災)는 동일본대지진으로 표기하고, 이하 사용되는 한신·아와지대지진 등은 하나의 고유 명사로 여겨 띄어쓰기를 하지 않았다.
   예) 東日本大震災 → 동일본대지진

4. 일본의 지방자치체라는 용어는 '자치체', '자치단제' 혹은 '지지체'를 혼용하고 있다.
   예) 自治体 → 자치체, 지자체, 자치단체

5. 최근 들어 일본어 원어발음에 익숙해 지고 있는 쓰나미 등의 단어는 병행표기하고 있다.
   예) 津波 → 해일, 쓰나미

역자 서문

일본의 재난·안전과 지방자치를 묻는다

김영근

왜, 또 다시 3·11 동일본대지진(2011)을 주목해야 하는가

 일본은 물론 전세계에 크나큰 충격을 안겨준 '3·11 동일본대지진(2011)'을 현장에서 경험한 저자 가와무라 가즈노리 교수가, "부흥을 위해서 해결해야 할 문제는 무엇인가"라는 문제의식 하에 집필(2014)한 이 책 '일본의 재난·안전과 지방자치론: 포스트 3·11 동일본대지진의 거버넌스'를 소개하기까지 5년이 흘렀다. 3·11 대재해라고 하는 비단 일본만의 문제가 아닌 초국가적 대재난에 대해 과연 일본의 지방지자체는 어떻게 대처하였으며 또한 이를 통해 한국의 지방행정에 던져진 교훈 및 과제는 무엇인가를 제시해 주는 중요한 지침서라 할 수 있다.

재해 현장을 몸소 체험하고 학문적 교훈으로 담아내려는 가와무라 교수의 지금까지의 노력이 결실을 맺은 것으로 평가할 수 있다. 위와 같은 문제의식을 바탕으로 ① 동일본대지진의 실체와 그 대응과정에 대한 지방, 시민, 볼런티어, 대사관 등 현장의 인식과 평가를 점검해 보고, ② 대재난에 대비한 국가라는 행위자와 대비되는 지역적 혹은 지방지자체의 위기관리 체계와 정책결정 과정의 문제점과 과제를 선명하게 부각시키며, ③ 향후 이러한 제반 문제점을 극복하기 위해 '센다이 시민의 의식조사 결과'를 바탕으로 재해 복구·부흥에 대한 현장 경험의 평가와 대안을 모색하고 있다.

일본의 재난·안전 행정을 해부해보자.

정치학 전공의 필자는 3·11에 관해 상정외라는 키워드로 설명한다. '상정외'라고 하는 용어는 재난 대응(예방)에 관해 준비 부족이었음을 인정하는 말로 정의한다. '마치 변명하듯 안이하게 이 말을 사용해서는 안 되며, 왜 예상밖의 상황으로 전개되었는지에 대해 분석하여 또 다시 같은 일이 반복되지 않게 검토해야 한다.'(제1장 참조), 한국이 일본의 교훈을 살려 재해 발생 시 안전행정체제를 구축하기 위해서는 귀담아 들어야 한다.

'3·11 동일본대지진과 지방자치: 복구·부흥에 대한 사람들의 의식과 행정 과제' 분석을 목표로 하고 있는 이 책은 다음과 같이 세 가지로 요약할 수 있다.

첫째, 동일본대지진의 특징을 지방자치의 관점에서 분석하고 있다(제1장). 복구·부흥에 대한 프로세스와 메커니즘을 이해하기 위해서 센다이 시민들이 재해지역에서 이타적 활동, 즉 봉사활동에 관해 어떻게 받아들이고 있는지를 고찰(제2장)하고 있다.

둘째, 재해지역에서 필요한 정보와 미디어, 행정 대응, 안전의식 등에 관해 논하고 있다. 주일 대사관이 필요로 하였던 재해지 정보(제3장), 재해지역의 인프라스트럭쳐(교통)에 관한 대응(제4장), 사회단체 조사를 통해 본 동일본대지진 재해지 지원와 재난 대응 평가(제5장), 센다이 시민의 복구·부흥에 대한 의식을 분석(제6장)하고 있다.

셋째, 재해 현장에서의 경험을 통해 얻어진 매우 유용한 교훈을 이슈별로 제시하고 있으며, 이는 지역적 차원의 해결이 우선되어야 한다는 주장과 맞물려 있다. '새로운 공공' 지원사업의 한계(제7장), 재해 복구·부흥과정에서의 '이웃의 힘'(제8장), 가설주택자치회와 유대감(제9장), 복구·부흥 프로세스와 주민참여의 역기능(제10장), 재해 리더십 분석(제11장), 위기관리·부흥의 적정 행정구역(제12장), 지자체 간 협치 가능성 고찰(제13장)로 맺고 있다.

안전 대한민국을 위한 일본의 교훈은 무엇인가

주지하다시피 일본의 지방(地域)은 중앙정부나 도쿄(東京) 등 대도시와는 달리 재해를 경험한 지역일수록 급격한 인구 감소와 한계마을이 속출하고 있다. 여러 조사 결과가 보여주듯이 3·11 동일본대지진 이후 일본(인)의 삶의 방식과 존재 의미는 크게 변화하고 있다. 생소한 삶과 죽음을 논하는 '생사학(死生學)'이나 종교학이 재해와 깊숙하게 논의되고 있다. 뉴노멀(New Normal)을 지향하는 가치관의 변화도 감지되고 있다. 후쿠시마 원전사고 이후 중앙과 지방이 자원·에너지의 확보 방안이나 미래 안전도 생각하는 탈(脫)원전 논의와 대체에너지(바이오매스 산업)의 모색 등 다양한 노력이 진행되고 있다.

저자는 재해시의 지원방안 및 재해 발생 후(災後)의 대응 등 향후 안전을 짊어지고 나갈 행정 직원이나 학생들에게 필독서가 되길 희망한다. 역자 또한 절대적으로 이에 동감하며, 한국의 재난안전 관련 정책 결정자, 재해대책 관계자, 학계·정관계·경제계·언론·방송계 전문가는 물론 일반 시민들에게도 재난에 대한 새로운 성찰과 대응지침을 마련하는데 크게 기여할 수 있을 것으로 판단한다.

이 책이 우리에게 던지는 여러 문제의식이 고스란히 한국의 지방지자체가 앞으로 대비해야 할 재난과 안전 행정에 관한 소중한 교훈으로 남았으면 하는 바람이다. 일본의 교훈을 한국, 특히 지방(지자체)의 재난·안전 거버넌스의 현황과 과제를 점검하는데 일조하고자 한다. 3·11 동일본대지진 발생으로 인해 지방선거가 연기되거나 유권자의 표심변화에 영향을 미친다는 점을 감안할 때 재해와 지역정치의 과제에 관해서도 논의되어야 할 것이다. 2014년 4·16 세월호 재해가 발생한 지 얼마 지나지 않은 '6·4 지방선거'에서 안산시와 인천지역, 나아가 이들 지역을 포함한 경기도지사 선거는 전 국민의 관심이 집중된 지역이었다. 만약 재난관리가 미흡하여 정부에 대한 불만이 곧 야당 후보자에게 유리한 선거과정으로 전개되지 않았다는 점을 감안하면 아직까지도 재해와 선거의 연관성은 일본에 비해 매우 낮은 것으로 평가된다. 물론 박근혜 정부에서 문재인 대통령으로 정권교체가 이뤄지는 과정에서 재난과 안전 이슈가 확연하게 국민의 생활 속으로 파고들고 있어, 한국 또한 크게 변화하고 있다. 국민의 안전과 생명을 지키는 안심사회 구축을 최우선 국정전략으로 정립하는 데 주안을 두고 있는 가운데 인간의 안전이 먼저라는 의식을 시작하고, 실천(체화)해야 된다. 재난관리와 안전행정이라는 관점에서 지방선거의 중요성은 아무리 강조해도 지나치지 않는다. 다만 중앙정부나 지방정부에 우리의 안전을 위임할 수는 없다. 재해는 언제 어디서 찾아올지 아무도 모른다. 가족은 물론이거니와 국가(정부) 혹은 지방자치단체가 항상 함께하지도 않는다. 상황에 맞는 최선의 방법으로 자기 스스로 결정하고 안전을 도모해야 한다.

대한민국은 한동안 지진 안전지대라는 인식이 있었다. 하지만 최근 한반도에서도 대형 지진이 잇따라 발생하면서 지진에 대한 예비지식이 없었던 우리들을 당황하게 하였다. 더 이상 '절대' 안전하다는 것은 존재하지 않는다. 항상 나와 내 주위에 닥칠 '만일'의 경우를 대비해야 한다. 재난·안전 이슈에 관해서 '9·12 경주지진(2016)', '11·15 포항지진(2017)' 피해 이후 관련 중앙정부의 특별 재난지역 선포 등 다양한 노력들이 이어지고 있으나 아직까지는 일본과 같이 생활안전을 위한 매뉴얼의 표준화와 시스템의 통합을 구축하기까지는 가야할 길이 멀게 느껴진다. 이 책을 통해 '재해에서 살아 남기'는 물론이거니와 재해 이전(災前) 대비해야 할 다양한 일본의 대응사례들이 한국형으로 잘 소화되기를 기원한다.

마지막으로 이 책을 번역 출간하는 데 도움을 준 고려대 대학원의 최수연(중일어문학 박사과정 수료), 김승현(중일비교문화학 박사과정), 최은지(영상문화학 석사과정)의 세 분에게 깊은 감사의 마음을 전한다.

부디 이 책을 읽은 독자들이 우리의 위기관리 시스템을 재점검하고, 한국의 가장 중요한 미래 이슈로 재해와 안전문화를 구축하고자 하는 계기가 마련되길 바란다.

역자를 대표하여
고려대 글로벌일본연구원
사회재난안전연구센터장 김영근

에필로그

가와무라 가즈노리

1. 단편적인 정보로 그려진 재해지

2011년 3월 11일, 연구실에서 접객 중이던 필자의 휴대전화로 긴급 지진 속보가 왔다. 그 후 강한 흔들림에 휩쓸려 필자는 방문객과 함께 황급히 책상 밑으로 숨었다. 동북지방 태평양 먼 바다에서의 지진이었다. 흔들림이 진정되고 난 후 정전이 된 가운데 우리는 연구동 앞에 있는 광장에 집합하여 점호를 하고 있었다. 그러는 사이에 거대한 쓰나미(해일)가 태평양 연안부로 다가오고 있다는 사실을 휴대전화의 지상디지털방송(ワンセグ)[1] 방송을 통해 알게 되었다. 집으로 가는 도

---

1 완세구(ワンセグ)란 'One(1) Seg(ment)'의 일본식 표기로 지상디지털방송의 별칭으로 사용되고 있다. 주로 휴대전화 등 휴대기기를 수신 대상으로 하는 지상디지털방송을 일컫는다. 정식 명칭은 '휴대전화·이동체 단말기용 1 세그먼트 부분 수신서비스'이다. 쉽게 말해 휴대전화를 통한 TV시청을 뜻한다. 2006년 4월부터

(사진 1) 재해 직후의 연구실 상황
출처: 필자촬영(2011년 3월 12일)

로가 통행금지 되는 등 어느 쪽으로도 차가 통행할 수 없다는 것을 알고, 결국 3일간 연구실에 머무르게 되었다. 전기가 들어오지 않는 곳에서 보낸 것은 오래간만이었다.

(사진 1)은 지진의 강한 흔들림에 의해 책이 어질러진 지진 직후의 연구실 모습이다. 강한 흔들림에 의해 복사기는 원래 있던 곳에서부터 1m 이상이나 움직였으며, 무거운 책장 밑으로 책이 들어가 힘을 주어 책을 빼내려고 해도 뺄 수가 없었다. 또한 연구실 벽에는 몇 군데 균열이 생겼다. 연구동에서도 지진의 무시무시함을 느낄 수 있는 흔적이 생긴 것이다.[2]

주요 29개 도도부현에서 개시되었으며, 같은 해 12월에 전 지역으로 서비스가 확대되었다. _역자 주
2 2011년 4월에 발생한 대규모 여진 등의 영향으로 인해 도호쿠대학 아오바야마 캠

〈사진 2〉 지진 직후의 센다이항 주변
출처: 山本(야마모토) 근해우편선센다이영업소 소장(당시) 제공

퍼스 내의 연구동 가운데에는 재건축을 해야 되는 건물도 있었다.

지진 직후 정보를 얻을 수 있는 방법은 오로지 휴대전화를 이용한 완세구 방송이나 인터넷을 이용하는 방법 밖에 없었다. 다만 정전이 장기적으로 지속된 결과 자가용차의 배터리 등에 의존해야 하는 상황이 되었다. 재해 시에는 휴대전화의 활용을 호소하는 의견들이 있었지만 어디까지나 '전기가 곧바로 복구되는 것이 전제'라는 것을 뼈저리게 느꼈다. 지진 발생 후부터 10일 정도 지나서 센다이항 주변의 영상파일을 손에 넣을 수 있었다(사진 2). TV 뉴스 등에서 해안부의 영상을 본 적 있지만 컨테이너가 옆으로 쓰러진 장면이라든지, 주변 도로가 진흙에 묻혀 자동차가 여기저기에 휩쓸려져 있는 영상을 보며, 자연의 위협을 재확인하는 동시에 앞으로의 복구는 쉽지 않을 것이며, '정치(정부)는 어떻게 처리할 것인가'에 대해 깊이 생각해 보았다.

2011년 3월 말, 연구 보고를 위해 한국으로 출장을 갔다. 도호쿠신칸센이 멈췄으며, 도호쿠 자동차도로도 통행금지였지만 자가용차에 휘발유가 있었기 때문에 간신히 하네다 공항에서 서울행 비행기를 탈 수 있었다.

한국에서는 필자의 보고(내용)보다는 지진에 관한 질문에 시간을 더 많이 소비하였다. 대지진 직후 센다이와 도호쿠 지방이 어떻게 되었는지에 대해서였다. 다양한 미디어 정보와 함께 현지의 지인·친구들이나 일본에서 온 귀국자 등에게 어느 정도 정보를 입수하고 있었지만 한국의 연구자들이 파악하고 있는 재해지 정보들은 단편적인 정보들 뿐이었다. 그 중에는 "센다이는 괴멸한 것이 아닌가?", "어떻게 물도 기름도 없는데 질서가 유지될 수 있는지 궁금하다"라는 질문도 있었다. 이러한 질문에 대해 필자는 "쓰나미에 의해 연안부는 심각한 피해를 입었지만 센다이 시 중심부의 피해는 그 정도 까진 아니다"라는 점

을 강조해 설명하면서 "단편적인 정보를 통해 우리들은 이 세계를 인식하고 있다"는 것을 새삼 느꼈다.³

지진이 발생한 지 반년 정도가 지난 후 지진 직후의 TV영상이 편집되어 DVD 등의 매체로 만들어져 일반서점에 진열되었다. DVD를 구입하여 도호쿠대학의 교양교육 수업에서 학생들에게 보여주자 안색이 굳어진 학생들이 많았다. 그 중에는 "충격이 너무 커서 미치겠다"며 얼굴을 가리는 학생도 있었고, 심지어는 교실을 나가는 학생도 있었다. 학생들에게 다음과 같은 점을 언급한 바 있다.

> 이 DVD 영상은 재해지의 모든 것을 비추고 있지 않다. 예를 들어 영상 속에서는 시신 영상이 전혀 없지 않은가……⁴

재해 직후 인터넷상에서는 개인이 찍은 재해지의 충격적인 영상들이 유포되고 있었다. 이들의 기록 영상은 재해지의 상황을 생생하게

---

3 여담이지만 한국 출장을 마치고 돌아가는 길에 김포공항의 수하물 검사장에서 검사관이 나를 불러 세우고는 보통 일반 줄과 다른 장소로 이동시켰다. 왜 이동시켰는지 처음에는 잘 몰랐다. 그러나 측정기를 발견하고서야 비로소 이해가 되었다. 검사관은 여권에 적힌 '센다이'에 반응한 것이다. 후쿠시마 원전사고를 한국 국내가 염려하고 있음을 피부로 느낄 수 있었던 순간이었다.

4 취재하는 기자들은 대단히 힘들었을 것이다. 지진 발생 시 나고시 켄로우(名越健郎) 시사통신 센다이 지사장(당시)은 취재 장소에 있었던 젊은 기자가 "목격담을 어떻게든 떨치지 않으면 잠들지 못할 정도로 무서운 광경이었다." 라는 것을 『Foresight』라는 잡지에 기고하였다. 나고시 켄로우 "도호쿠에 출현한 묵시록의 세계"『Foresight』 2011년 3월 23일. 미디어 관계자는 취재 사진 중에 왜 죽은 사람들을 찍지 않는가를 조사해 본 결과 (끔찍한 광경을 보고) PTSD(post traumatic stress disorder, 외상 후 스트레스 장애)라는 증상에 걸린 경우도 있다는 것을 필자에게 알려 주었다.

전해주고 있지만 모든 것을 있는 그대로 다 전해주는 것은 아니다. 마찬가지로 우리 연구자들이 집필한 기록도 어디까지나 특정 시점에 따라서 정보가 취사 선택되어 쓰이는 것이다.[5] 이렇게 필터를 거친 정보를 통해 우리들은 재해지에 대해 인식하고 있다. 또한 그렇게 접한 정보의 차이에 따라 각기 다른 재해지의 이미지가 마음속에 자리잡는(형성되는) 것은 지극히 당연한 것이다.

2. 재해 기록 · 지진 보도

동일본대지진 후에 많은 기자들이 지원하여 재해지 취재를 하였고, 산리쿠 연안 등 지금까지 취재 거점이 아니었던 곳에 기자를 상주시키는 미디어도 등장하였다. 그리고 그들의 취재는 매일매일 뉴스를 통해 우리들에게 전달되는 한편, 일부 기자들의 기록은 책으로 출판되어 서점에 진열되었다. 아사히 신문의 히가시노 마사가즈라는 기자가 쓴 『주재기자의 현장르포 오오즈치쵸(大槌町) 지진 재해로부터 365일』 등이 이에 해당한다.[6] 이러한 보도나 책은 재해지에 가지 않은 사람들

---

5   이를 심층 고찰한 저서는 田中幹人·標葉隆馬·丸山紀一朗,『災害弱者と情報弱者: 3·11後, 何が見過ごされたのか(재해 약자와 정보 취약자: 우리는 3·11 이후 무엇을 간과하고 있는가?)』, 筑摩選書, 2012년이 있다.

6   東野真和,『駐在記者発 大槌町震災からの365日(주재 기자의 눈으로 본 오오츠치쵸 진재 365일)』, 岩波書店, 2012년. 그 밖에도 河北新報編集局,『再び、立ち上がる!－河北新報社、東日本大震災の記録(다시 일어서라! 가호쿠신포샤의 동일본대진재 기록)』, 筑摩書房, 2012년; 公明新聞東日本大震災取材班,『"人間の復興"へ－東日本大震災公明党500日の記録(포스트 3·11 인간 부흥을 위한 공명당의 500일)』, 公明

에게 재해지의 정보를 알게 해 주는 중요한 수단이지만 모든 것을 긍정적으로 봐서는 안 된다. 앞에서도 이야기하였지만, 기자라는 필터를 통한 정보이기 때문이다. 모든 기자들이 그런 것은 아니지만 취재를 계속하는 동안에 정이 들어서 재해지의 응원단이 되어버린 기자도 있었다. 또한 일부 기자들 중에서는 재해지가 멀고 취재 비용 등을 감안하여 제대로 취재하지 못하고 기사를 작성하는 경우도 있었다.[7]

재해지의 상황을 정확하게 인지하지 못한 상태에서 기자 개인의 견해가 강하게 기사에 반영되기도 한다. 쓰나미 침수지역에서 일본 파친코 가게가 번창하고 있다는 기사가 대표적인 사례이다.[8] 필자는 야이즈 시(焼津市) 출신이라 어부의 삶에 대해 어느 정도 이해하고 있다. 필자는 일본 파친코 가게의 번창과 의연금을 연결하는 기사에 대해서 위화감이 들었다. 어촌은 원래 일본 파친코 가게가 번성하는 경향이 있다. 왜냐하면 딱히 이렇다 할 오락이 없는 어촌에서는 유일하다고 해도 좋을 만큼 낮에 보편적으로 즐길 수 있는 오락이 일본 파친코이

党, 2012년; 皆川治, 『被災、石巻五十日。―霞ヶ関官僚による現地レポート(진재 이시노마키 50일: 가스미가세키 관료의 현장 리포트)』, 国書刊行会, 2011년 등이 있다. 또한 연구기관도 재해지에 대한 기록을 남기려 하고 있다. 예를 들어 도호쿠대학의 "東北大学震災体験記録プロジェクト"도호쿠대학 진재체험기록 프로젝트(略称: とうしんろく)'는 高倉浩樹・木村敏明(監修), 『聞き書き震災体験―東北大学90人が語る3・11(진재체험의 기록: 도호쿠대학 90인이 답하는 3・11)』, 新泉社, 2012년에 출판되었다.

7 또한 피해자가 많기 때문에 취재하기 쉬운 사람에게 취재가 집중되면서 취재하기 어려운 사람들의 목소리는 제대로 접하기 어려운 경우도 적지 않다. 모든 기자들이 취재를 하면서 사사로운 감정으로 인해 객관성을 잃어 버리기도 하기 때문이다. 이렇듯 기사라는 것은 기자의 필터를 통해 구성되는 것이기 때문에 모든 부분을 그저 수동적으로 받아 들여서는 안 될 것이다. _역자 주

8 テーミス編集部, 『THEMIS』, 2012년 4월호, pp.28~29.

며, 어획량이 거의 없는 기간이 되면 평일에도 일본 파친코 가게는 많은 사람들로 붐빈다. 다만 재해지역인 산리쿠 연안에서 의연금을 밑천으로 일본 파친코를 즐기는 사람은 그리 많지 않을 것이다. 물론 일본 파친코 가게가 많은 사람들로 붐비고 있는 모습을 보고 대부분의 사람들이 꼭 의연금을 받았을 것으로 미루어 짐작하는 것은 아니다. 누가 의연금을 받았는지에 대해서 일반적으로 알 수 없으며, 기자가 헤아려 보지도 않았을 것이다.

현지의 사전 정보를 가진 기자와 그렇지 못한 기자는 재해지에 대한 시각도 다르게 나타난다. 재해지 중 하나인 카마이시 시(釜石市)에 주재한 적이 있는 전 IBC이와테방송(IBC岩手放送)의 이토 히로아키(伊藤裕顕)는 재해지 보도의 한 측면을 자신의 홈페이지에서 다음과 같이 지적하고 있다.

> … 딱히 "너는 지진 전의 이 거리를 모른다. 관심조차 보이지 않았다."라는 것을 규탄하자는 것이 아니다. 몰랐다는 것, 관심이 없었음을 자각하고 겸허한 마음으로 취재에 응했으면 좋겠다는 것이다. 고작 1년이나 2년 정도 재해지에 취재한 것만으로 "자신은 뭐든지 알고 있다"는 것처럼 행동하는 기자를 무작정 신용하고 싶지는 않다.
>
> "지진(발생) 이전보다 좋은 거리를 만들자." 재해민들이 기력을 다해 제시하는 결의는 소중한 법이다. 물론 거기에는 크나큰 어려움이 따른다는 것을 누구보다 그들이 잘 알고 있다. 한편 자치단체장이나 의원들이 정치적 의도로 말하거나 다른 곳에서 온 연구자, 지원자, 그리고 언론 관계자마저 상황도 모른 채 똑같은 말들을 연발 "본래의 과소지(過疎地)로 되돌아 가서는 안된다"라는 슬로건 아래 큰소리 치는 모습은 마땅치 않다. … (중략) …"지진(발생) 이전보다 더 좋은 거리를 만들자.", "단지 재해 발생 전 상태인 과소지로 돌아가면 부흥의

의미가 없다." 등등 "이방인"이 발언하는 그러한 말들에 떠밀려 "본래의 생활로 되돌아 가고 싶다"와 같은 작은 바람들은 싹 지워져 버린다. … (중략) … 종속적 사회집단(subaltern: 從属的社会集団)[9]이란 본래 '소수파'인 것이다. 그런데 지진(발생) 전의 모습을 모르면서 관심조차 없던 언론이 주도하는 형태로 '지진 재해 전의 비판'이 그대로 혹은 '본래 삶의 부정'이 진행되면서 지진 전으로 돌아 가고 싶어 하는 대다수가 발언에도 불구하고 심지어는 들어 주지 않는 상태가 되었다. 즉 '대다수가 소수파(종속적 사회집단)'로 변하는 모순이나 불행의 씨앗이 싹트고 있다. 문뜩문뜩 그런 생각이 든다.

출처: http://www3.ocn.ne.jp/hiro3001/page007.html#lcn008 (검색일: 2013년 4월 4일)

같은 상황(風景)이라 하더라도 기자에 의해 그려지는 재해지의 모습은 각각 상이하며, 우리들은 미디어를 통해 무비판적으로 받아 들이고는 한다. 즉 말하자면 '기자', '언론'의 필터를 통과한 '정보'로 재해지를 접하고 있음을 자각해야 한다. 어느 특정 정보원에 너무 의존하게 되면 재해지를 바라보는 자신의 시각이나 의견이 객관적인 정보에 의한 것이 아닌 한 기자의 감정적인 의견에 치우칠 수 있기 때문이다. 바꾸어 말하면 한정된 정보만을 보고 사회를 이해하는 과정에서 잘못된 인식에 빠질 가능성도 있다. 특정 정보만을 너무 의존하지 말고 여러 기사들에서 공통적으로 다뤄지고 있는 객관적이고 정확한 사실을 바탕으로 폭넓은 정보를 모으는 것이 중요하다. 또한 그 중에서도 공

---

[9] "자신의 목소리를 제대로 표출하지 못하고 억압당하고 있는 집단"이라는 의미로 사용하고 있다고 생각된다. 하층민, 하위 주체, 종속 계급 등 다양하게 번역되고 있는 개념으로 이 용어를 사용해서 역사를 파악한 최초의 사람은 안토니오 그람시였다. _역자 주

무원이나 연구자라면 "보도와 재해지 현장에서 발생하는 객관적인 사실과 어느 정도 차이(갭)가 발생하는 것은 아닌지" 확인해 보는 것이 필요할 것이다.[10]

3. '재해지'를 어떻게 규정할 것인가

　도호쿠 지방의 태평양 깊은 바다에서 일어난 지진으로 후쿠시마 제1 원자력발전에서 사고가 발생하였고, 이로 인해 많은 사람들이 역외로 피난을 떠나야 하였으며, 또한 방사능물질의 확산을 염려(認識)하여 스스로 도호쿠 지방에서 떠난 사람들도 많았다. 후쿠시마 원전사고는 원자력 신화의 붕괴로 이어졌으며, 동시에 출처를 알 수 없는 소문으로 인한 사회·문화·경제적 피해를 낳기도 하였다. 말하자면 풍평(風評) 피해는 재해지역의 특산물이 팔리지 않는다고 하는 차원의 경제적인 피해에서 그치는 것이 아니라 피난민에 대한 차별 등의 원인에 이르기까지, 그 피해가 사회문화적인 부분까지 확산되었다.
　이러한 소문으로부터 피해가 발생하는 이유 중 하나는 정보(원)에 대한 불신을 들 수 있다. 필자가 한 재해지의 잔해 광역처리에 반대하는 의견을 접한 적이 있었는데, "제공하는 정보를 신용할 수 없는 것은 아니다. 정보를 제공하는 사람과 조직의 이해관계에 기반하여 생산되는 정보를 신용할 수 없기 때문에 그들이 제공하는 정보도 신용할

10　다만 "언론이 특정 의도를 가지고, 특정 내용을 보도한다고 해도 반드시 그 내용에 따른 영향이 나타나는 것"은 아니라는 점을 이해할 필요가 있다.

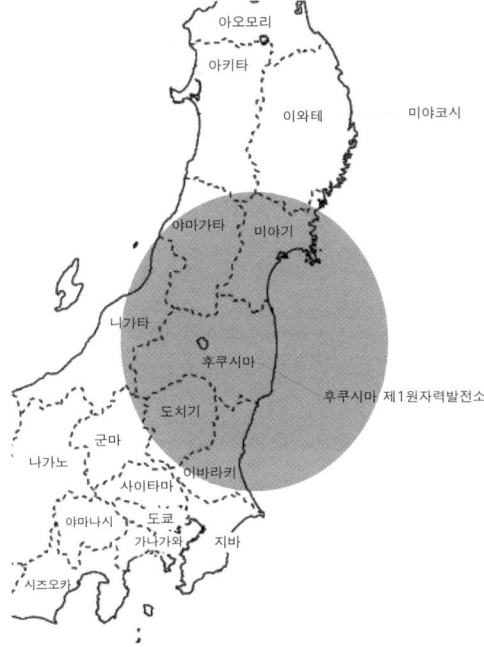

(그림 1) 후쿠시마 제1 원자력발전소까지의 거리

수 없다."라고 주장(陳述) 하였다. 또한 도쿄를 기준으로 서부에 사는 사람들은 도호쿠 지방의 지리에 대해 생소한 사람도 많을 것이며, 친지들이 도호쿠 지방에 살지 않는 사람들도 많을 것이다. 보도 등을 통해 많은 지진 정보가 주어진다고 하더라도 도호쿠에 대한 관심도가 낮기 때문에 '다른 세계'라고 생각해 버리고 마는 무관용이나 배제하는 태도가 발생하게 된다. 즉 등한시하게 되는 경우가 생긴다.[11] 광역의

---

11 이것은 사회관계자본(social capital)의 마이너스 측면과 관련 있다. A. Portes. 1998. "Social Capital: Its Origins and Applications in Modern Sociology", *Annual Review of Sociology* 24:1-24. 사회관련 자본에 대해서는 로버트 푸트남(河田潤一[訳]), 『哲学する民主主義―伝統と改革の市民的構〜造』, NTT出版, 2001년을 참조.

잔해 처리가 지지부진한 이유는 바로 이러한 무관심에서 비롯되었다고 설명할 수 있을 것이다. 미야코 시(宮古)의 지진 잔해의 광역 처리를 표명한 쿠로이와 유지(黒岩祐治) 가나가와 현 지사에 대한 일부 주민들의 반응이야말로 앞서 말한 무관심을 설명할 수 있는 대표적인 사례이다. 2012년 1월 20일, 최종 처분장이 있는 요코스카시 시민들과 대화 집회에서 쿠로이와 지사는 "미야코 시 및 요코하마(横浜)로부터의 후쿠시마 제1 발전소까지의 거리는 거의 비슷하다(그림 1 참조)."는 점을 호소하고, 게다가 오염물질을 수용하는 것이 아니라는 점을 강조하였다.[12] 그렇지만 참가 시민 중에는 잔해(쓰레기) 반입 처리에 대한 반대 의견이 많았고, 급기야 나중에는 고성이 오가며 갈등의 골이 더 깊어졌다고 한다.[13]

지금까지의 논의를 전제로 하면 '재해지역(災害地)'라고 한마디로 표현할 때 사람마다 이를 떠올리는 영역이 다르다는 것을 쉽게 이해할 수 있다. 해외에서 봤을 때 재해지란 동일본(東日本) 일 수도 있고, 여기에는 도쿄가 포함되어 있다고 생각할 지도 모른다. 도쿄를 기준으로 서쪽에 사는 사람들이 생각하는 재해지는 도호쿠 일지도 모른다. 그러나 센다이 중심부에 살고 있는 대다수 사람들의 생각은 재해지는 쓰나미 침수지역, 혹은 후쿠시마 원전사고로 피난을 가야하였던 지역일 뿐이라고 생각하고 있으며, 적어도 "센다이 시는 재해지가 아니다"라고

---

12 『河北新報』 2012년 1월 21일.
13 재해 쓰레기 반입에 대하여 지자체의 주민 대부분이 반대하는 것이 아니라 일부 목소리가 큰 주민을 보도에서 뽑았을 뿐이라는 견해도 있다. 마찬가지로 잔해 반입을 표명한 키타큐슈 시에서는 청년회의소가 시민 앙케트를 실시한 결과 응답자의 70%가 반입에 찬성하였다고 한다. 『가호쿠신포(河北新報)』 2012년 5월 26일.

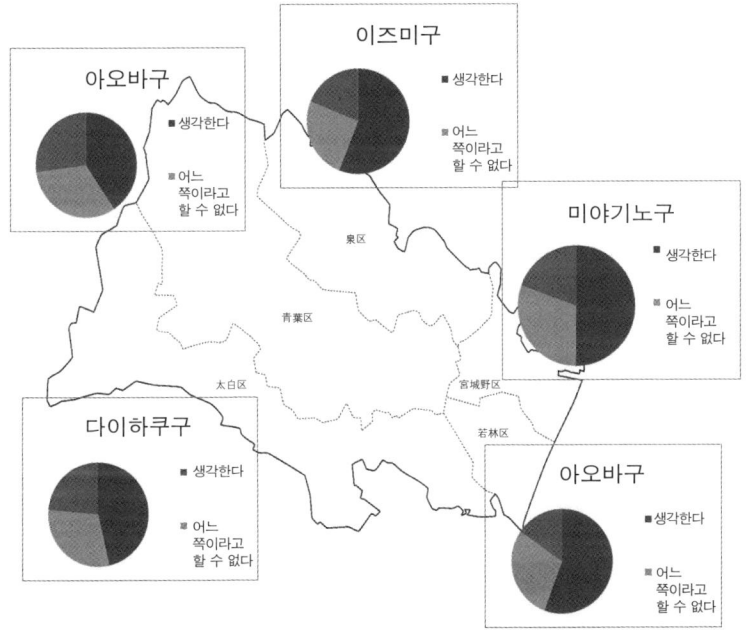

〈그림 2〉 "자신은 '재해(피해)자' 이다"라고 생각하는 사람의 비율
출처: 센다이 시민의식조사(2011)

생각하는 사람들이 다수일지 모른다.[14]

'재해자'에 대한 인식에서도 큰 차이를 보인다. 일반적으로는 "연안부에 사는 사람들 정도가 자신이 재해자라고 생각하지 않을까"라고 생각하는 경향이 있지만 센다이 시민을 대상으로 필자들이 조사한 센

---

14 예를 들어 센다이 시의 인적 피해는 사망 704명, 실종 26명이지만 센나이 시 인구 대비로는 0.07%이며 쓰나미에 의한 침수 범위의 피해는 3% 미만이다. 또한 재해 통계에 대해서는 공적 기관의 홈페이지를 열람할 수 있을 뿐만 아니라 재해지의 통계자료를 정리한 서적이 다수 출판되고 있다. 여기서는 다음의 문헌을 참고 했다. 衞藤英達, 『統計と地図でみる東日本大震災被災市町村のすがた』, 日本統計協会, 2012년.

다이 시민의식조사 2011(조사 개요에 대해서는 APPENDIX 참조)의 결과에서는 연안부와 내륙부에서의 차이가 분명하다고는 보기 어렵다(그림 2). 직접적인 피해를 바탕으로 '자신들은 재해피해자(被災者)'라고 생각하는 사람도 있으며 주위의 분위기나 지진시의 체험으로부터 '자신들은 재해자'라고 생각하는 사람도 있다. 또한 센다이 시민의 생활공간은 가지각색이며 '내륙에 집이 있지만 근무지는 연안'이라고 하는 사람도 있기 때문에 통근실태·생활공간의 차이도 재해민 파악을 어렵게 하고 있다.

본서에서는 특별한 설명이 없는 한 재해지는 '재해 3현(이와테 현·미야기 현·후쿠시마 현)'내를 가리키는 것으로 논의를 전개하고자 한다. 이바라키 현도 지진에 따른 액상화[15]나 쓰나미에 의해 피해를 입었지만, 3현에 한정하기로 하자. 또한 재해자의 정의도 어렵지만 여기에서는 재해 3현에 거주하는 (또는 거주하였던) 사람들 가운데, "동일본대지진에 의해 직접적 또는 간접적으로 영향을 받았다고 하는 사람"을 재해자로 간주한다.[16]

본서는 (일본)정책연구대학원대학 석사 과정의 방재·부흥·위기관리 프로그램에 설치되어 있는 과목 '위기관리·부흥과 정치'의 강의록의 일부이다. 방재·부흥·위기관리 프로그램의 학생은 방재나 부흥·위기관리 업무를 담당하고 있는 공무원이나 또한 이러한 분야에

---

15 지반 이동이나 부동침하 등으로 인해 흙이 물(액체)처럼 되는 현상을 의미한다. _역자 주
16 재해지나 재해자가 다양하고 각각의 요구가 다른 것은 리쿠젠타카타(陸前高田) 시의 토바후토(戸羽太) 시의 시장의 다음 책을 참조할 것. 戸羽太, 『被災地の本当の話をしよう: 陸前高田市長が綴るあの日とこれから(피해지의 실상을 이야기 합시다!)』, ワニブックス(【PLUS】新書), 2011년.

관심이 있는 사회인이므로 본서는 학술서라기보다는 주로 공무원의 시각에서 구성되어 있다.

  본서는 집필 과정에서 다양한 분들의 협력을 통해 책의 수준을 높일 수 있었다. 니가타 현의 쥬에츠지진(中越地震)의 부흥에 전력한 모리 타미오(森民夫) 나가오카 시장이나 무라이 요시히로(村井嘉浩) 미야기 현 지사를 비롯한 다수의 많은 자치제 관계자들이 직접 경험을 바탕으로 한 견해를 밝혀주었다. 가호쿠신보 기자를 비롯한 많은 언론인 관계자들과 의견을 교환하였다. 또한 관측조사를 할 때 많은 사람에게서 답변을 받을 수 있었다. 이 책을 통해 아낌없는 자문을 준 모든 분들에게 감사의 말을 전하고 싶다.

제1장

3·11 동일본대지진의 특징과 교훈

가와무라 가즈노리

1. '상정외'

동일본대지진 이후, 여기저기서 '유대감(기즈나: 絆)'[1]이라는 말이 눈에 띄었다. TV 프로그램이나 광고 등에서도 기즈나가 강조되어,[2] '絆'는 2011년에 '今年の漢字(올해의 한자)'에도 선정되었다. 그전 영향이 있어서인지 지진 이후 공동체주의적인 발상으로 강의 리포트를 쓴 도호쿠대학 학생들이 늘어난 바 있다. 고이즈미 준이치로 내각(정권) 당시 학생들의 보고서 내용이 신자유주의적인 발상에 근거하고 있

---

1 '기즈나 絆(きずな)'라는 말은 유대감 혹은 연대감을 의미한나. 끊기 어려운 정(情), 인연, 유대, 기반 등 다양한 의미를 내포하고 있어, 이 책에서는 문맥에 따라 번역(원어 발음 포함)하고 있다. _역자 주
2 예를 들어 NHK의 프로그램 편성에도 그러한 경향이 보이고 있다. NHK 東日本大震災プロジェクト, 『明日へー東日本大震災 命の記録(미래를 위한 동일본대지진 생명의 기록)』, NHK出版, 2011년.

었던 것과 비교해 보면 큰 변화이다(어디까지나 필자의 강의 경험을 바탕으로 본다면). 단지 피부로 느끼는 정도이긴 하지만 재해지에서는 '絆'이라는 말을 지나치게 강조하는 분위기가 있었다.[3] 이기적인 동기로 재해지 지원에 참가하는 것을 거부하는 분위기가 있었으며 "재해지로의 지원은 재해자를 위한 것도 있지만 자신을 위한 측면도 있다"라고 말하면, 즉석에서 격렬한 비난으로 이어지는 상황이었다. 그 상황을 맞추기 위한 압력의 탓인지, 몇몇의 이벤트는 자숙할 수밖에 없는 상황이었으며, 재해지에서의 선거조차 자숙(실시 연기)의 분위기가 감돌고 있었다.[4]

정치학을 전공으로 하고 있는 필자로서는 3·11 지진의 키워드는 '유대감(絆)'이 아닌 '상정외(想定外: 예상 밖)'였던 것은 아닐까라고 생각한다. '상정외의 쓰나미(해일)', '상정외의 원전사고'와 '예측 밖'이라고 하는 말이 안이하게 사용되어 재해 현장을 모르는 사람들이 쓰는 일종의 '면죄부', '마법의 말'로서 기능하고 있다는 느낌까지 받았다. '상정외'라고 하는 용어는 준비 부족이었음을 인정하는 말이다. 적어도 위기관리에서 선두에 서야 할 정치적인 리더는 '상정외'라는 말을 안이하게 사용해서는 안 되며, 그 말을 썼다면 왜 예상 밖의 상황으로 전개되었는지에 대해 분석하여 또 다시 같은 일이 반복되지

---

3 善教(젠쿄)는 방대한 관측 데이터의 분석을 통해 '공동체의 부활'이나 '지역의 소중한 인연(地緣)의 재생'은 감정적인 신뢰가 떨어지는 상황하에서는 제어할 수 없음을 지적하고 있으며, 개인주의와 공동체주의의 접합이 필요하다고 설명하고 있다. 善教将之, 『日本における政治への信頼と不信(일본의 정치 신뢰와 불신)』, 木鐸社, 2013년.

4 河村和徳・湯淺墾道・高選圭(編), 『被災地から考える日本の選挙-情報技術活用の可能性を中心に(피재지역에서 바라 본 일본의 선거)』, 東北大学出版会, 2013년.

않게 검토해야 한다.[5]

  동일본대지진의 특징을 '상정외'라고 한마디로 정리하는 것은 간단하지만 그렇게 치부해 버리고 말 경우 제대로 된 교훈을 얻지 못할 뿐만 아니라 재해시 안전행정으로 이어지는 것이 불가능하게 될 것이다. 본장에서는 동일본대지진의 특징을 생각해 보고, 부족할 것으로 예상되는 재해지의 인적자원에 대해 고찰하였다.

  조직이 대규모 자연재해나 테러 등이 있을 때 손실을 최소화하고, 핵심이 되는 사업의 지속·조기복구를 위해서는 BCP(Business Continuity Plan: 사업지속계획)가 필요하다.[6] 그러나 앞서 지적한 바와 같이 동일본대지진에서는 여기저기서 '상정외'라는 말 한마디로 정리하는 분위기였다. 이는 해당 조직이 ① BCP가 기능하지 않았거나 혹은 ② BCP를 애초부터 만들지 않았거나 이 둘 중 하나였음을 의미한다. (일본)제국데이터뱅크가 3·11 재해 직후에 실시한 기업에 대한 조사 결과에 의하면[7] 동일본대지진 전까지 'BCP를 책정해 왔다'는 기업은 7.8%(대

---

5 최악의 사태를 상정하고 준비하는 발상은 손자병법 '상대를 알고 나를 알면 백번 싸워도 위험하지 않다. 상대를 모르고 나를 알면 한 번은 이기되 한번은 진다. 상대도 모르고 자신 스스로에 대해서 모른 채로 싸운다면 싸울 때마다 위험이 닥친다.'라는 지적(교훈)과 서로 상통하지만 실제 현장에서는 자신들의 일만으로도 벅차서 할 수 없는 일이라고 지자체 현장에서는 그렇게 생각하고 있는 것 같다.

6 김영근 외 옮김, 『검증 3·11 동일본대지진』, 도서출판 문, 2013; 亀井克之·髙野一彦, "東日本大震災と企業の危機管理(동일본대지긴과 기업의 위기관리)", 関西大学社会安全学部(編), 『検証 東日本大震災(검증 동일본대지진)』, ミネルヴァ書房, 2012년, pp.216~235. http://www.chusho.meti.go.jp/bcp/contents/level_a/bcpgl_01_1.htm(검색일: 2011년12월17일)

7 http://www.tdb.co.jp/report/watching/press/pdf/k110601.pdf (검색일: 2013년 4월 8일)

기업 21.5%, 중소기업 6.5%)에 불과하고, "BCP를 알고 있었다"는 기업도 37.0%(대기업 52.9%, 중소기업 35.6%)에 머물렀다. 대규모 재해에 대한 대응은 '이것도 저것도'는 무리이며, 어딘가에 자원을 집중 투자해야 한다. BCP의 책정은 그 때문에 하는 것이지만 많은 기업들, 특히 여력이 없는 중소기업일수록 BCP를 준비하지 않았다.

기업의 BCP와 달리 지방자치단체에서는 '지역방재계획'을 세워 대규모 재해에 대비토록 하였다.[8] 그러나 동일본대지진이라는 미증유의 재개가 발생하자 당시의 대비는 충분하게 제 기능을 발휘하지 못하였다. 오히려 족쇄가 되었다는 측면도 있었다. 또한 리쿠젠타카다 시(陸前高田市)나 오오츠치쵸(大槌町), 미나미산리쿠쵸(南三陸町)처럼 청사 자체가 떠내려 간 곳은 통제실을 잃었기 때문에 지역방재계획을 세울 주체조차 없는 상황이었다.[9] 또한 재해대책기본법도 소방조직법도 상

---

8   BCP를 책정하고 있는 지방자치단체도 있다. 또한 미야기 현을 교훈(반성) 삼아 기업국의 BCP를 책정하였다. 勝間基彦, "災害時の円滑な業務の実施体制の確保―徳島県業務継続計画(재해지역의 원활한 업무를 위한 실행체제의 확보)", 『地方自治職員研修臨時増刊号東日本大震災と自治体―3・11後の自治体政策とは!?(3·11 이후 일본 지방지자체의 정책)』第44권 통권610호, 2011년, pp.39-47. 宮城県, 『東日本大震災(続編)―宮城県の発災六か月後から半年間の災害対応とその検証(3·11 미야기 현의 재해 발생 후 대응과정의 검증)』, 2013년.

9   청사가 떠내려간 사건만 주목하고 있지만 위기관리의 관점에서 생각해 보면 '도대체 왜 거기에 청사가 지어졌는지'에 대해 검증할 필요가 있다. 필자는 3·11 직전, 미야기 현의 위탁조사에서 '헤이세이 대합병'으로 합병된 자치단체를 찾아다녔으며, 또한 선거의 조사 관계로 이와테·후쿠시마의 연안부의 자치단체의 조사도 실시한 바 있다. 그러한 필자의 체험을 근거로 하자면 예로부터 군의 중심이던 곳의 청사는 방조제가 없던 시대부터 안전성을 고려하여 비교적 고지대에 위치해 있는 경향이 있다. 이시노마키시(石巻市)를 제외하고, 이시노마키 시는 합병 후에 청사를 이전하였지만, 그것은 백화점의 철수와 철거 부지 비용을 의식하였기 때문이다.

정되지 않은 상태였다. 예를 들어 몇몇 소방본부들이 전반적으로 기능을 소실하여 "본래 이재민을 도와야 할 입장이었던 시정촌이나 시정촌의 소방 기관들이 오히려 도움을 받는 처지가 되는"[10]사태도 발생하였다.

미야기 현은 미야기 앞바다 지진을 상정한 지역방재계획을 준비하고 있었지만 계획대로 되지 않았다. 이로 인해 미야기 현은 동일본대지진에서 얻은 교훈을 바탕으로 지역방재계획을 재검토한 것이다.

미야기 현이 3·11 지진에서 얻은 교훈은 다음 10가지이다.[11] 바꿔 말하면 이들은 동일본대지진의 특징을 의미하는 것이며 '장래를 위해 대응해야 할 내용'이다. 이 10가지 교훈은 미야기 현 이외의 자치단체들이 '지역방재계획'을 재검토하는 데에도 참고될 만하다.

① 행정 기능의 상실	② 대규모 광역 재해
③ 물자 부족	④ 불가피한 재해 시 필요한 원호자[12] 대책
⑤ 지역 방재력의 부족	⑥ 지진·쓰나미 피해의 확대
⑦ 피난지시 등 주민과 정보(소통) 두절	⑧ 쓰나미로부터 피난 저해
⑨ 복합 재해	⑩ 복구·부흥의 지연

---

10 永田尚三, "消防·防災政策の形成と展開(소방·방재정책의 형성과 전개)", 大山耕輔(監修)笠原英彦·桑原英明(編著), 『公共政策の歴史と理論(공공정책의 역사와 이론)』, ミネルヴァ書房, 2013년, pp.133~151.

11 미야기 현 방재계획 수정 내역(개요). http://www.pref.miyagi.jp/soshiki/kikitaisaku/kb-huusui-tiiki.html (검색일: 2013년 4월 30일)

12 원호자(援護者)자란 입원하여 치료받아야 할 환자, 혹은 사회복지 시설의 거주불편자, 장애인 등 다른 사람이나 집단이 도와서 보살핌이 필요한 대상을 의미한다. _역자 주

다만 이 10가지의 교훈은 방재를 담당하는 현장에 있어서는 알기 쉽지만 학술적 관점에서 보더라도 지나치게 유형이 많고, 재난의 상황적 요소(事象)에 약간 치우쳐 있다는 인상이 있다. 향후 지진연구로 발전되기를 기대하며 미야기 현이 얻은 교훈을 참고로 동일본대지진의 특징에 대해 정리해 보고자 한다.

2. 광역 · 복합적인 재해

동일본대지진의 첫 번째 특징은 '광역 · 복합적인 재해였다'라는 점이다.

한신 · 아와지대지진 이후부터 동일본대지진까지의 대규모 자연재해는 기본적으로 국소적 · 제한적이었다. 미야케지마(三宅島) 섬 전체의 피난 등도 있었지만 재해 발생 지역은 매우 국소적으로 재해가 있었으며, 재해가 경제 활동 등에 미치는 영향 역시 대부분 제한적이었다.[13]

또한 이재민에 대한 대응 역시 직원들의 구호활동(응원) 등 일부를 제외하면 도도부현(都道府縣)을 넘어 대응하는 것은 희망사항에 불과하였다.

그러나 동일본대지진에는 대지진과 더불어 발생한 대형 쓰나미로 인해 많은 희생자가 나왔다. 또한 후쿠시마 원전사고가 일어남에 따라 오염제거(除染)나 전력공급 등 새로운 정책과제도 발생하였고, 제조업

---

13   다만 한신 · 아와지대지진의 재해로 인해 고베항의 세계적 지위는 확실히 저하되었다. 한신 · 아와지대지진 후 고베항이 이전까지 담당하고 있던 동아시아 무역의 허브 항으로서의 기능은 부산항으로 대체되었다.

의 공급과정(서플라이 체인, Supply Chain)에 결함을 드러냈다. 도도부현을 넘어선 '조감할 수 있는(俯瞰的) 시야'가 필요한 재해였다.

광역·복합적인 재해는 '경계'를 넘어 발생하며, '경계'를 둘러싼 알력이 발생하는 것이다. 특히 ① 지방자치단체 혹은 생활권과 같은 물리적 공간과 관련된 경계 ② 부처 등의 역할 분담 같은 권한과 관련된 경계에서 알력이 발생한다. 예를 들어 ①에 관련된 알력의 하나로서 후쿠시마 현과 접한 미야기 현 마루모리마치(丸森町)에 대한 제염 대응을 들 수 있다. 마루모리마치 코오야 지구(丸森町耕野地区) 등 후쿠시마 현 경계에 접해 있는 지역에서는 방사선량이 비교적 높은 편인데도 불구하고 후쿠시마 현과 같은 수준의 대응이 이루어지지 않았다. 그 때문에 이 지역주민은 '후쿠시마 현과의 대응 차별의 해소'를 요구하였고, 호소노 고우시 환경대신(당시)과 무라이 요시히로 지사에게 요청 엽서를 보냈다.[14] 제염이 부흥청 직할이라면 이러한 문제가 발생하지는 않았을 것이다. 그러나 지자체 중심으로 각 현들이 자체적으로 재해 부흥을 진행하고 있으며, 현을 사이에 두고 대응이 서로 다르기 때문에 또 다른 자연스레 문제가 발생하게 된다. 애초에 자치단체의 경계(선)는 인간이 그은 것이며, 자연재해는 인간이 그은 경계와는 관계없이 발생한다. 그럼에도 불구하고 자연재해에 대한 위기대응이나 복구·부흥은 경계를 전제로 진행해야 한다. 중심부에서 보면 아무래도 경계 주변은 살피기 어렵지만 경계 주변에 사는 주민은 인접한 자치단체의 동향에 대해서도 잘 알고 있으며, 결과적으로 행정과 주민

---

14 『河北新報』 2012년 2월 22일.

과 알력이 발생하기 쉽다.[15]

또한 3·11 대진의 경우 수많은 사람들이 광역으로 피난을 하였다. 광역으로 피난을 가서 처음으로 "내가 '나'라는 것을 증명하기가 힘들다"는 것을 이해하였다는 사람들도 많았다. 많은 수의 일본인, 그 중에서도 생활공간이 좁은 고령자는 자신의 신원을 증명할 것을 가지고 있지 않았다. 주민등록증(일본명: 마이넘버제도)을 재해 자치단체에 남겨둔 채 피난처 자치단체의 행정 서비스를 받는 구조는 피난 생활을 지탱하는 '재해자 본인 인증 시스템'에 문제가 있다는 것을 드러냈다.

부흥청의 설치 과정과 그 후의 경위를 보면 ②의 경계를 둘러싼 알력, 즉 '종적 행정'[16]의 폐해가 생기고 있다는 것은 명백하다. 예를 들어 부흥청의 제도설계 시 재해지의 자치단체는 부흥청으로 원스톱 창구화 하기를 기대하였다. 그러나 발족 후 1년 이상 경과해도 국가가 지방을 구속하는 '조사결정기관(査定庁)'의 역할에 머물고 있다는 지적은 계속되었다.[17] 또한 민주당 정권으로부터 자민당, 공명당 정권으로 정권교대를 한 현재도 각 부처 간의 울타리를 헐고 일을 하고 있다고는 평가하기 어렵다. 이는 네모토 타쿠미(根本匠) 부흥장관(大臣)의 신년 인사에 "지금이야말로 부흥을 가속화하기 위한 시작점이다. 문

---

15 또한 지역 거점도시에 대한 주변 정촌의 시기도, 시정촌 합병이 좀처럼 진행되지 않는 것도, 인위적으로 경계가 그어져 있기 때문이다. 더욱이 이것은 지방자치단체의 광역 연계를 저해하는 요인이 된다. 河村和德, 『市町村合併をめぐる政治意識と地方選挙(시정촌 합병을 둘러싼 정치의식과 지방선거)』木鐸社, 2010년.

16 종적 행정(縱割り行政)이란 일본의 성청(省廳) 관료 기관들 사이에 종적인 권력관계가 작동하는 과정으로 중앙정부와 지방지자체 간의 장벽이 결과적으로는 재해 부흥의 폐해를 낳은 주된 요인으로 지목되기도 한다. _역자 주

17 『河北新報』 2012년 3월 3일.

제 해결의 열쇠는 현장에 있다. 부처의 종적 관계를 타파하는 '돌파형' 정신으로 백 마디의 말보다 한 번의 실행을 통해 노력하고 싶다"[18]고 명확히 제시되어 있다. 또한 본래 재해지 관점(시선)에서 복구·부흥이 이루어져야 함이 마땅하지만 재해지의 생각과 다르게 예산이 쓰이고 있어[19] 각 부처들이 많은 비판을 받기도 하였는데, 이는 중앙과 지방의 보는 관점에 차이가 있었기 때문이다. 중앙이 법령 제정과 재원을 움켜지고 있으며, 지방은 실행대원(実動部隊)이 되는 상호간 역할분담이라는 '경계'의 존재가 그러한 문제를 발생시킨 것이다.

다만 지진 피해가 막심하였기 때문에 법률적(제도적)인 재해부흥 담당부서가 현실적으로 대응하지 못한 것도 사실이다. 오쿠야마 에미코(奥山恵美子) 센다이 시장에 의하면[20] 법령상으로는 국가와 지방자치단체가 협력해서 복구·부흥에 관여한다고 해도 현실은 지방자치단체의 인적자원에 크게 의존하고 있다. 또한 지방자치단체 직원이 재해 상황의 복구·부흥의 대응에 영향을 주고 있다고 한다(표 1). "법령으로 권한이 인정되었다고 해도 실제로는 그렇지 못하다"는 것이 현실이라는 점을 이해할 필요가 있다. 대규모 재해부흥법의 제정 등으로 국가가 지방자치단체의 대행이 가능하다고 해도 평상시 중앙-지방간 역할 분담이 이뤄지고 있으며, 시정촌의 규모가 각각 다르다는 점을 전제로 한다면 그 효과는 한정적으로 봐야 할 것이다.[21]

18　『河北新報』 2013년 4월 2일.
19　이와 관련된 보도는 무수히 많다. 예를 들어 『河北新報』 2012년 10월 13일자 참조.
20　제15회 포럼 분권은 무엇인가? 강연회 '재해로부터의 부흥을 위해서(강연자: 오쿠야마 에미코 센다이 시장' (2012년 2월 1일 개최).
21　재해 지방자치단체가 너무 많아서 국가가 대응할 수 없을 가능성도 있을 것이다.

'표면상의 방침과 본심'이 존재하는 국가와 지방과의 역할 분담에 관련된 문제는 한신·아와지대지진 때에 이미 언급되었고,[22] 또한 쥬에츠(中越)지진에서도 지적된 바 있다.[23] 동일본대지진에서도 다시금 지적되었다.

〈표 1〉 법령상의 실시 주체와 현장간의 인력 괴리

	법률상 실시 주체				현실 맨파워		
	국가	현	센다이 시	시정촌	국가	현	센다이 시
피재자 수색 등	○	○	○	○	○	○	○
피난소 운영 등	(재정지원)	○	○ (통지)	○ (통지)		○	○
라이프라인 복구	○	○	○	○	○	○	○
위험도 판정	△ (제도관리)	△ (항목개정 필요)	○	○	△	△	△
이재증명 등 발행			○	○			△
폐기물 처리	(재정지원)		○	○		△ (위탁)	○
집단 이전	(재정지원)		○	○			△

○: 법률상 담당
△: 조건부 관여

○: 가능하다
△: 어려우나 가능하다
×: 거의 불가능

출처: 오쿠야마 에미코(奧山 惠美子) 센다이 시장 강연자료(奧山惠美子仙台市長講演資料)

다만, 특례 조치를 강구할 때 걸리는 시간은 절약할 수 있을 것이다. 동일본대지진에서 보인 임기응변적인 법 개정은 줄고, 중앙 정국에 복구·부흥이 좌우되는 측면은 감소하였기 때문이다.

22 貝原俊民(가이하라 토시타미), 『震災100日の記録ー兵庫県知事の手記(재해 100일 간의 기록 - 효고 현 지사의 수기)』, ぎょうせい, 1995년.

23 나가오카 시 대책 본부(편집), 『中越大震災ー自治体の危機管理は機能したか(中越 (쥬에츠) - 자치단체의 위기관리는 기능하였는지)』, ぎょうせい, 2005년.

3. 사람과 전력의 재해

동일본대지진의 두번째 특징은 "'사람'뿐만 아니라 '전력(電気)'도 재해를 입었다"는 것이다. 사람이나 전기가 재해를 당함으로써 밝혀진 바는 재해에 대비한 여러 사항들이 사실은 "'사람'이나 '전기'는 재해로부터 피해가 없을 것이라는 전제"에서 출발하고 있다. 동일본대지진 이전에 실시해 왔던 피난훈련을 돌이켜 보면 피난훈련에서는 정보기기의 활용이 적극적으로 도입되었다. 통신 거점이 무사하다는 점을 전제로 한 훈련은 (만약) 광역에 걸쳐 정전이 발생하고, 전력 부족 문제에 봉착하게 되었을 때에는 아무런 쓸모가 없게 된다. 동일본대지진에서는 후쿠시마 원전사고뿐만 아니라 연안부에 있는 센다이 화력발전소나 새로운 센다이 화력발전소 등도 재해 피해로 인해 전력이 충분히 있다는 것을 가정하고 예상하였던 준비들은 전혀 도움이 되지 않았다.[24]

예를 들어 재해에 강하다고 선전한 완세구 스마트TV 방송이었지만 실제로 피부로 느꼈던 경험으로는 라디오 쪽이 유용하였다.[25] 영화

---

24 '통신회선의 다중화' 차원에서는 어쩔 수 없었다는 지적도 있다. 三陸河北新報社, 『ともに生きた伝えた―地域紙"石巻かほく"の1年』, 와세다대학 출판부, 2012년.

25 방송국 자체가 정전의 영향을 크게 받는다는 점도 유심히 살펴 볼 필요가 있다. 재선의 한 방송국은 자가 발전용의 중유를 확보하기가 어려워 계열사에서 사방팔방으로 손을 쓴 결과 500km나 떨어져 있는 다카오카시(高岡市)에서 간신히 중유를 받았다고 한다. 또한 IBC이와테방송의 라디오 송신소로 발송한 연료 수송에 관한 체험기록(手記)을 참조하면 된다. 아라에미시(荒蝦夷) (편집)·IBC이와테방송(감수·협력), 『その時、ラジオだけが聴こえていた(그 때에는 라디오만 들리고 있었다)』, 竹書房, 2012년에 수록되어 있다.

에서 나오는 완세구는 소비전력이 크며, 자가발전기 혹은 차량 배터리를 통해 전력을 얻을 수 없다면 몇 시간 지나지 않아 전지가 다 떨어지게 된다.[26] 또한 쓰나미 대책의 주요한 기능 중 하나인 방재 무선의 몇 가지 기능들도 지진 등으로 인한 충격으로 정보 전달(특히 여진 발생 당시)에 차질이 발생하였다는 것이다.[27] 고도경제성장기 전과는 달리 최근에는 태풍 등의 재해가 발생해도 정전은 보통 하루 이틀 안에 복구가 가능하다. 3·11 지진의 작은 교훈으로는 전력공급 상황이 곧 복구될 거라는 환경에 익숙해진 우리들에게 "전기는 곧바로 복구되지 않는 경우도 있으며, 위기관리 담당자는 정전의 장기화를 염두에 둔 대응이 필요하다"는 것을 보여준 것이다.[28]

---

26 필자의 경우 자가용 자동차에 한랭지 전용으로 대형 배터리를 탑재해 두었기 때문에 정전중이어도 어느 정도 휴대전화 등의 충전은 가능하였다. 다만 중계국 전력부족으로 다운되면서 휴대전화로 통화할 때에는 전파가 닿는 센다이 시까지 青葉山(아오바야마) 캠퍼스에서 내려와야 하였다.

27 『河北新報』2011년 3월 15일; 河北新報社(編), 『河北新報特別縮刷版 3·11 동일본대지진 1개월의 기록』, 2011년.

28 정보지원 프로보노 플랫폼(プロボノ·プラットフォーム) 등 몇몇 단체가 동일본대지진을 교훈으로 '재해대책으로써 ICT를 활용할 것'이라는 제언을 하였으며, 그 제언에 찬성하는 바이다. 단지 3·11 지진의 교훈으로서 보다 중요한 것은 "위기관리 대책위에 전력을 확보할 수 없다는 것을 전제로 한 논의를 우선시 할 것"이 아닌가 생각된다. 또한 ICT의 러닝 코스트(사용비용: Running Cost)를 쉽게 확보할 수 없다는 것을 전제로 한다면 행정이 관련 장비(기기)를 도입하는 결단은 쉽지 않을 것이다. 정보지원 프로보노 플랫폼(iSPP) (편저) 『3·11被災地の証言－東日本大震災情報行動調査で検証するデジタル大国·日本の盲点(3·11 피재지역의 증언: 동일본대지진 정보행동조사를 통해 검증한 디지털대국 일본의 맹점)』, インプレスジャパン, 2012년; 本條晴一朗·遊橋裕泰, 『災害に強い情報社会－東日本大震災とモバイル·コミュニケーション(재해에 강한 정보사회: 동일본대지진과 모바일 커뮤니케이션)』, NTT出版, 2013년.

동일본대지진 이전의 피난훈련 시나리오는 "전기는 늘상 사용 가능하다(내지는 곧바로 복구한다)"라는 전제만이 아니라 "공무원은 재해를 입지 않는다"라는 전제도 있었다고 생각한다. 간부급 공무원이 재해를 입었을 때에 어떻게 대응하는가에 대한 훈련은 극히 일부 자치단체에서만 이루어지고 있었던 것은 아니었을까? 많은 공무원들이 청사로 갔던 것은 상정외의 상황이었던 것이며, 공무원이 재해를 입은 후에 자치단체가 어떻게 복구 시나리오를 전개해야 할지에 관해서도 거의 논의되지 않았을 것이다.

일반적으로 대규모 자연재해로부터 복구·부흥 과정에서 지방자치단체들은 인적자원 부족 문제에 봉착하는 경우가 많다. 통상적인 사무와 함께 재해증명서 발행 등과 같은 증명 사무와 복구·부흥 관련의 신청서류 작성 등이 더해지기 때문이다. 규모가 작은 자치단체들의 인력 부족은 심각한 상황이며, 3·11처럼 큰 쓰나미에 의해 직원 대부분이 사망 또는 행방불명된 자치단체들은 큰 타격이었다.[29]

필자가 실시한 공청회에서는 재해로부터 복구·부흥 과정의 영향으로 인해 재해지역에서 일하는 직원들의 사무량은 통상적인 업무량보다도 훨씬 많아졌다. 특히 선거 사무를 겸하고 있던 직원들은 선거 직전에 업무에 쫓겨 쉴 수도 없는 상황이었다.

단지 이러한 인력 부족은 일본 중앙-지방 관계 특성에 따라 어떻게든 극복할 수 있었다. 중앙-지방 관계를 '권한의 배분(所在)'과 '사무

---

29 또한 "수장이 재해의 영향으로 사망하였지만 다음 후임을 뽑는 선거를 준비 부족 등으로 즉시 실시 할 수 없다"고 한 大槌町(오오즈치쵸)와 같은 자치단체 사태를 법률이 상정하고 있지 않은 점은 지방자치단체의 위기관리를 다시 생각해 볼 때 중요한 포인트이다.

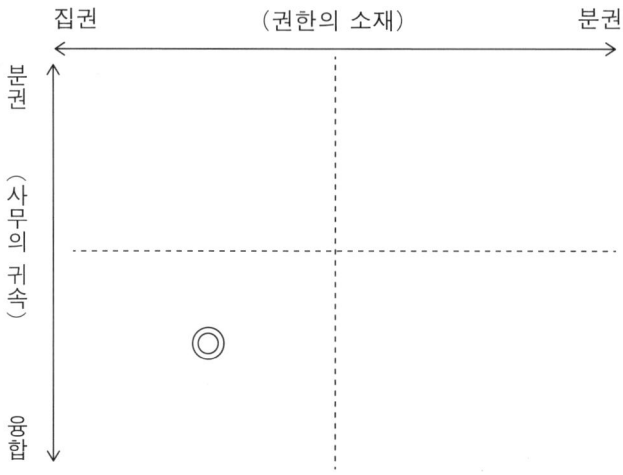

〈그림 1〉 '권한의 소재'와 '사무의 귀속'에서 본 중앙-지방 관계
출처: 사사키(佐々木信夫), 『現代地方自治』, 学陽書房, 2009년

의 귀속'이라는 두 가지의 축에서 봤을 경우(그림 1), 일본 중앙지방관계는 '집권·융합형 시스템(제3상한, 이중 동그라미의 위치)'이다.[30] 이러한 집권·융합형 시스템에서의 국가는 "권한이나 재원을 가진채로 그 집행만을 자치단체에 맡기며 사무처리의 위임"[31]을 채택하기 쉽다. 이 시스템에서는 중앙정부가 법해석권이나 재원을 쥐고 있는 한편 지방자치단체의 사업진행 형태는 서로 비슷하다. 2013년 현재에 이르기까지 재해지에는 많은 타 자치단체에서 파견된 직원들이 일하고 있다. 재해지에 특별 파견 근무를 나간 경찰관 중에는 재해지의 현경찰(県警)로 전직하는 사람도 있다.[32] 이러한 응원이나 전직이 가능한 것

---

30 西尾勝, 『行政学 (新版)』, 有斐閣, 2001년.
31 『読売新聞(宮城県版)』 2013년 4월 5일.
32 佐々木信夫, 『現代地方自治』, 学陽書房, 2009년.

은 중앙-지방 관계가 집권·융합형이기 때문이다.³³ 또한 실제의 현장에서 타 자치단체에서 온 직원들에 대해서는 단순히 보충 역할만 하는 것이 아니라 재해에 의해 축적된 경험을 잃은 자치단체에 노하우를 전달하는 역할도 기대되고 있다.³⁴

일본과 같이 어느 정도의 재량을 지방에 맡기고 있는 집권·융합형의 구조는 당연히 부정적인 측면도 있으며, 3·11 지진 복구·부흥 과정에서 그러한 면이 표면화 되었다. 실제로 사무 수행을 시구정촌에 의뢰하고 있기 때문에 "평소 실무를 행하지 않는 국가(혹은 도도부현)가 시구정촌의 사무를 대행하는 것은 쉽지 않다"는 점이 대표적인 부정적 측면이다. 즉 지방자치단체 간의 수평적인 응원 태세는 구축할 수 있지만 국가와 도도부현, 그리고 시구정촌으로 이어지는 수직적인 재난구호 협력은 간단하지 않다. 예를 들어 미야기 현은 쓰나미 피해로 피폐된 연안부의 시정촌 대신 잔해 처리를 맡았지만(표 1) 신속하

---

33 市川喜崇, "震災復興と自治体間協力—相互応援協定·'対口支援'", 『地方自治職員研修臨時増刊号東日本大震災と自治体—3·11 後の自治体政策とは!?』제44권 통권 610호, 2011년, pp.96~105. 또한 이러한 구조 하에서는 타 자치단체에서 성공한 정책을 자신의 자치단체에 도입하고, 그 위에 맞춤형 해결책(커스터마이징)을 마련하는 것이 가능하다. 伊藤修一郎, 『自治体政策過程の動態—政策イノベーションと波及』, 慶應義塾大学出版会, 2002년.

34 예를 들어 청사가 유실된 리쿠젠타카타시의 선거관리위원회 사무국에 대한 가와사키시 선거관리위원회 사무국의 지원 등이 전형적이다. 가와사키시 선거관리위원회 사무국, "리쿠젠타카타시 선거관리위원회와 2인 삼각으로 이룩한 선거 집행 기록 (1)" 『선거』 제64권 12호, 2011년, pp.3~16; 가와사키시 선거관리위원회 사무국, "리쿠젠타카타시 선거관리위원회와 2인3각으로 이룩한 선거 집행 기록 (2)" 『선거』 제65권 제1호, 2012년, pp.30~39; 가와사키시 선거관리위원회 사무국, "리쿠젠타카타시 선거관리위원회와 2인 삼각으로 이룩한 선거 집행 기록 (3)", 『선거』 제65권 2호, pp.40~47.

게는 일에 착수할 수 없었다고 한다. 재해지역인 3개 현 이외의 사례로는 2011년 4월 치바 현 의회 선거에서 우라야스 시(浦安市) 선거관리위원회의 대응에 대해 총무성·치바 현 선거관리위원회의 태도(스탠스)를 참고할 필요가 있다.[35]

이어서 재해 자치단체의 협조(응원)과 관련해서 조금 더 자세히 살펴보기로 하자. 재해부흥 지원에 관한 환경이 한신·아와지대지진 때와는 달라진 점이다. 당시 상황을 잘 알고 있는 한 베테랑 공무원은 "한신·아와지대지진 때는 인적자원에 여유가 있었지만 지금은 '헤이세이 대합병'을 통해 합병한 자치단체나 대규모 지방자치단체의 경우 자신들의 자치단체만으로도 힘들기 때문에 응원 자체가 안 될 것이다"라고 말하고 있다.[36]

재정행정개혁 노선 아래 재해지 여하를 불문하고 효율화를 추진해 왔다. ICT(Information Communication Technology)의 행정 도입은 공무원

---

[35] 『朝日新聞』 2011년 4월 2일.
[36] 그가 말하길 "재해부흥 지원차 파견된 직원들은 준(準)에이스들이 대부분이었다. 에이스들을 파견할 경우 에이스들을 보내면 원소속의 일감들을 제대로 처리하지 못하게 될 것이고, 그렇다고 해서 능력이 낮은 직원을 파견하면 상대방에게 짐이 되기 때문이다."라고 말하였다. 또한 "재해지에서는 전문적인 스킬을 가지고 있는 자를 원하고 있다. 예를 들어 고정 자산세를 다룬 적이 있는 자(재해 후에 증명서 발행업무 때문에)나 기술직 직원(토지 구획 정리나 집단 이전의 담당을 위해)들이, 지진 재해 후에 필요하였다. 하지만 재해지 이외의 자치단체도 빠듯하게 대응하고 있으므로, 기술계 직원들의 도움은 쉽지 않을 것이다"라고 지적하였다. 이것과 관련된 기사로는 『河北新報』 2012년 12월 20일 사설과 거버넌스 편집부, "復興の推進力となるのは首長の強いリーダーシップだ―全国市長会会長・新潟県長岡市長森民夫氏に聞く", 『月刊ガバナンス』 2012년 3월호, 2012년, pp.14~16에 있다.

수를 제한하는 대체 조치의 하나였다.[37]

동일본대지진은 원래 인적자원 부족에 허덕이던 곳에 일어난 재해이며, 또한 인적자원을 대체하는 수단으로서의 ICT도 타격을 입은 재해였다.[38]

4. 사람들의 의식

동일본대지진은 사람들의 인식에 대해서도 영향을 미친 듯한 인상을 보인다. 이것을 제3의 특징이라고 지적하고자 한다. 한신·아와지 대지진을 통해 NPO(Non-Profit Organization: 비영리단체)의 평가가 변화한 것처럼 대규모 자연재해는 사회관이나 정치·행정에 대한 견해에도 크게 작용한다고 생각된다. '기즈나(絆)' 혹은 '커뮤니티'에 대한 재인식이 높아진 점에 주목하는 사람들도 많아지고 있지만 이 이외에도 여기저기서 변화가 감지되고 있다. 한 가지 예로 리스크를 유념(의식)하는 사회관이 확산되었다는 변화를 들 수 있다. 필자가 소속되어 있는 도호쿠대학 정보과학연구과와 같은 과학기술인문사회 융합을 표방하는 연구과에서는 문과 교수와 이과 교수 간의 '사회관 차이'가 존재한다. 문과 교수들은 비교적 '행정착오 없음(無謬: 잘못이 없음)'를 전제로 사회를 논하는 경향이 있는 반면, 후자는 '리스크 사회'를 전

---

37 이러한 동향 등에 대해서는 다음 사례연구를 참조할 것. 廣瀬克哉(編著), 『情報改革』, ぎょうせい, 2005년.
38 지진은 자치단체 클라우드 도입에 대한 자치단체의 심리적 측면에서도 영향을 미치고 있는 것 같다.

제로 사회를 논하는 경우가 많다. 예를 들어 주민기본대장 네트워크(주기네트) 도입에 대한 견해가 양자 모두 크게 다르다. "주기네트에서 정보 누설에 대한 리스크가 1%라도 있다면 반대"라고 주장하는 문과 교수들은 분명하게 "행정의 착오"를 의식하고 있다. 그러나 이과 교수들은 "애초부터 기기는 완벽한 것이 아니므로 운용하면서 리스크 발생 확률을 낮추면 된다"고 주장한다. 전자는 "안 되는 일은 안 돼"라고 하지만 후자는 "진행상황을 봐가면서 생각하자"라는 자세이다. 후쿠시마 원전사고[39]로 인해 '절대'라는 말에 물음표가 붙은 것에 대하여 일반 유권자들은 안전·안심에 대한 의식이 변화된 것으로 보인다. 또한 리스크 사회적인 시각이 조금씩이긴 하지만 서서히 양성되고 있다고 생각된다.

공무원에 대한 평가에도 변화가 감지된다. 동일본대지진 발생 이전 정치가가 주도하던 공무원에 대한 비난은 상당히 심한 면이 있었다. 그러나 지진 후 이러한 공무원에 대한 비난을 재검토하는 경향이 나타났다. 예를 들어 필자가 참여한 2012년 센다이 주민에 대한 의식조사(센다이 시민의식조사 추가조사, APPENDIX)에 의하면 공무원의 인상은 지진 후 마을 근처 사람들과 교제가 깊어진 층을 중심으로 개선된 경향이 있다(그림 2). 공무원에 대한 평가가 변화한 배경으로는 동일본대지진의 재해지에서 활동하는 공무원들이 자주 보도된 것이 가장 큰 이유이고, 재해지에서 공무원을 접할 기회가 늘어난 것 등의 영향으로 사람들의 인식이 변화되었다.

---

39 과연 "원전사고는 '절대' 일어나지 않는다"라는 원전 신화는 전자의 입장을 취하는 자를 설득하기 위해서 사용된 방편으로 보인다. "인간이 만든 이상 완벽한 것은 없다"라는 입장에 서 있으면 최악의 상황을 피할 수 있을 것이다.

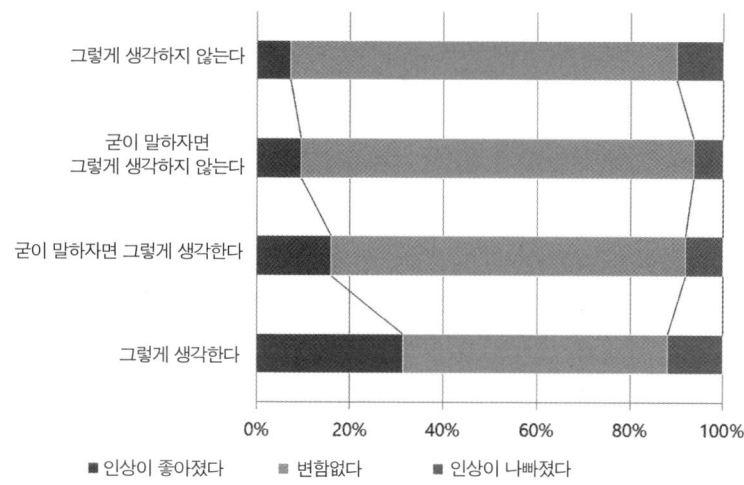

(그림 2) 센다이 시민의식조사를 통해 본 공무원에 대한 인식 변화

지진 후의 공무원에 대한 비난이 줄어든 연유에 관해서는 재해지에서 열린 선거에서 후보자·정당이 내놓은 공약 등에도 잘 나타나 있다. 동일본대지진 발생 전 공무원 비난의 최선봉이었던 것은 민나노당(みんなの党)인 오사카유신회(大阪維新の会: 지역정당)이었는데, 재해지에서 실시된 지방선거와 2012년 중의원 선거에서는 확실히 그전에 비해 비난의 정도가 많이 누그러졌다. 사람들의 의식 변화에 민감하게 반응하였는지, 공무원을 비난하는 방향에서 인원 삭감 등 정치가 자신들에게 영향을 미치는 개혁도 제시(되는 안) 제안하는 방향으로 전환되고 있는 것으로 보인다.

정당이나 정치가에 대한 견해도 변화하고 있다고 생각된다. 그 중에서도 재해지에서는 "누가 정치를 하든 다 똑같다"라는 고정관념(발상)에서 벗어나기 시작하였으며, 그러한 변화에 주목해야 한다. 그러한 의식변화를 초래한 계기 중 하나는 민주당[40] 정권의 지진 대응(재해 거버넌스)에 있을 것이다.

"후쿠시마 제1 원자력발전에 대한 사고 대응[41]이나 부흥청(復興庁) 설치를 둘러싼 과정에서 간 나오토(菅直人) 내각이 갈피를 못 잡고 우왕좌왕 하였던 모습(迷走)"이나 "탈(脱)관료를 표방한 민주당이 관료기구를 다스리지 못한 것", 또 부흥과정에서 "'자본주의적 발상에서 벗어나 사람(人間)을 중심으로'라는 간판(정책강령)을 철회한 것" 등 수많은 사실들이 축적되어 민주당에 대한 환멸과 "누가 정치를 해도 마찬가지인 것은 아니다"는 점을 많은 유권자들이 느꼈을 것이다.

또 재해 피재지 3현의 각 지사가 재해 직후에 보여준 대응 역시 누가 정치를 해도 마찬가지일 것이라는 상념(通念)을 깨는 교훈을 제시해 주었다. 이는 재해지 거버넌스에서 나타난 3현의 정치적 결과가 보여주는 것이다. 관료를 배제하고 시작한 '부흥구상회의'의 위원으로 참여한 재해 3현 지사들의 정보 발신력에는 큰 차이가 있었다.[42] 또 부흥 과정에서 무라이 요시히로 미야기 현 지사는 수산업 부흥특구 구

---

40 민주당 정권의 지진 대응책에 관해 제대로 이해하기 위해서는 민주당 특유의 조직적 특징을 파악해 둘 필요가 있을 것이다. 3·11 발생 전 민주당의 조직이나 정책을 검토한 문헌은 다음을 참조하면 된다. 우에카미 다카요시 上神貴佳·堤英敬, 『民主党の組織と政策－結党から政権交代まで』, 東洋経済新報社, 2011년; 御厨貴 (編), 『'政治主導'の教訓－政権交代は何をもたらしたのか』, 勁草書房, 2012년.

41 사고조사의 개략을 알고자 한다면 국립국회도서관 경제산업조사 자료실과, "후쿠시마 원전사고와 4개의 사고조사위원회", 『국립국회도서관 ISSUE BRIEF』 NO. 756, 2012년을 참조하면 된다. http://dl.ndl.go.jp/view/download/digidepo_3526040_po_0756.pdf?contentNo=1 (검색일: 2013년 4월 9일)

42 예를 들어 첫 회담의 회의록을 참조하였다. http://www.cas.go.jp/jp/fukkou/pdf/gijiroku/kousou01.pdf (검색일: 2013년 4월 9일)

상 등 구체적인 재해자를 향한 대책에 관해 저서[43] 등에 서서 강력하게 주장하였지만 닷소 다쿠야(達增拓也) 이와테 현 지사는 연안 대책보다 "히라이즈미(平泉) 세계유산화 추진"이나 "국제선형충돌기(ILC: International Linear Collider) 유치"에 역점을 둔 정책을 제시하였다. 이는 '(이와테)현 전체의 부흥'[44]이라는 스탠스를 제대로 표방하지 못하였던 배경과도 관련이 있다. 후쿠시마 제1 원자력발전소가 위치하고 있는 사토 유헤이(佐藤雄平) 후쿠시마 현 지사는 수장(知事)으로서 구체적 방안을 제안하기보다는 "국가가 어떻게 해 주었으면 좋겠다."라는 식의 태도를 보였다.

평상시의 수장들은 '모두가 사이좋게'를 전제로 정당간 공동협력 체제에 편승한 사람이 지지받는 경향이 있다.[45] 지역 관계자의 불만을 최소화 하면서 '좋은 사람'이라는 이미지는 수장이 되는 중요한 요소인 것이다. 그러나 위기관리나 지진 재해의 복구·부흥에서 정치가는 "많은 이재민(被災者)의 비난을 무릅쓰고 결단하는 것", 그리고 "한정된 재원 중에서 우선 순위를 정할 것"이 요구된다. "더 이상 좋은 사람 이미지만으로는 안 된다"는 것이다. 동일본대지진은 지방자치단체장(수장)의 자세에 대해서도 생각해 보는 기회가 된 것이다.

43　村井嘉浩, 『復興に命をかける』, PHP 연구소, 2012년.
44　http://www3.ocn.ne.jp/~hiro3001/page007.html#lcn003 (검색일: 2013년 4월 9일)
45　정당간 협조 선거의 전개에 대해서는 다음의 책들을 참조하였다. 河村和德, 『現代日本の地方選挙と住民意識(현대 일본의 지방선거와 주민의식)』, 慶應義塾大学出版会, 2008년.

5. 중앙과 지방 관계의 재확인

　3·11 이후 2년 이상이 경과한 현 시점에서 되돌아 보면 동일본대지진은 그동안 지방분권으로 흘러가던 시대적 조류가 결과적으로 다시 약해졌으며 지방자치단체의 중앙(정부) 의존을 다시금 일깨우는 것이었다. 지방 분권이 성공하기 위해서는 무엇보다도 권한 즉, 세(税)·재원, 인간(人才)이라는 세 가지 요소를 지방에 이양하는 것이 필요하다. 지방분권 일괄법이나 삼위일체의 개혁을 통해 권한이나 세·재원의 이양은 진행되고 있다고 알려져 있다. 하지만 동일본대지진 이후의 재해 자치단체들의 경우 실제로는 지방분권의 요소 이양이 아직 진행 도중에 있음이 드러났다.[46] 일본과 같은 구조에서는 지방이 열심히 하려고 해도 국법이 방해가 되는 경우도 많고, 지방교부세나 국고 보조금에 대한 의존도가 높아 재정 기반이 취약한 마을은 재정 면에서 신규 사업을 하기 어려운 환경이다. 특히 대규모 자연재해에 의해 피해를 입은 재해 자치단체가 자주적으로 복구·부흥의 길을 걷는다는 것은 어려우며, 복구·부흥에 관한 한 "국가가 움직이지 않으면 지방은 움직일 수 없다"는 것이다.

　또 지방에서 실시하는 복구·부흥 과정에 '국가'의 의향이 포함되는 것이 현재 구조이다.[47] '부흥청은 사정청(査定庁)'이라고 빗대어 부르는 배경으로는 국가가 제안을 체크(사정)하기 때문이고, 국가의 의

46　村井, 前揭書.

47　재무부는 국가 직할로써 복구·부흥에 소극적이었다고 한다. 3·11 지진이 전례로 되는 것을 경계했다고 보는 견해도 있다. 毎日新聞, 『震災検証』, 取材班, 『検証 '大震災': 伝えなければならないこと』, 毎日新聞社, 2012년.

향이 '체크의 기준'으로써 참여하기 때문이다. 국가의 체크 역할은 부흥 교부금의 사정에 그치는 것이 아니었다. '민간투자 촉진 특구(IT 산업판·IT 특구)'에 센다이 시를 포함시킬 것인지를 둘러싸고 국가와 미야기 현 사이에 쟁탈전이 있었다. 2012년 4월 아사히신문사는 미야기부흥국의 고이즈미 참사관이 "센다이 시에는 이미 기업들이 모여 있다. 더욱 더 중심부를 발전시킬 것인가"[48]라고 지적하였다고 전했다. 이 발언은 부흥청 내부에 "센다이 시를 특구로 포함하면 재해지와 격차가 더욱 벌어질 것이다"라는 우려가 있으며 지방자치단체 간의 평등성을 배려하는 주장이 제기되었음을 시사하고 있다. 최종적으로 미야기 현은 센다이 시를 포함한 형태로 특구를 신청하였고 이를 국가가 인정하였으나, 부흥청 내부에서는 '이재민의 공평성'과 '자치단체 간의 공평성' 모두를 배려하는 의식이 존재하였다는 것을 우리들은 알고 있어야 할 것이다.

동일본대지진을 위기관리의 관점에서 보면 부모가 자식으로부터 잔정을 떼듯 '중앙이 자치단체를 독립시킨다든지', '자치단체가 중앙으로부터 자립하기'까지는 아직 시간이 더 필요하다는 점은 자명(명백)하다. 우리들은 지진(재해)의 경험을 통해 분권시대의 위기관리에 대해 검토해야 할 것이다.[49]

---

48 '朝日新聞' 2012년 4월 22일.
49 일본 중앙정부의 관청가 나가타(永田)는 위기관리에 관해 지방분권적 발상을 기초로 구축(운영)되고 있는 소방행정의 어려움을 지적하고 있다. 永田尚三, "東日本大震災と消防", 関西大学社会安全学部(編), 『検証東日本大震災(검증 3·11 동일본대지진』, ミネルヴァ書房, 2012년, pp.189~215; 김영근 외 옮김, 『검증 3·11 동일본대지진』, 도서출판 문, 2013년.

6. 연구자의 재해지 지원 프로세스의 과제

 여담이긴 하지만 연구자들의 재해지 지원에 대해서도 스스로 경각심(自戒)을 갖는다는 의미에서 몇 가지 향후 과제를 지적하고자 한다.

 동일본대지진 때는 많은 연구자들이 부흥지원과 학술연구 관점에서 재해지역을 분석한 바 있다. 대학의 봉사활동 지원센터가 재해지 지원으로서 기능하였다는 보고도 있었지만[50] 재해지를 들여다 본 연구자(자칭도 포함)들 중에는 연구 예산의 획득이나 자신들을 선전하기 위한 의도를 보인 사람들도 상당수에 이르렀다. 그 때문에 대학생의 봉사활동이 환영받고 있기는 하지만 모든 대학 교원(연구자)들이 재해지에서 환영 받는 것은 아니었다. 재해지 가운데에서는 매일같이 오는 대학 관계자 대응이 힘에 부쳐 '관계자 방문 거절', 학자 거절'이라는 태도를 보이는 곳도 있었다.[51] 또한 연구자의 대응에 피곤해하며 이들의 부흥을 향한 지역 만들기에도 마음 내켜 하지 않으며 "학자들을 상대하면 피곤하다"고 토로하는 사람들도 있었다.

 또한 연구자의 의견이 현실적으로 행정과 괴리되어 있어 연구자 불신을 탓하는 사람도 있었다. 어떤 재해 자치단체 직원은 학자가 주민회의에서 가령 "3 · 11 지진은 상정외의 재해이기 때문에 어차피 예

50　桜井政成(編著), 『東日本大震災とNPO·ボランティア: 市民の力はいかに立ち現れたか (동일본대지진과 NPO·볼런티어)』, ミネルヴァ書房, 2013년.

51　재해지에 가서 주민으로부터 신뢰를 얻는데 꽤 많은 시간이 걸린다는 교훈에 관해서는 후지사와 레츠(藤沢烈) RCF 부흥지원 팀 대표이사가 NHK E텔레 '일본의 딜레마' 속에서 실제 체험을 통해 설명하고 있다. NHK Eテレニッポンのジレンマ制作班·藤村龍至·古市憲寿·西田亮介·山崎亮·開沼博·藤沢烈·河村和徳 'ニッポンのジレンマ ぼくらの日本改造論' 朝日新書, 2013년.

산은 책정될 것입니다. 이번 기회에 여러 가지 부흥지원안을 제시해서 행정(당국)에 요구합시다."라는 주장의 위험성에 관해 지적하기도 한다. 아이디어만 제시하면 당연히 예산을 받아 쓰기만 하면 될 것이라고 주민들을 착각하게 만든 행동은 얼토당토 않은 계획을 세우는 원인이 된다고 탄식하였다. 주민이 아이디어를 제안하는 것은 나쁜 것이 아니다. 하지만 행정의 재원에는 한계가 있고, 행정에 대한 요망은 (예산) 범위 내에서 진행된다는 점을 잊어서는 안된다. "쥬에츠(中越) 지진이나 이와테·미야기 내륙 지진처럼 국소적인 재해라면 그러한 아이디어 제안에 대응이 가능하겠지만 (실제로는 무리이다)"이라는 불만의 목소리도 들려왔다.

일반적으로 연구자들이 재해지에 들어가 해당 지역에서 제언하거나 지도하는 것은 초기의 복구·부흥과 연결지어 보면 이해될 수 있는 부분이다. 그들이 일종의 권위를 통해 주민들이 납득하기 쉬운 환경을 만들어 주는 경우를 많이 보아왔기 때문이다. 또한 연구한 지식들을 사회에 환원한다는 관점에서도 긍정적으로 받아 들여지고 있다. 실제로 몇몇 지역에서는 연구자를 잘 활용한 사례도 있다. 예를 들어 센다이 남부에 위치하는 이와누마 시에서는 현지 출신 대학 교수의 지도하에[52] 부흥계획이나 취락(거주지) 이전 방침이 신속히 결정되고 있다.

다만 이와누마 시와 같이 성공 사례는 소수에 불과한 것이 현실이

52　구체적인 내용에 대해서는 다음 내용을 참조하였다. 石川幹子, "東日本大震災 1年－被災自治体の復興計画策定の経緯からみた課題と展望", 東京大学社会科学研究所(編), 『復興のガバナンス－東京大学社会科学研究所全所的プロジェクト研究'ガバナンスを問い直す'第2回臨時セミナー記録』, 東京大学社会科学研究所研究シリーズ第51号, pp.23-31

다. 이와누마 시에서 공청회를 하였을 때 한 주민은 "그 교수님은 현지 출신이므로 이 지역을 잘 알고 있지만 만약 모르는 대학 교수에게 맡긴다면 혼란이 올 것이 분명하다."고 지적한다. 그의 발언을 요약하면 다음과 같다.

> ① 특정 연구자와 현지 재해지 현장은 일정 수준 이상의 신뢰 관계가 성립되어야 하며,[53] ② 다른 연구자가 끼어들 여지가 적으며, ③ 그리고 그 연구자가 조력자(Facilitator) 입장에서 대응해 나가고 주민합의를 진행시키는 상황이라면 성공할 가능성이 높음을 시사한다.

무엇보다 연구자가 재해지역에 관여할 경우 여러 문제가 발생할 수 있다는 점에 유의해야 할 것이다. 첫 번째는 현장을 모른 채 자기 주장을 강조하기 때문이다. 일반 주민들이 논리 정연하게 연구자의 주장에 반론을 제기하는 것은 어려운 일이다. 연구자의 주장을 반박하는 것에 헛된 시간이 낭비되고 합의 형성이 늦어지게 된다. 또한 재해지에 들어간 연구자들의 주장이 각각 달라서 누구의 주장을 채용할지에 대해 혼란이 오는 것도 합의 형성을 늦추는 요인이 된다. 연구자와 행정과의 거리감이 있는 경우도 합의 형성에는 마이너스 요인이 된다. 필자는 산리쿠에 있는 자치단체의 공청회에 갔을 때 한 재해자에게 다음과

---

[53] 바꾸어 말하자면 재해(지진) 발생 후에 재난지역에 지원하기 위해 현장을 방문하는 학자들은 그 직업적 카테고리(혹은 이미지)에 의해 그들의 신뢰성이 어느 정도 보장된 것으로 생각한다. 하지만 이상적으로는 인간관계적 신뢰가 구축되어 있는 것이 (중요하며) 바람직하다는 것이다. 신뢰의 논의에 관해서는 山岸(야마기시)를 참조하였다. 山岸俊男, 『信頼の構造－こころと社会の進化ゲーム』, 東京大学出版会, 1998년.

같은 질문을 받았다. "방조제의 높이에 대해 대학 교수님마다 말하는 것이 다들 다릅니다만 누구의 의견을 듣는 것이 좋겠습니까?" 또한 "의견이 교수님마다 다르기 때문에 대화를 해도 각자 교수별 파벌이 생겨 정리가 제대로 되지 않는다. 대학 교수님들이 각각 '교주(敎祖)님'이 되어 마을을 분열시키고 있어서 곤란하다"는 취지(내용)의 발언이었다. 방조제의 높이 등은 입장이 다르면 주장도 바뀌게 되어 '정답이 없는 안건'이다. 연구자의 주장을 둘러싸고 재해자들이 서로 다투는 광경은 "재해지의 신속한 복구·부흥을 위해서 연구자가 재해지에 들어가 도움을 주려는 것"이라는 이념과는 정반대인 것이다. 우리는 재해지에서 '신들의 투쟁'이 벌어진 사실이 있었음을 인지해야 한다.

동일본대지진은 연구자(학술 연구기관)의 재해지 부흥 지원에 대해 재검토할 필요가 있다는 사실을 깨닫는 기회가 되었다고 할 수 있지 않을까?

제2장

재해지에서의 이타적 활동은 어땠을까?
– 조사 결과로 보는 센다이 시민의 볼런티어(봉사) 활동·절전행동

기라 요우스케 · 오바야시 신야 · 가와무라 가즈노리

1. 서론

　동일본대지진 이후 재해지에서 사람들의 협조와 질서 있는 행동은 언론이나 인터넷을 통해 전 세계로 전해졌고, 그러한 모습에 대해 많은 찬사를 보냈다. 쓰나미의 피해를 받은 연안부에서는 극심한 피난생활이 한 달 이상 지속되었지만 곤란한 상황 속에서도 폭동이나 범죄가 거의 없었으며 오히려 재해자들끼리 서로 도와주는 모습이 돋보였다. 3·11 지진으로 큰 피해를 입은 재해 3현의 연안부에는 전국 각지에서 모여든 많은 사람들이 볼런티어(봉사) 활동을 하였으며 "전국각지에서 재해지로", "피해를 덜 입은 재해지에서 피해를 많이 입은 재해지로"라는 순으로 볼런티어의 움직임이 나타났다. '자원봉사자'들

은 가구별로 집 정리나 잔해 철거 물자 운반이나 식사 공급 등 자치단체나 국가의 손이 미치지 못하는 곳의 지원요구에도 응하였다. 이러한 이타적인 행위를 통해 추가 피해를 막을 수 있었고 많은 재해자들이 도움을 받았다. 2011년 황금 연휴에는 연안부 쓰나미 재해지의 '볼런티어 센터'에 봉사자 파견 계획을 수립하는 데, 고심할 정도로 많은 봉사활동 지원자가 모여 들어 인원 수를 제한할 정도였다(그림 1). 또한 산리쿠 도로(三陸道) 등 연안을 달리는 간선도로는 자원봉사자들의 차량이 겹쳐 교통체증이 심각할 정도였다.

센다이 시 중심부 등 지진의 흔들림에 의한 피해만을 입은 지역은 어떠하였을까. 센다이 시나 후쿠시마 시, 고리야마 시 등에서는 라이프라인이 며칠 동안 전면 정지되고, 휘발유 및 식료품, 일용품 등의 물품 부족 현상은 1개월 가까이 지속되었으나 도심부에서도 많은 사람들이 질서를 유지하고 물품을 나누면서 서로를 돕고 있었다.

눈이 내리는 추운 겨울 다이에[1] 센다이점에는 1km 이상 질서정연하게 줄을 서서 기다리고 있던 사람들의 모습을 볼 수 있었는데, 이는 도심부에서도 비교적 규율이 지켜지고 있는 것을 보여주는 상징적인 풍경이었다. 지인들끼리 생필품을 나누어 쓰거나 음식점 등에 의한 식사 공급도 여러 곳에서 이루어졌다. 또한 동일본대지진에 따른 후쿠시마 원전사고는 전력부족으로 이어졌다. 그러나 도호쿠 지방에서는 많은 사람들이 절전에 협력하였다. 정부나 전력회사의 절전 요청에 대하여 많은 사람들은 복잡한 심정임에도 불구하고 기꺼이 협조에 응했다.

자원봉사활동이나 절전행동은 이타적인 행동으로 높이 평가할 만하

---

1 다이에: 일본의 생활용품 대형마트 체인점 _역 자주

ボランティア 被災地へ

大型連休スタート

大型連休に入った29日、東日本大震災の被災地には災害ボランティアが全国から続々と駆け付けた。30日以降はさらに増え、石巻市では5月8日までの連休期間で延べ約2万人に上る見通し。連休で学校や勤め先が休みになり、志願者が増加した。各ボランティアセンターは善意に感謝しながらも、人員調整が付かないとして受け入れを制限せざるを得ない状況だ。

石巻市災害ボランティアセンターの受付窓口には29日朝から志願者の長い列ができた。事前登録者は平日の2倍近い1696人。30日は最多の約2700人を見込む。

宮城県南三陸町のセンターも午前10時半でこの日に必要な約350人の枠が埋まった。気仙沼市も通常の約1・5倍の約300人が駆け付けた。

志願者急増 調整に苦心

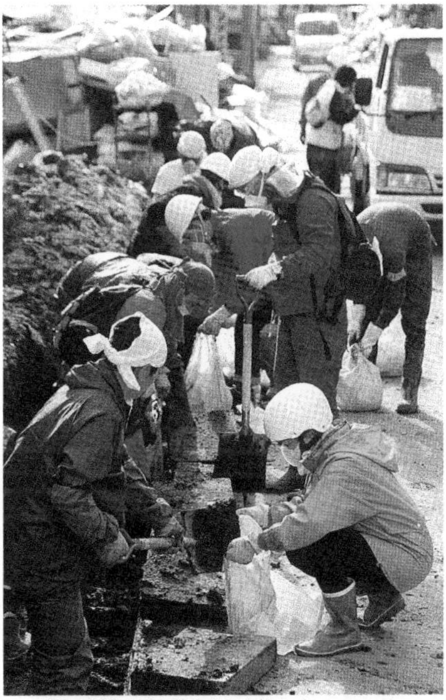

道路の側溝の泥を除去する大勢のボランティア
＝29日午後３時30分ごろ、石巻市大街道東

千葉県野田市の塾経営黒田はじめさん(56)は高校1年の長男(15)とボランティアとして気仙沼市に来て住宅の片付けを手伝った。連休で休みになったのを利用したという。「ラジオで人手が足りないと聞いて駆け付けた」と話す。

連休で多数のボランティアが被災地入りすることに、各ボランティアセンターは謝意を表しつつも、戸惑いを隠せない。

ボランティアの主な活動は家の中の汚泥のかき出しやがれきの撤去。世帯主と事前に人員と時間帯を決める必要があり、飛び込みで登録しても派遣先の調整が付かない。

石巻市のセンターは多数の人員を効率的に動かすのは難しいと、連休前の28日、

「復旧は長期戦、焦らず支援を」

登録の受け付けを締め切った。南三陸町は連休中も受け入れるが、「新規ボランティアには作業が回らない可能性がある」と言う。

気仙沼市はボランティアの善意を無にすまいと、「地域まるごとお掃除隊」という新しい活動を設け、人員を割り振った。南三陸町も水に漬かった写真やアルバムを洗浄する活動を用意した。

石巻市はボランティアの宿泊対策として、市内や大崎市にテントなどを張る用地を確保した。

復旧の道のりは長く、ボランティアの支援は長期的に必要だ。南三陸町のセンター運営に携わる横浜市のボランティア影山伸一さん(37)は「焦らずに自分に何ができるかを考えてほしい。可能なら連休明け以降に来てほしいし、夏休みを利用した支援も被災地にはありがたい」と指摘する。

(그림 1) 자원봉사자들의 적극적인 재해지역 부흥 참여에 관한 기사

출처: 『河北新報(가호쿠신포)』 (2011년 4월 30일)

다. 본 장에서는 3·11 동일본대지진 발생 당시 센다이 시민의 이타적 행동(봉사활동과 절전 요청의 협력)에 대해 초점을 맞추고, 어떻게 전개되었는지에 대해 소개하고자 한다. 또한 본장에서 이용된 데이터는 센다이 시민의식조사 2011(부록 APPENDIX 참조)을 참조하였다.

2. 센다이 시민의 볼런티어 활동

센다이 시 중심부는 기본적으로 '피해를 덜 입은 재해지'이다. 비교적 피해상황이 심각하지 않은 재해지에서의 자원봉사활동 특징은 큰 부담을 각오해야 하는 활동은 아니라는 점이다. 바꿔 말하자면 작은 선의에서 시작되는 봉사활동이 가능한 재해지역이다.

각자 성의껏 봉사활동에 임하는 것은 자신의 생활권 내에서 가능한 행동이라 할 수 있다. 센다이 시는 기본적으로 전체 지역이 지진에 의한 직접적·간접적 영향을 받았으며 자신들의 생활권 속에서 자원봉사에 대한 수요가 있었다. 즉 지진 후 몇 주간은 근처의 피난처 등으로 걸어가기만 하면 '재해자 지원의 도움'이나 '구원 물자의 구분 작업', '식사 공급' 등 곧바로 봉사활동을 할 수 있는 환경에 있었던 것이다. 또한 센다이 시나 근처에 있는 나토리 시(名取市)·다가조 시(多賀城市) 등의 이웃 시정촌의 연안부와 같이 피해를 많이 입은 재해지 재해지역 활동도 비교적 적은 부담으로 봉사활동을 할 수 있었다. 도로 등의 교통 인프라가 비교적 빨리 복구된 덕분에 오토바이나 노선버스 경우에 따라서는 자전거를 이용해 당일치기로 자원봉사지에 갈 수

있었기 때문이다.[2]

2-1. 센다이 시민의 볼런티어 활동 참가 일수

센다이 시민의식 2011에서는 지진 재해 이후부터 조사시점까지 며칠 동안 지진 재해 관련 볼런티어[3]를 하였는지 여부에 대해 질문했다. 이 질문에 대한 응답 선택 사항은 5가지로 '하지 않았다', '1~2일', '3~7일', '8~14일', '15일 이상'로 나누었다.

우선 볼런티어 활동에 참여한 사람들의 볼런티어 활동 기간에 대해서 살펴보기로 하자. (그림 2)는 볼런티어 활동을 한 사람들이 며칠 정도 참석하였는지를 집계한 것이다. 우선 하루라도 볼런티어 활동에 참가하였다는 사람의 비율은 전체 유효 응답 수의 약 1/4 정도이다. 이 값은 크다고 말하기는 어렵지만 그렇다고 볼런티어 활동 참가율이 낮다고 딱 잘라 말하기도 어려운 값이다.

참고로 NHK방송문화연구소가 실시한 '지진재해 조사'에서는 재해

---

2 이시노마키 시(石巻市)나 히가시마츠시마 시(東松島市) 등 자원봉사의 수요가 컸던 지역에 자가용이나 고속버스를 타고 가는 사람들도 있었다. 다만 산리쿠 자동차도로의 혼잡 상태나 전력의 복구 상황에 따라 센다이 중심부에서 50km 이상 떨어진 곳은 당일치기 봉사활동이 약간 어려웠다. 미나미산리쿠쵸(南三陸町)나 게센누마 시(気仙沼市) 같은 곳은 교통망 피해를 입은 지역도 있어서 숙박을 염두에 두고 봉사활동을 가야만 하였다. 센다이 시민의 봉사활동에는 부담의 크기 정도에 따라 차가 있으며 만약 어떤 지역으로 봉사활동을 가고자 할 때에는 이와 같은 점에 유의할 필요가 있다.

3 질문 중에서는 구체적인 활동으로서 "식사 공급, 피난처의 운영 돕기, 지진으로 인한 쓰레기 및 붕괴된 건물잔해의 철거, 집 정리, 구호물자의 분류"를 예시로 들고 있다.

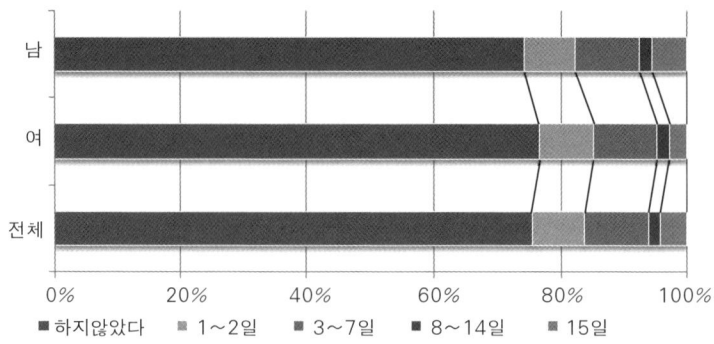

〈그림 2〉 볼런티어 활동 참가 현황(성별)

3현(이와테 현, 미야기 현, 후쿠시마 현) 이외의 응답자들 중 지진 후 반년 사이에 재해지에 볼런티어 활동을 다녀왔다고 한 사람들은 약 7% 정도였다.[4] 전국적인 자원봉사 참가의 경향과 비교하면 센다이 시민의 볼런티어 활동 참여율은 높다고 볼 수 있다.

참가 일수에 주목하여 좀 더 자세히 분석해 보고자 한다. 여기서 7일 이하의 볼런티어 활동을 한 사람들을 '단기 참가형', 8일 이상 볼런티어 활동을 한 사람들을 '장기 참가형'이라고 부르기로 한다. 집계 결과에 따르면 8일 이상 참가한 사람, 즉 장기 참가형의 비율은 약 6% 정도로 상당히 낮다. 참가 일수에 성별의 영향은 없을까? 일반적으로는 재해 시에도 일을 하고 있는 남성들은 자원봉사를 하러 가기가 어려울 것으로 예상되며, 특히 장기 참여는 어렵다고 생각되지만 실제로는 어땠을까? 남녀 성별에 주목하여 비교해 보면 단기 참가형의 비율에는

---

4 http://www.nhk.or.jp/bunken/summary/yoron/social/pdf/110905.pdf (검색일: 2013년 3월 7일)

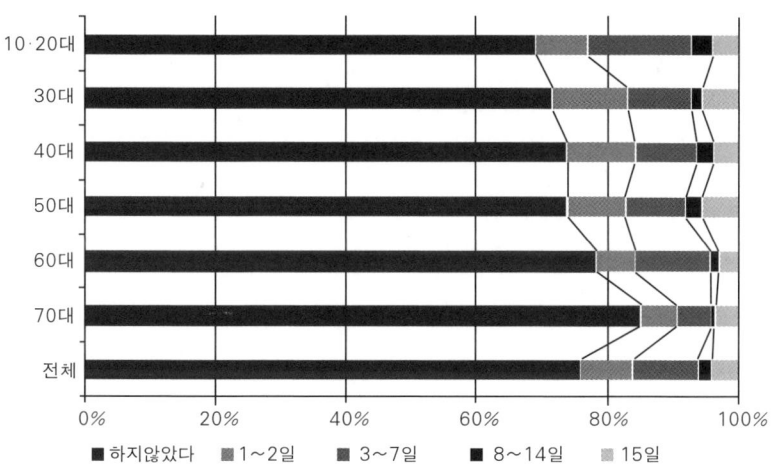

(그림 3) 연령별 볼런티어 활동 참가

큰 차이가 없었지만 장기참가형은 남성들의 참가가 많다는 경향을 보였다.

(그림 3)은 연령별 볼런티어 활동 참가를 나타내고 있다. 우선 단기 참가형과 장기참가형 구분 없이 1일 이상 볼런티어 활동을 한 사람들이 차지하고 있는 비율을 보자. 장기 참가형의 경우 60대 이상과 60대 미만 사이에는 큰 차이가 나타났다. 즉 60대 이상의 연금세대가 되면 장기 참가형의 사람들이 확연하게 줄어든 것은 신체적인 부담이 크기 때문일 것이다. 다만 현역 세대에서 "젊으면 젊을수록 장기 참가형이 늘어난다"는 경향이 있다고 말하기는 어렵다.

그래프에 나타난 바와 같이 단기 참여형과 장기 참여형의 차이점에 관해 정리하면 다음과 같다.

① 남녀별로 본다면 단기 참가형의 비율은 차이가 없지만 장기 참가형의 경우에는 남성이 많다.

② 연령별로 본다면 젊은 세대일수록 단기 참여 비율이 높다. 다만 연령별 장기 참가형의 비율에 있어서는 현저한 차이는 없으며 60대 이상부터 약간 줄어듦을 알 수 있다.

좀 더 자세히 검토해 보기로 하자. 우선 ① 성별 요인에 관해서는 현재의 성 규범에서는 남성이 열악한 환경에도 견딜 수 있다고 생각되며, 재해지에서도 잔해 철거 등 힘을 사용하는 작업이 요구된다. 그렇기 때문에 남성 쪽이 부담이 큰 볼런티어 활동을 하기 쉽고, 장기 참여형도 가능하다. 또한 숙박 장소는 '피난소'나 '텐트'가 기본이었다. 차 안에서 숙박하는 경우도 자주 있어 재해지에서 여성의 안전을 보장하는 것이 어려웠다는 점이 결과에 반영되었다고 생각한다.[5] 또한 재해지는 지진으로 인한 쓰레기 악취가 몸에 배기 쉬운 환경임에도 불구하고 목욕이나 샤워를 하는 것도 어렵고, 위생 면에서도 여성에게 있어서는 어려운 상황이었다. 그래프의 결과는 위와 같은 요인들이 데이터에 나타났다고 보여진다.

이어서 ② 연령별 요소에 대해서 살펴보자. 그래프에서 알 수 있는 바는 젊은 세대일수록 볼런티어 활동을 시작하는 것이 용이하다는 점이다. 인근 대피소 등에서도 활동할 수 있으며, 피해를 많이 입은 재해지에서도 활동해야 할 경우가 있다는 점에서 지진 후의 볼런티어 활동에는 체력이 필요하다. 또한 심야에 불침번을 서는 등 체력적으로도 힘든 작업이 필요하기도 하였다. 지진으로 인한 잔해나 폐기물 철거 등에 있어서는 두말할 필요가 없다. 따라서 젊은 사람들이 참여(활약)를 필요로 하는 수요가 많다는 점과 이것이 젊은 세대에서 나타나는

---

5 『河北新報』 2011년 7월 5일.

비교적 높은 볼런티어 활동 경험율과도 어느 정도 상관 관계를 가지는 것으로 보인다. 또한 문부과학성이 학생 볼런티어 활동을 장려한 것도 영향을 주었다고 생각된다.[6]

다만 젊은 세대일수록 볼런티어 활동의 경험은 많지만 지속적으로 볼런티어 활동을 하고 있지 않는 현상에 관해서 짚고 넘어갈 점은 짚고 넘어갈 필요가 있다. 볼런티어 활동을 할 때에는 기본적으로 '연줄'이 필요하며, 아무 것도 없이 빈손으로 젊은이가 재해지에 간다 하더라도 볼런티어 활동을 제대로 수행하는 것은 거의 불가능하다. 지진 피해가 심한 재해지에 지인이 있는 경우나 어떤 볼런티어 단체나 NPO 등에 가입한 경우 혹은 반상회 · 자치회나 직장 등에서 조직적으로 활동하는 경우 이외에는 강력한 '연고'가 필요하다. 젊은이들의 인간관계자본을 생각하면 상대적으로 인연(연줄)이 없는 사람들이 대부분이고 볼런티어 사람들이 많고 볼런티어 활동센터나 사회복지협의회 등의 중개를 이용하면 비교적 단발성에 그치기 쉽다. 이러한 경위 등에 관해서는 응답 결과에 잘 나타나 있다.[7]

---

[6] http://www.mext.go.jp/a_menu/saigaijohou/syousai/1304540.htm (검색일: 2013년 4월 3일)

[7] 그 외에도 자신의 일이나 일상생활이 재개된 것도 영향을 미쳤다고 생각된다. 센다이 시내에서는 지진 후에 쉴 틈도 없이 일이 바로 재개 되어 많은 사람들은 다양한 (소속 작업장) 복구 업무에 쫓기게 되었다. 또한 사생활 속에서도 필수품(물자)를 입수하기 위해 줄을 서는 등 평상시보다 더 노력이 필요한 상황이 오랫동안 지속되었다. 그 때문에 젊은 사람들 중에서는 "지진 직후는 다양한 장소에서 필요한 곳에 볼런티어 활동을 하였지만 어느 때인가 자신의 일이나 생활에 쫓겨 볼런티어 활동을 할 시간적 여유가 없어졌다"는 사람도 있다고 생각한다.

2-2. 반상회 활동·자치 활동 참여

필자 중 1명은 지진 후 약 1년이 경과한 시점에 열린 학회발표에 관해 간사이(関西)에서 재해지에 자원봉사를 나간 한 연구자로부터 다음과 같은 점을 지적 받았다.

"센다이 사람들은 볼런티어 활동에 그다지 참가하지 않는 것 아닌가?"

그의 지적은 물론 데이터에 근거한 것이 아니라[8] 현장에 가서 느낀 바를 근거로 하는 것이다.[9] 그렇다고 해도 (그림 2)나 (그림 3)에서 알 수 있듯이 그의 지적에 반박할 수 있을 만큼 많은 시민들이 볼런티어 활동에 참가하였다고는 할 수 없을 것이다. 다만 볼런티어 활동이라는 활동은 하지 않더라도 자신들이 살고 있는 주위의 활동, 즉 반상회 활동·자치활동에는 참가하였을지도 모른다.

안타깝게도 센다이 시민의식조사 2011에서는 재해 기간 중의 반상회·자치회 활동에 대한 질문 항목은 없다. 질문지를 작성할 때 인근에서 활동하는 식사 공급 등을 반상회, 자치회 활동에 포함시켜야 할지에 대해 구분하기가 어려웠기 때문이다. 그러나 볼런티어 활동을 위

---

8 3·11 지진 후 1년이 지난 재해지에서는 재해자에 대한 앙케트를 한다고 사칭하면서 다가가 그들의 불안을 부추기고 물건을 사게 하려는 사람들도 있었다고 한다. 후생노동성의 주의 환기 등도 있었기 때문에 연기된 지방선거가 실시된 2011년 가을 무렵까지 재해지에서의 의식조사를 하는 것은 쉽지 않았다.

9 간사이(関西)나 쥬에츠(中越) 지방에서 온 자원봉사자들 중에는 "과거(이전에) 발생하였던 지진에 대하여 지원 받은 것에 대한 보답(射禮)"이라고 느끼고 있는 사람들도 적지 않기 때문에 이것을 단순히 똑같이(병렬)로 해석(취급)하는 것은 바람직하지 않다고 생각된다.

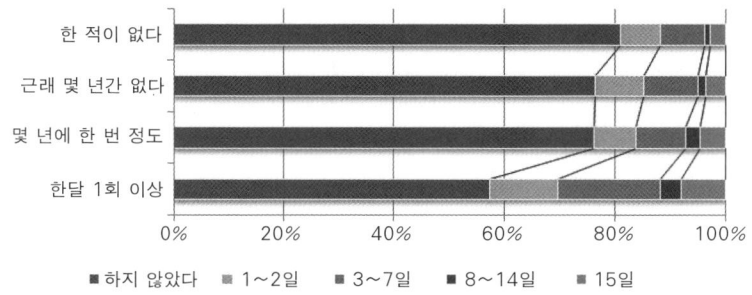

(그림 4) 반상회, 자치회 활동 참가 빈도별 자원봉사 참가 여부

한 '연줄'로써 기능할 수 있는 사회적 관계인 반상회, 자치회의 활동 참가 빈도와 관련해서는 별도 질문 항목이 마련되어 있다.

최근의 반상회·자치회 활동 참가와 자원봉사 참가의 관련성에 대해 한번 살펴보자. (그림 4)는 최근 5, 6년 간의 반상회·자치회 활동에 대한 참가 빈도와 앞에서 기술한 자원봉사 참가의 상호연관성을 나타낸 것이다. 이것을 보면 지역 활동 참여도가 높은 사람일수록(월 1회 이상) 단기·장기 양쪽의 볼런티어 활동에도 참가하는 경향이 있다. 반상회나 자치회에 참가하는 자는 이타적인 행동을 하는 경향이 있으며, 이러한 사람들이 자원봉사활동에 참여하는 비율도 높다는 점을 알 수 있다.[10]

---

10 과거의 반상회·자치회 활동이 볼런티어 활동 참여를 위한 초기비용(볼런티어 활동 모집에 관한 정보 수집 등)의 부담을 완화시킨다고 하는 시각도 있다.

3. 센다이 시민의 절전행동

3-1. 절전행동의 경향 분석

2011년 여름은 후쿠시마 원전사고로 인한 각지의 원자력발전소 가동 정지로 일본 전국에서 전력부족에 대한 우려가 높아졌다. 특히 도호쿠전력·도쿄전력 관할구역에서는 원자력발전소가 정지한 데 이어 연안부의 화력발전소가 쓰나미에 의한 피해로 빠듯한 운용을 할 수밖에 없었다. 이 때문에 한 여름의 전력수요 피크타임에는 계획정전이나 무질서한 정전이라는 최악의 사태도 발생한 적도 있었다.

하지만 2011년 여름의 전력사용량이 예년보다 감소하여 전력부족에 의한 정전사태는 결국 일어나지 않았다. 이는 아마도 전력회사의 적극적인 대응과 동시에 많은 사람들이 꾸준히 절전을 실천하였기 때문이라고 생각된다. 전력회사의 추산에 따르면 지진의 영향이나 2011년 여름 기온이 예년보다 낮았던 점을 고려한다고 하더라도 절전의 효과가 뛰어났음을 의미한다. 예를 들어 도호쿠전력은 피크 시간의 전력소비가 관할 구역 내 사람들의 절전 협력에 의해 약 7% 정도 감소했다고 추정하고 있다.[11]

그렇다면 센다이 시민들의 2011년 여름의 절전행동은 어떠하였을까? 통계(데이터)를 보기로 하자. 센다이 시민의식조사 2011에서는 절전행동에 대해 "에어컨 가급적 사용하지 않기", "불필요한 조명 빨

---

11   2011년 9월 30일 도호쿠전력 대표(사장)의 기자회견을 참조하면 된다. http://www.tohoku-epco.co.jp/news/press/1183530_1067.html (검색일: 2013년 3월 7일)

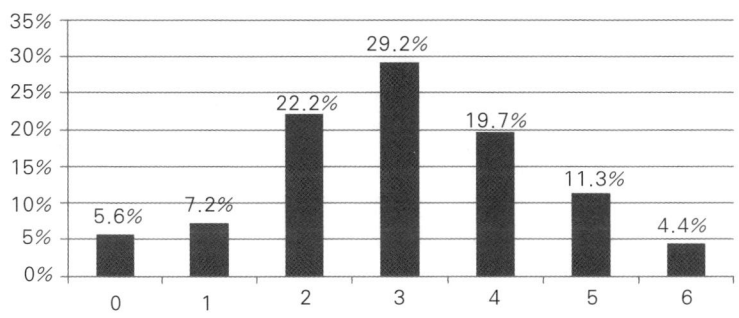

(그림 5) 절전행동 실행 수의 분포

리 끄기", "TV의 주전원 끄기", "에어컨 온도 높게 설정하기", "조명 수도 줄이고 조명 밝기 낮추기" "냉장고 온도 높게 설정하기", "기타 행동", "특별히 절전에 대해 신경 쓰지 않았다"라는 선택 사항을 설정하였으며, 2011년 7월과 8월에 실시한 행동을 복수 항목 선택하는 방식으로 질문하였다.

우선 절전을 실행한 수치 분포를 보자. (그림 5)는 "기타 행동", "특별히 절전에 대해 신경 쓰지 않았다"는 항목을 제외하고 6항목 중 몇 개의 항목에 해당하는가에 대한 응답 분포를 나타낸 것이다. 절전을 전혀 하지 않은 사람(해당 숫자 0의 경우)은 거의 없으며, 센다이 시민의 대부분이 절전행동을 실천하였다는 것을 도표를 통해 알 수 있다. 또한 질문 중 절전행동의 절반의 항목(3종류)을 하였다는 사람이 가장 많았다. 그래프의 분포는 산모양의 형태(山型)을 나타내고 있어 "센다이 시민들은 절전을 전혀 실시하지 않는 것은 부끄러운 일이지만 그렇다고 모든 수칙을 준수(항목에 참여)하는 것은 부담스럽고 어려운 일로 여기고 있었다"라는 해석이 가능하다.

3-2. 절전행동과 사회적 속성과의 관련

절전행동이 연령·성별에 따라 어떻게 다른지를 (그림 6)을 바탕으로 고찰해 보자. 우선 연령별에 대한 실행 수의 차이를 살펴보자. 절전을 그다지 실천하지 않은 것이 10대·20대이고, 가정을 가진 30대에서 40대에 걸쳐 급상승하였으며, 50대 이상은 미묘하게 감소하는 경향이 나타났다. 또한 남녀 차이를 살펴보면 '여고남저(女高男低)'임을 알 수 있다. 상대적으로 집에 있을 확률이 높고, 또한 경제권을 가지고 있는 여성들이 절전을 실천한 비율이 높은 것이다. 이러한 남녀별 대응에 관해서는 40대에서 가장 격차가 크게 나타나지만 30대 이하에서는 거의 차이가 없다. 가사와 육아가 같이 연동되어 있어, 이와 같은 결과에 영향을 미친 것으로 해석된다.

다음으로 절전행동의 종류에 대해 좀 더 자세히 살펴보기로 하자. (그림 7)은 절전 항목과 함께 그 실행률을 나타낸 그래프이다. 가장 많은 사람들이 실천한 절전행동은 "불필요한 조명 빨리 끄기"라는 것으로, 대상자의 8할 이상이 "그렇게 했다"라고 응답하였다. 다음으로 "에어컨 가급적 사용하지 않기", "에어컨 온도 높게 설정하기"라는 냉방에 관련된 행동 순으로 이어졌다. 그 이하의 순서는 "TV 주전원 끄기", "조명을 줄이고 조명의 밝기 낮추기", "냉장고의 온도 높게 설정하기"이다. 그 중에서 가장 많이 실천한 절전행동은 "불필요한 조명 빨리 끄기"였는데, 그 이유는 누구라도 실천하는 것이 가능하고, 또한 실천하는데 부담이 적기 때문이라 생각된다. 조명을 켠다든지 끄는 행동은 아이부터 노인들까지 많은 사람들이 하루에 몇 번씩이나 반복한다. 사용하는 것을 참는 것이 아니라 사용하지 않는 조명을 끄는 것이기 때문에 생활의 쾌적함이 떨어지는 것도 아니다.

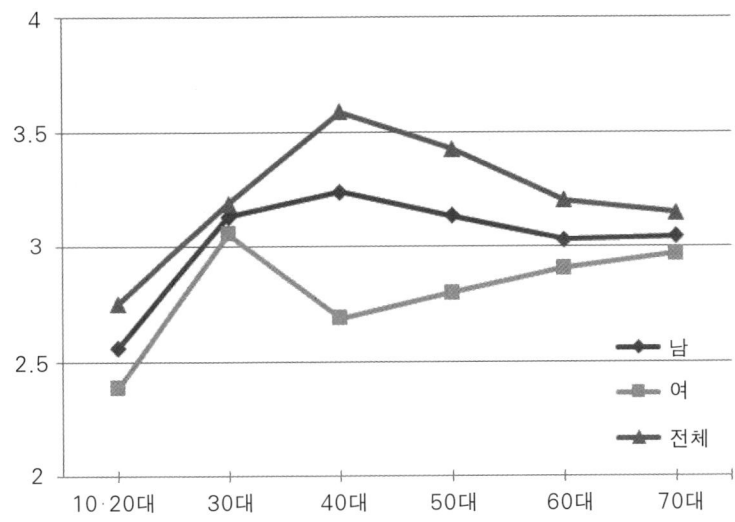

(그림 6) 연령, 성별 간의 평균 절전 실행 수

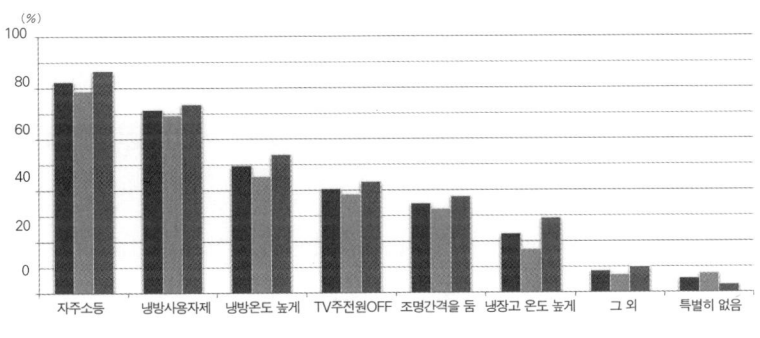

(그림 7) 절전행동의 종류에 따른 실행률 차이[12]

---

12 성별에 응답하지 않은 자가 있기 때문에 남녀 각각 응답자의 합계는 전반적으로 일치하지 않는다.

한편 같은 조명이라도 조명기구 수를 줄인다든지 조명의 밝기를 낮추는 방법을 실행하고는 있지만 미세하게나마 밝기를 제한한다는 점에서 생활의 쾌적함이 떨어지게 된다. 이러한 점에서 같은 조명이라도 불필요한 조명을 빨리 끄는 행동은 많이 실천되었지만 조명의 밝기를 줄이는 사람은 적었던 것이 아닐까. 이렇듯 일상생활과 밀접하고 실천에 대한 부담이 적으며 일상적인 행동에서 조금만 더 신경을 쓰면 되는 부분이기 때문에 "불필요한 조명 빨리 끄기"라는 항목에 대하여 실천 비율이 가장 높았다고 생각한다.
　냉방에 대한 절전도 비교적 많은 사람들이 실천하고 있는 부분이다. 냉방의 전력소비는 포스트 3·11 전력난에 있어서 가장 우려되는 부분이었다. 냉방기(에어컨) 자체의 소비전력이 크고 더욱이 가장 더운 시간대에 다 같이 이용하기 때문이다. 냉방은 전력의 피크 수요를 끌어올리는 최대 요인이라도 해도 과언이 아니다.
　그렇다고 냉방의 사용을 제한하면 생활의 쾌적함이 많이 떨어지게 되므로 부담이 크다. 그러나 7할 가까운 사람들이 이를 실행에 옮겼다는 것은 주목해 볼 필요가 있다. 기상청의 통계자료에 따르면 2011년 센다이의 평균 기온은 전년에 비해 낮았으며, 이러한 기후의 영향도 냉방 사용을 억제한 요인이 되었을 지도 모른다. 그러나 냉방 사용제한을 촉구한 요인이 기후의 영향 때문만은 아니라는 것이 전력회사의 분석에 의해 밝혀졌다. 냉방의 이용을 삼가는 것이 절전을 위해서 무엇보다 중요하다는 점을 언론 등에서 대대적으로 선전한 것이 시민들에게 널리 인지된 결과라고 추측할 수 있다.
　성별 차이가 가장 큰 항목은 냉장고의 온도를 높게 설정한다는 항목이다. 이는 가사를 부담하고 있는지 그 여부에 따라 영향력이 컸던 것으로 보인다. 가정 내에서 여성이 집안일을 담당하고 있는 경우 남성에게는 냉장고의 온도를 높게 설정하는 선택 사항이 존재하지 않는다. 이 경우 절전 의식이 높다고 해도 가사 담당자의 업무 영역인 냉장고 온도까지 고려(개입)하기는 어려울 것이다. 또한 이 항목뿐만 아니라 모든 항목에서 남성보다도 여성의 경우가 절전을 실천하는 비율이 높았다.

다음으로 연령대·절전종류별 절전행동의 차이점을 보고자 한다. (그림 8)은 각각의 절전행동을 실시한 사람들의 비율을 연령별로 나타낸 것이다. 특징적인 항목은 "에어컨 온도 높게 설정하기"와 "조명 수를 줄이고, 조명의 밝기 낮추기"이다. 냉방 온도를 높게 설정하는 비율은 30대가 가장 많았고, 연령층이 높아질수록 감소하고 있다. 지방에서 "냉방의 사용 줄이기"를 실천하고 있는 비율은 10대·20대를 제외하고 어느 연령대도 큰 차이를 보이지 않는다. 이 점에서 30대가

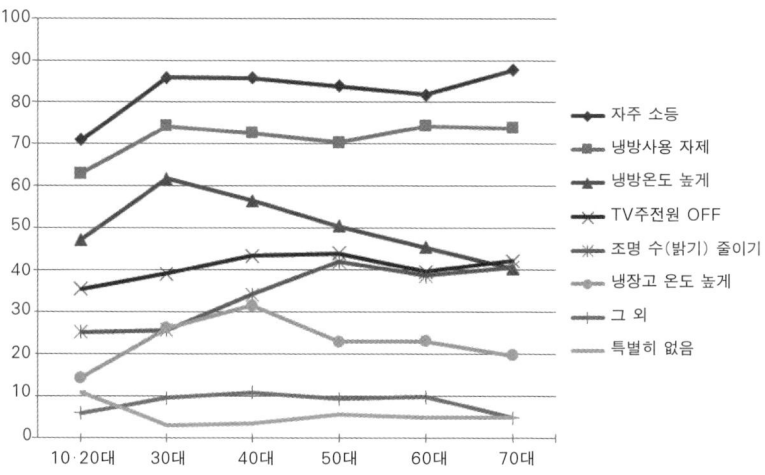

(그림 8) 연령대별 절전행동의 비율

가장 실효성 있는 절전을 하고 있다고 볼 수 있다. 이와 대조적으로 "조명을 줄이고, 조명의 밝기 낮추기"부분에서는 50대 이상의 세대가 가장 실행률이 높음을 알 수 있다.

가정환경에 대해서도 점검해 보자. (그림 6)에 나타난 것처럼 절전행동은 여성의 실행률이 높다. 무직 여성과 취업 여성을 비교해 보면 평균 절전 항목 수의 차이는 거의 없지만 취업 여성 쪽이 약간 높다. 무직(구직 중 제외)[13]의 여성이 실행하고 있는 절전 항목 수는 평균 3.20항목이었지만 취업(직업을 가진) 여성은 3.27항목이었다. 이는 '전업 주부'가 반드시 절전을 실천할 것이라는 예상과는 다른 결과를 보여준다. 또한 기혼자와 그 이외(미혼 또는 이혼자 및 사별자)의 사이에서는 여성은 기혼자가 3.01항목이었고, 그 이외는 3.39항목이었으며, 남성의 경우는 기혼자가 2.95항목이었고, 그 이외는 2.44항목이었다.

센다이 시민들의 절전행동의 특징을 정리하자면 다음과 같이 요약할 수 있다. 우선 눈에 띄는 점은 냉방의 사용을 자제하고 설정온도를 올리는 행동처럼 효과가 크지만 그 부담 역시 큰 절전에 대해서도 많은 사람들이 협력을 하고 있다는 점이다. 그 중에서도 30~50대 사람들이 적극적으로 협력하고 있으며, 남성보다 여성 쪽이 더 많이 절전을 실천하고 있었다. 또한 배우자의 유무와 절전행동 사이에도 약간의 관련성이 있다는 것 역시 확인되었다.

---

13 구직 중인 여성을 무직으로 분류(포함)한 결과에도 크게 차이가 없었다(취업자는 3.24항목, 무직자는 3.25항목).

4. 결론을 대신해서

『사회심리학』 교과서에서는 인간이 타인에 대한 구호(援助) 행동에 이르기까지의 과정에 관해 다음과 같이 분류하고 있다.

① 뭔가 심각한 일이 일어나고 있다는 인식
② 그것이 위기상황이라는 인식
③ 자신이 스스로 나서서 도울 책임이 있다는 인식
④ 어떻게 도우면 좋을까에 대하여 자신이 알고 있다는 인식
⑤ 도와주겠다는 결단

이상의 프로세스로 진행되며 그 중에서도 특히 ③이 가장 중요하다고 본다.[14] 지진 직후의 센다이 시민의 볼런티어 활동은 그다지 적극적이라고 평가하기는 어렵다.

전국 각지에서 자원봉사자들이 모였으며, 또한 자신들의 생활공간의 미래가 불투명하기 때문에 "자신에게도 도울 책임이 있다"라는 인식이 높아졌을지 모른다. 절전행동에 있어서 위기상황이라는 인식은 있었지만 어떻게(유형) 절전에 참여할 것인가에 관해서는 차이가 있었다.

본장에서는 센다이 시민의 이타적 행동에 관한 통계조사를 소개하였다. 어디까지나 분석 결과는 센다이 시의 데이터에 한정된 것으로, 재해 3현 데이터의 경향을 나타낸 것은 아니다. 향후 다른 재해지 데이터와의 비교나 자원봉사로서 재해지를 방문한 지원자들의 의식 및

---

14 池田謙一·唐沢穣·工藤恵理子·村本由紀子,『社会心理学』, 有斐閣, 2010년.

재해지 이외의 주민의 절전 상황 등과의 비교분석할 필요가 있다.[15]

15 　林(하야시)는 "방재의 주역은 시민이며, 자원봉사라는 높은 수준의 의식에 다다름(도달)을 강조하고 있다. 하지만 저자의 분석 결과를 바탕으로 보면 센다이 시민은 그 정도 높은 수준에는 미치지 못하고 있는 것으로 평가된다. 林春男,『率先市民主義－防災ボランティア論講義ノート』, 晃洋書房, 2011년.

제3장

재해지역 재일본대사관의 정보발신 및 과제

후쿠이 에이지로 · 가와무라 가즈노리

1. 서론

2011년 3월 11일 동일본대지진 발생 당시 재해지역의 많은 지방자치단체는 주민의 피난 유도뿐만 아니라 관광객들과 단기 체류자 등 여러 사람들을 보호해야 하였다.[1] 그러나 예상 밖의 지진이었기 때문에 "재해 시 피난지원이 필요한 원호자(援護者)에 대한 대응이 충분하지 못했다"는 반성이 재해지에서 들려왔다. 여기서 '재해 시 피난지원이 필요한 원호자'란 다음과 같은 사람들을 가리킨다.

---

1 미야기 현청에는 센다이에 출장 온 비즈니스맨이나 관광객, 센다이 주재 외국인(在仙外国人) 등 많은 수의 사람들이 모였다. 피난지로 지정되지 않았음에도 불구하고 많은 수의 재해 시 피난지원이 필요한 원호자들이 미야기 현청에 모였다. 이는 미야기 지진 당시 경험을 잊지 않고, 자가 발전이나 물의 확보가 이루어졌으며, 정전된 상황에서 정보(재해지 외의 이동 수단 등)들을 쉽게 수집할 수 있는 장소이기 때문이다.

① 장애인기본법이 정하는 '장애인'이나 '치매증상자'
② 체력적으로 쇠약해진 '고령자'와 이해력이나 판단력이 취약한 '유아'
③ 일반적인 행동에 불편함(行動支障)이 있는 임산부나 중증 환자
④ 여행자(출장 중의 사업가 등을 포함)·관광객
⑤ 외국인(일본어로 의사 소통이 되지 않는 자, 체류기간이 짧은 자)

재해지의 자치단체는 이러한 예상치 못한 지진 발생 시, 재해 시 피난지원이 필요한 원호자를 위한 준비가 제대로 되지 않았다는 것을 깨달았지만 특히 센다이에서는 ⑤번에 해당하는 외국인들을 위한 준비가 충분하였다고 평가하기는 어렵다.[2] 도호쿠대학에서도 많은 유학생들이 어디에 피난소가 있고, 귀국하려면 어떻게 하면 좋을지에 대해 큰 불안을 드러내기도 하였다.

재해시의 외국인에 대한 지방자치단체의 대응은 국제화를 기획하고자 하는 자치단체에 있어서 큰 과제로 떠올랐다. 지금까지 지방자치단체로서는 외국과의 관계를 유지하는 정책 중의 하나가 자치단체에서 생활하는 외국인을 향한 서비스 제공이다. 또 하나는 넓은 의미의 교류(해외 우호 도시와의 제휴나 관광 추진, 해외 기업 유치 등)'였다. 위의 내용들은 평상시 외국과의 관계 업무에 불과해 대규모 재해 발생 시 외국인에 대한 대응은 전혀 예상하지 못하였던 부분이었다.

재일 공관의 입장에서 보면 이러한 대규모 재해가 발생할 경우 자국

---

2   재해지에서의 대처로는 須藤伸子, "ボランティアや他機関との協力のもと被災外国人への情報伝達に奔走", 『国際人流』제24권 7호, 2011년이나 須藤伸子, "東日本大震災の外国人被災者支援―仙台市災害多言語支援センターの活動から", 『自治体国際化フォーラム』제 262호, 2011년 등을 참조.

민의 보호를 우선으로 생각할 필요가 있다. 자국민 보호를 위해 정보 수집은 빼놓을 수 없다. 하지만 3・11 지진에서는 재해지의 정전이나 신칸센・도로의 통행금지 등으로 인해 정보 수집이 쉽지 않았다. 또한 일본 지방자치단체의 발신 능력이 떨어진다는 면도 있어 필요한 정보를 수집하기가 어려웠다고 한다. 지방자치단체로부터 정보가 부족하면 부족할수록 재일 공관의 자국민 보호 대응은 늦어지게 된다. 그러한 점에서 3・11 지진은 비상시에 재일 공관이 정보제공 주체로서 지방자치단체가 중요한 역할을 담당하고 있다는 것을 재확인하는 계기가 되었다.

재일 외국대사관에 대해 필자들이 실시한 앙케트 조사(이하 대사관 앙케트)[3]의 결과 등을 통해 재해지 자치단체의 정보발신에 대한 점검 및 평가는 매우 중요하다. 일본의 경우 평상시에 외국에 대한 정보제공 주체는 외무성이며, 외무성이 이러한 시스템을 관장(총괄)하고 있다. 그러나 3・11과 같은 대규모 재해에는 이러한 정보제공 시스템만을 의존하는 구조에서 벗어나 현지 정보에 관해 현지 정보를 재일 공관 스스로 구할 필요가 있음을 느낀다. 즉 지방자치단체가 '지방정부'로서 외국과 외국인에 대해 직접 정보를 제공하는 주체로서 행동해야 할 것이다. 덧붙여 본장에서는 3・11 직후 현장의 교훈을 살려 자치

---

3 덧붙여 여기서 사용한 데이터는 필자들이 일본에 설치되어 있는 각국 대사관에 대한 설문지 조사를 우송하는 방법으로 회수된 것이다. 대사관 앙케트 조사의 실시 시기는 2011년 11월이다. 151개국 대사관에 송부하여 합계 51개국의 회답을 받았으며, 거기에서 얻은 메시지(지식)에 관해서는 본문에서 다루고 있다. 대만은 정식 대사관을 설치하지 않고, 대사관과 거의 같은 기능을 하는 재일 타이베이대표처를 설치하고 있다. 마찬가지로 EU(유럽 연합)는 EU대사관이 아니라, EU대표부를 설치하고 있다. 이 책에서는 이들을 포함해 '대사관'이라고 표기한다.

단체가 왜 외국에 대한 정보 제공에 중요한 위치에 있는지에 대해 규명한다. 또한 외국과 외국인에게 정보를 제공하는 경우에 고려해야 할 점에 대해 논하고자 한다.

2. 누구에게 무엇을 물을 것인가

　동일본대지진에서는 일본어를 모국어로 하는 사람들조차 충분한 정보를 얻지 못하였다. 인프라 피해가 심각한 자치단체도 많았으며, 특히 광역에 이르는 정전과 가솔린 부족으로 인해 자치단체 중에는 자신들이 놓여 있는 상황을 정확히 파악하는 것조차 어려움을 느낀 곳도 있었다. 재해지로부터 먼 거리에 있던 도쿄에서도 정부는 대규모 지진의 실태 파악과 이후 계속된 후쿠시마 원전사고 파악(점검) 및 그 대처방안 모색에 몹시 분주하였다. 중앙정부도 지방정부도 매우 혼란스러웠다. 특히 지방자치단체는 외국에 어느 정도 정보를 제공해야 하는가라는 과제에 대해 "판단(思考)이 정지 되었다"라고 말할 정도였다.
　지진 후 각종 보도에 따르면 본국에 대한 보고와 재일 국민보호의 관점에서 일본 국내에 설치된 많은 수의 주일 대사관·영사관은 재해 상황 파악에 힘썼다. 그러나 대사관 앙케트(자유 회답 문항) 결과를 보면 "필요한 정보를 얻을 수 없었다"고 회고하였던 주일 대사관이 많았다. 예를 들어 유럽의 어느 대사관은 "처음 몇 일간, 특히 방사선에 관해서 무슨 일이 일어났는지 전혀 몰랐다"라고 필자의 질문에 답하고 있다. 또한 '과연 누구에서 질문해야 답을 얻을 수 있는지 (답답하다)'는 초조한 심정을 내심 드러낸 대사관들의 답변도 많았다.

다만 일본 정부가 전혀 정보발신을 하지 않았다는 것은 사실무근이란 점에 유의할 필요가 있다. 예를 들어 외무성은 3·11대재해 직후 3월 15일에 도쿄에 있는 각국 대사관을 대상으로 후쿠시마 원전사고에 관한 비공개 설명회를 열었다. 이 설명회에는 60개국의 대사나 공사 등 약 120명 정도가 참석하였다.[4] 비공개라고 해도 외무성이 해외 정보제공에 주력하였다는 것은 명백한 사실이고, 이들 정보는 "일본도 유익하다"고 간주되었을 것이며, 또한 그렇게 이해되었을 것이다.

그러나 정보를 제공받는 대사관의 입장에서 보면 외무성의 대응에 대해 꼭 호의적인 것만은 아닌 것 같았다. "외무성은 정보 제공을 위해 (충분한) 인원을 할애했어야 했는데(동남아시아 대사관)"라는 불만이 앙케트에 제기되어 있었으며, 또한 유럽 대사관은 "숨기지 않고 정보를 제공하기를 바란다"라고 답해 왔다. 정보를 전하는 측과 정보를 필요로 하는 측의 갭이 이러한 실태로 이어진 것 같다.

대사관 앙케트를 토대로 재일 각국 대사관의 요구 사항을 정리하면 다음 두 가지로 요약된다. 첫 번째는 일본 측의 정보 제공 창구 일원화이다. 두 번째는 일본 측과 각국 대사관 사이의 정보공유를 원활하게 하는 것이다. "3·11 지진에 대한 정보전달 방법에는 문제가 있으며, 정보제공의 네트워크 시스템을 재구축해 달라"는 정보의 불균형과 시스템의 개선으로 축약(요약)할 수 있다. 즉 '누가' 정보를 제공하는지 명확히 하는 동시에 정보를 신속히 제공하는 체제 구축을 요구하고 있는 것이다.

요구 사항의 주된 근거(배경)로는 지진발생이 예상되는 '난카이(南

---

4 『朝日新聞』 2011년 3월 17일.

海)트로프'를 진원으로 하는 대지진(東海·東南海·南海大地震)에 대한 일본 정부·지방자치단체의 정보제공 방법을 시정해야 한다는 발상이 전제되어 있다. 일본은 위기상황을 생각하지 않는 '언령주의(言霊主義)'[5]적인 경향이 있으며 실제로 절대로 사고는 일어나지 않는다고 했던 '원전 신화'가 그 전형적인 예이다. 이 때문에 대규모 자연재해 발생 시에는 '유사시(有事時)'에 대응하는 구조가 충분하게 검토되지 않는 경향이 있다. 주일 대사관은 평상시의 정보제공뿐만 아니라 비상시의 정보제공까지 염두해 둘 필요가 있다는 것을 주장하고 있는 것이다.

그런데 동일본대지진처럼 지방에서 '심각한 사고(severe accident)'가 발생하였을 때 지방자치단체가 정보제공의 최전선에 서게 되는 경우가 있다. 지방자치단체가 외무성에 피해를 보고하고, 외무성이 각 대사관에게 전달하는 방식으로는 시간이 낭비될 것이다. 이러한 시간적 손실은 본국의 대응을 지연시킬 것이며, 이러한 한계를 극복하기 위해 대사관이 지방자치단체로부터 직접 정보를 찾을 것이기 때문이다. 하지만 재해 자치단체의 경우 재외 공관이 곧바로 판단(直截)하여 실시하는 대응에 어느 정도 행동을 취할 수 있을 것인가에 대해 불투명한 부분이 있다. 리쿠젠타카타 시나 미나미 산리쿠 쵸처럼 청사가 휩쓸려 버리는 경우는 거의 대응할 수 없게 된다. 또한 정전으로 인해 정보 인프라를 사용할 수 없게 된다면 지방자치단체는 정보를 발신하는 것이 여의치 않게 된다. 다만 여기서 한 가지 알 수 있는 것은 규모가 큰 자치단체 정도라면 어학 실력이 두드러진(뛰어난) 직원을 확보하여 홍보

---

5   말의 영력을 믿는 주의. _필자 주

도 할 수 있지만 작은 자치단체는 그렇게 대응할 수 없다는 점이다. 실제로 재일 외국인의 다수는 아무래도 도시 지역에 집중되어 있으므로, 재외 공관이 원하는 정보발신 능력은 일정 규모를 지닌 자치단체에서만 기대할 수 있다는 한계를 안고 있다.

지방자치단체가 각국에 대한 정보 창구가 될 때 주일 대사관으로의 정보 흐름은 크게 두 가지로 나뉜다. 하나는 실제 재해지에 체류하는 외국인에게 직접 정보를 제공하고, 그들을 통해 대사관에 정보를 전달하는 방법이다. 또 다른 한 가지는 직접 각국 대사관에 정보를 제공하는 방법이다. 전자는 대규모 재해에 한정되지 않고 소규모 재해에서도 실행할 수 있으며, 체류 외국인의 개인적인 정보 네트워크에 의존하는 구조이다. 인터넷 발달로 인해 이 방법을 활용하면 대사관을 경유하지 않고 직접 본국에 정보를 전달할 수 있을 것이다. 다만 정보의 신용이라는 점에서 대사관 활용에 비해 신용성이 떨어지므로, 대규모 재해 시에는 개인 네트워크만을 활용하는 것은 위험하다.

동일본대지진에서 도호쿠 지방에 있어서의 다언어 지원은 미야기 현에서만 이루어졌다고 지적되고 있다.[6] 재해지에 체류하고 있는 외국인에 대한 정보제공 서비스 측면에서 볼 때 현지에 살고 있는 외국인이 증가하면 할수록 외국인을 위한 재해 구호 정보가 충실해야 한다. 재해지의 주민뿐만 아니라 외국인 관광객이 방문하고 있는 지역의 경우 이들 관광객에 대한 대응도 고려해야 한다. 여기서 중요한 것은 일본어 능력이 부족한 외국인에게도 일본어 이외의 정보를 제공할 수 있

---

6 인터뷰 조사에 따르면 미야기 현은 재해 상황에 관한 다언어 지원 이외에도 해외로부터의 기부·위로금 접수창구의 다언어화 정책도 시도하고 있다.

느냐는 점이다.

3·11 지진의 경우 센다이 시내에 '재해다언어지원센터'가 지진 발생 직후부터 설치되어 직원과 자원봉사자 약 10명이 영어나 중국어 등을 중심으로 외국어 대응을 실시하였다. 이러한 재해 대응에 협력한 사람들 중에는 도호쿠대학에 다니는 유학생들도 포함되어 있다. 센터에 대한 문의는 지진 발생 하루 100건 이상, 발생 후 2주일이 지나서도 하루 10건에서 20건 정도 있었다고 한다.[7] 실제로는 외국어 지원 체제의 구축은 동일본대지진 이전에도 시도된 바 있다. 예를 들어 2007년 7월에 발생한 니가타 현 쥬에츠오키지진 때에는 지진 발생 다음날에 '카시와자키(柏崎)재해다언어지원센터'가 설치되었다.[8]

재해 시에 일본어가 능숙하지 못한 외국인을 지원하기 위한 여러 움직임 중에는 '재해 시 외국인 지원 서포터'를 양성하는 경우도 있다. 지진 이전의 2008년 9월에는 시가 현 등에서 (서포터즈) 양성강좌가 시작 되었다.[9] 지진 후에는 야마가타 현에서 이러한 움직임이 있었다. 야마가타 시 국제교류협회가 중심이 되어 이러한 양성강좌를 실시하여 새해 시에는 다언어 지원센터를 실시 힐 수 있게 하고 매뉴얼을 작성할 수 있도록 결정되었다.[10]

이러한 재난에 대한 대응 준비는 매우 중요하다. 다만 그것보다 더

---

7 『日本経済新聞』2011년 3월 25일.

8 자치단체국제화협회(CLAIR)에서는 다언어지원센터의 설치에 대한 알기 쉬운 매뉴얼을 제공하고 있다. http://www.clair.or.jp/j/culture/PDF/manual_01.pdf (검색일: 2012년 1월 10일)

9 http://www.pref.shiga.jp/hodo/e-shinbun/fh00/20080806.html (검색일: 2012년 1월 10일)

10 『朝日新聞』2011년 8월 18일.

중요한 것이 있다. 바로 대규모 재해가 발생하였을 때 센터 구상 자체가 불가능하게 된 상황 역시 상정되어 있는가 하는 점이다. 최근의 지방자치단체의 대부분은 재정난으로 지진 재난에 대한 구상이 되어 있었다고 해도 실제 인원 배치 등에 있어 빠듯한 경우도 있다. 따라서 자치단체에서 제도 구축에 대한 준비만 해두는 것만으로는 충분하지 않다. 다른 자치단체와 교류 및 제휴 계획을 세우고, 필요 시 서로 지원할 수 있는 환경을 만들어 두는 준비도 필요하다.[11]

3. 앙케트에서 보는 정보제공 상황

3-1. 정보의 제공과 접근

비상 재해지의 일본 국내 거주 외국인과 외국에 대한 정보제공에 대해 좀 더 생각해 보고자 한다. 대규모 재해의 경우 "해당 지역이 어떤 상태인지"를 해당지역 밖에서 정확히 파악하기는 어렵다. 동일본대지진의 사례에 비추어 말하면 도쿄에서 도호쿠의 상황을 정확하게 파악하는 것은 쉽지 않다는 것이다. 3·11 지진에서는 외무성의 정보가 일원화되지 않은 (또는 그렇게 보이지 않았다는) 측면이 있었으며, 각국 대사관은 일본 정부의 정보를 파악하면서도 독자적으로 정보 수집에 나섰다. 당시 방법 중 하나로 이용된 것이 재해를 입은 각 자치단체에게 직접 접촉하는 방법이었다.

---

11 도카이(東海)·도난카이(東南海)·난카이(南海) 지진의 영향권에 있는 자치단체가 지진 후에 방재 협정을 맺겠다는 움직임은 이와 같은 준비의 연장선상에 있다.

〈표 1〉 대사관의 재해 자치단체 접촉 유무와 접촉 지역

연락 유무	%
연락을 취하였다	37.5%
연락을 취하지 않았다	62.5%

연락 자치제	총수
이와테 현과 그 시정촌	2
미야기 현과 그 시정촌	16
후쿠시마 현과 그 시정촌	10

〈표 1〉은 대사관 앙케트의 답변 내용은 분석 정리한 것이다. 재해 자치단체에 직접 접촉한 대사관의 비율, 대사관이 연락을 취한 재해지의 자치단체 수를 나타내고 있다. 자치단체의 수는 '총수'이며, 예를 들어 동일한 대사관이 미야기 현의 히가시마츠시마 쵸와 미나미 산리쿠 쵸와 연락을 취한 경우에는 2로 헤아렸다. 앙케트 조사에 따르면 약 1/3 정도의 대사관이 "재해 자치단체와 연락을 취하였다"라고 답하였다. 각국 대사관이 연락을 취한 자치단체 수의 합계는 미야기 현과 미야기 현내 시정촌이 가장 많은 16이었으며, 이어서 후쿠시마 현과 현내 시정촌이 10, 이와테 현과 현내 시정촌이 2였다. 여기에서 알 수 있는 것은 대규모 재해가 발생하였을 때에는 자치단체가 대사관에 직접 정보를 제공하는 역할을 담당할 수 있다는 것이다. 또한 센다이가 도호쿠의 인구밀집 지역이라는 점, 이시노마키 등지에 쓰나미 재해가 극심하다는 보도 등의 영향으로 미야기 현에서 정보를 얻으려고 하는 대사관이 많았다는 것을 알 수 있다.

그렇다면 재해를 입은 자치단체에 직접 연락을 할 경우 각국 대사관이 직면한 문제로는 어떤 것(무엇)이 있을까? 정보가 뒤섞이는 것 등의 혼란을 제외하고 조직적인 문제에 주목해 볼 때 일본어 이외의 정보제공이 부족하다는 것을 사례로 들 수 있다. 동남아시아의 어느 대사관은 "영어로 된 정보 부족"을 지적했으며, 영어로 된 정보제공에

문제가 있다는 것은 다수의 대사관이 지적하고 있다. 재해 자치단체의 인적자원을 생각해 보면 일본어로 된 정보제공조차도 어려운 형편이었을 것이다. 다만 지방자치단체가 지방정부로서의 기능을 맡고 있는 존재라면 영어로 된 정보의 제공은 최소한 필요하였던 것으로 판단된다. 물론 정보의 제공 방법은 상세하게 질문하고 싶다면 전화·메일과 같은 수단을 이용하면 되겠지만 개별 국가에 한정된 정보가 아니라면 인터넷상에서 영어로 정보를 전달해야 할 것이다. 지방자치단체가 정보를 신속히 제공하는 것은 지방자치단체의 설명 책임으로 이어지고, 영어에 의한 정보제공이 쉽지 않았던 지방자치단체는 세계화 시대의 설령 "지방정부 본연의 모습이라 할 수 없다"라는 지적을 받더라도 반론의 여지가 없다는 점을 명심하자.

3-2. 필요로 한 정보와 변화

동일본대지진 발생 시 일본 국내에서도 정보격차가 생긴 것은 주지한 바와 같다. 특히 정보격차에 관해서는 주목할 필요가 있다. 주지하다시피 재해지와 비재해지 사이에 발생한 정보격차를 꼽을 수 있다.[12] 비재해지에서는 언론의 보도로 비교적 많은 정보를 얻을 수 있었다. 한편 실제 재해지에서는 정전의 영향으로 인해 휴대전화를 통한 '완세구 TV'나 SMS(단문 메시지 서비스) 등을 통해 한정적인 정보를 얻는 것이 고작이었다. 가장 정보를 필요로 하였던 재해지에서는 전력이

---

12 정보격차는 인터넷을 효과적으로 이용할 수 있는 층과 그렇지 않은 층 사이에도 있었다. 『日本経済新聞』 2011년 6월 19일.

복구될 때까지 충분한 정보 파악을 할 수 없었던 것이다.

정보격차는 일본 국민들 사이에서만 일어난 것이 아니었다. 일본 국내와 국외 사이에도 이러한 격차가 있었다. 지진의 재해 상황에 대해 일본 국내 언론은 상세히 보도하고 있다. 예를 들어 "사람들이 쓰나미에 휩쓸리고 있는" 가혹한 순간의 보도에 대해서는 자숙하는 특징은 있었다. 이러한 경향은 계속 이어졌다고 보이며,[13] 지진 직후의 생방송 영상에서도 가능한 한 (그러한 표현은) 피하고 있었다. 또한 피해를 조우할 것이 예기되는 인물이 담긴 사진이나 영상도 특별한 이유가 없는 한 사용되지 않는 듯 하였다. 일본의 보도 자세는 신중한 '배려' 하에 이루어졌다고 말할 수 있을 것이다.

한편 일본의 보도가 억제적이었던 것에 비하면 해외에서의 동일본대지진 보도는 센세이셔널한 인상을 준다.[14] 또한 정보원(情報源)이 적기 때문에 간접 취재 혹은 추정기사(伝聞推定)가 많아 사실(팩트)과는 동떨어진 보도가 되풀이 되는 경우도 있었다. 예를 들어 독일에서는 주요 일간지인 쉬드도이체 차이퉁(Sueddeutsche Zeitung) 남독일 신문에서조차 "많은 외국인들이 도쿄를 떠났다. 이제는 일본인들도 떠나고 있다", "(재해지 부근에) 자위대의 무장 전차가 나타났다. 일본 정부는 민중의 공황 상태에 대해서도 대비하고 있다"라는 식으로 보도하였다

---

13   언론 관계자의 공청회에서.
14   예를 들어 NHK의 억제적인 보도와 비교하면 "한국의 전달 방법은 자극적인 표현이 많았다"라고 지적되고 있다. 문연주(文嚥珠), "한국 언론의 동일본대지진 보도와 한·일관계", 일본정경사회학회 (한국) 2012년 국제 심포지엄, "동일본대지진 이후의 일본사회의 패러다임 전환과 한·일 관계(2012년 2월 17일, 개최지 서울특별시)" 보고자료.

고 한다.[15] 이처럼 신뢰할 만한 언론들조차 신뢰할 수 있다고 생각되는 언론들마저도 일본의 상황을 정확히 파악하지 못하고 일본 국내 보도에서는 생각할 수 없는 내용을 전하였던 것이다.[16] 그리고 보도의 근거 중 하나인 인터넷을 통해 일반 시민들에게도 정보가 발신되었다.

이는 미디어와 마찬가지로 각국 대사관도 인터넷에서 정보 수집을 할 가능성이 있음을 시사하고 있으며, 많은 대사관들은 아마 실제로 인터넷에서 재해지의 정보를 수집하였을 것이다. 다만 그렇게 모은 정보들은 균형잡히지 못하였거나 오보일 가능성도 있다는 점도 유의해야 할 것이다. 정보가 편중됨으로써 사실과 다른 정보가 해외에 발신될 위험성을 일본 정부·지방자치단체는 고려해야 한다.

---

15 『朝日新聞』 2011년 4월 3일.

16 또한 인터넷상에서는 일본 언론의 필터를 거치지 않은 쇼킹한 정보(시신이라 생각되는 영상 등)가 재해피해자로부터 발신되고 있었다. 일본 국내보다도 정보가 충분하지 않은 외국의 환경에서 인터넷에 유포되고 있는 자극적인 영상으로 인해 일본의 상황은 일본이 파악하였던 이상으로 가혹하게 전해졌다고 생각한다. 또한 熊谷에 의하면 후쿠시마 원전사고의 보도에서도 일본과 외국에서는 다른 태도를 보였다고 한다. 일본 언론은 확실한 정보를 제공하는 것을 최우선으로 하고 있었지만 독일에서는 이미 독일 언론의 경우 틀림없이 원전사고가 발생할 것으로 보도하고 있었다고 한다. 일어날 수 있다고 보도하고 있었다고 한다. 그리고 폭발에 의한 건물의 천장이 깨졌을 때의 보도에서는 일본의 TV 프로에서 "후쿠시마 제일 원자력 발전에서 폭발 소리가 나고, 건물의 천장 일부가 무너졌다는 정보가 있으며 현재 확인 중"이라고 자막기사(텔롭)이 나갔을 때에도 독일에서는 이미 그 영상이 보도되고 있었다고 한다. 熊谷徹, "ドイツメディアの過熱報道に見えたもの", 『放送出版』, 2011년 여름호, pp.52~53.

3-3. 각국 대응의 시간적 변화

동일본대지진 직후부터 각국 정부는 재해지로부터의 피난과 일본으로의 여행을 자숙(渡航自肅)할 것을 권고한 바 있다. 이들의 권고는 도항 자숙에서 도항 주의(注意)로 점차 완화되긴 하였지만 이러한 변화와 관련하여 각국 정부가 동일본대지진을 어떻게 보고 있는지를 알아보고자 한다.[17]

여기에서는 우선 일본에 방문객이 많이 오는 주요 12개국(한국·중국·대만·홍콩·태국·싱가포르·오스트레일리아·미국·캐나다·영국·프랑스·독일)에 초점을 두고자 한다. 이들 12개국의 일본 방문자수의 합계는 2010년 중 방일 외국인 전체의 9할 가까이를 차지하고 있어 일본과 교류가 있는 주요 국가를 총 망라하고 있다. 이들 12개국의 정부는 3·11지진(원전사고) 발생 후 '여행 자제 권고'나 '피난 권고'라는 식으로 권고하였으며, 국가별 대응에는 다소 차이가 있었다. 실제로 일본의 한 지역(예를 들어 후쿠시마 현)으로 가는 것을 강력히 제한한다든지, 그곳에서 신속하게 대피할 것을 촉구하는 '권고'일 경우에는 2포인트, 도항에 대해 주의를 요구하기는 하지만 별 다른 제한을 하지 않는 경우에는 1포인트로 집계하여 각국의 대응에 관해 비교분석해 보았다. 또한 국가에 따라, 권고의 대상이 도도부현(都道府縣) 단위가 아닌, '재해지(홍콩)', '연안(싱가포르)', '심각한 재해지(중국)'라는 식으로 추상적인 뜻으로 오해하는 것을 막기위해 여기서는 알기 쉽도록 '재해지', '비(非)재해지/안전지역'이라는 간략화한 형태로

---

17 피난 권고에 대해서는 일본정부관광국(JNTO: Japan National Tourism Organization)의 2011년 3월 이후의 뉴스 자료를 참고하였다.

일본 국내를 구분하였다.

 2011년 3월 말, 5월 말, 7월 말, 9월 말, 11월 말과 같이 총 5번의 시점으로 집계하여 표로 나타낸 것이 (표 2)이다. 최고 포인트는 24포인트, 최저 포인트는 0포인트로 나타났다.

 표에서 3월 말 시점은 도호쿠의 재해지 3현(이와테 현·미야기 현·후쿠시마 현)과 이바라키 현에 많은 관심이 기울어져 있었던 시기라는 점을 잘 알 수 있다. 막대한 피해가 있던 도호쿠 지방 태평양 연안의 이와테 현·미야기 현·후쿠시마 현, 그리고 이바라키 현은 재해의 유무에 관계없이 피난 권고가 나오고 있었다. 동시에 일본 전체에 대한 여행 자제가 권고되고 있었으며, 치바 현이나 도쿄 등과 같이 피해가 막대한 재해지를 넘어선 넓은 범위에 걸쳐 피난 권고가 내려지고 있었다. 이 시기는 피해의 상황을 파악하는 것이 어려웠고, 또한 후쿠시마 원전사고에 관해서도 전망이 불투명하였기에 외국 정부는 자국민들에게 일본으로부터 탈출을 강력히 촉구하였음을 알 수 있다. 이 일부 국가들은 도쿄에 있는 대사관을 폐쇄하고, 그 기능들을 서일본으로 옮기려는 검토하기도 하였던 시기였다. 또한 대사관 관계자들의 안전을 위해 동일본에서의 탈출을 시도하려는 움직임이 있던 시기이기도 하였다. 대지진 이후 4월 1일까지 도쿄의 32개국 대사관은 일시 폐쇄를 실시하였고, 4월 1일 시점에서 그 중 18개국의 대사관이 재개하였지만 독일이나 오스트리아 등 14개국의 대사관은 오사카시 등으로 이전한 상태였다.[18]

 이러한 상황은 5월 말이 되어서야 개선되었다. 미야기 현이나 후쿠

---

18 『日本経済新聞』 2011년 4월 2일.

시마 현의 재해지 및 후쿠시마 원전사고의 주변 지역에 대해서는 많은 나라들이 피난을 권고하였지만 동일 현 내에서도 안전지역(非재해지)로의 방문을 허용하는 움직임은 가속화되었다. 이는 교통 인프라 복구 등도 요인으로 작용하였겠지만 각국 정부가 도호쿠 지방을 지리적으로 획일화(一面化)된 정책의 시행에서 벗어나 현장의 시점에서 피해상황을 보고 판단해 가는 방향으로 전환한 것을 의미한다. 예를 들어 캐나다는 5월 18일에 현 단위로의 표시를 멈추고 직접적인 피해를 입은 지역을 "긴급 상황을 제외(不要不急)하고 출입국(渡航) 회피지역"으로 표시하도록 변경하였다. 7월 이후에는 각국의 초점은 후쿠시마 현(후쿠시마 제1 원자력발전 주변)에 맞춰져 갔다. 다만 그렇다고 해도 방사능 오염에 대한 불안한 시선은 지진 직후와 같은 혼란스러운 견해가 사라지고 침착한 태도를 보이고 있다.

각국의 대응에 관해서는 혼란이 있었던 "지진 직후부터 3월 말까지", 안정적으로 되어가는 "3월 말에서 5월 말까지" 차분한 대응을 보이던 "6월 이후"로 크게 세 시기로 분류 할 수 있다.

첫째, 직후의 혼란기는 외국 정부로서는 어떤 정보라도 필요한 상황으로 주일 대사관이 자국민의 보호를 최우선으로 하던 시기이다. 이 시기의 주요한 정보는 다음과 같다.

① 그 지역에 자국민이 어느 정도 체류하고 있는가?
② 그 지역은 안전한가?
③ 그 지역에서 자국민을 이동(대피)시켜야 할 경우 어떤 방법이 좋은가?

〈표 2〉 주요국의 피난 권고 등에 대한 변화

	3월 말	5월 말	7월 말	9월 말	11월 말
일본 전체					
아오모리 현 피재지					
아오모리 현 비(非)피재지					
이와테 현 피재지					
이와테 현 비피재지					
미야기 현 피재지					
미야기 현 비피재지					
아키타 현					
야마가타 현					
후쿠시마 원전 주변					
후쿠시마 현 피재지					
후쿠시마 현 비피재지					
이바라키 현 피재지					
이바라키 현 비피재지					
도치기 현					
군마 현					
사이타마 현					
지바 현					
도쿄 도					

- 20~24
- 15~19
- 10~14
- 5~9
- 0~4

이러한 정보를 어떻게 끌어 내느냐가 중요하였던 시기라고 할 수 있다. 지방자치단체가 모든 관련 정보를 파악할 수는 없겠지만 향후의 재해 대응을 위해 지방자치단체는 의식해 두는 것이 좋을 것이다. 피난소에 있는 외국인 수를 파악하고 정보를 제공하는 것만으로도 각국 대사관들에게는 유익한 정보가 될 수 있다.

둘째, 3·11 발생 후 혼란 속에서도 서서히 침착한 대응으로 전환되는 시기에는 대사관들도 안정을 찾기 시작하였으며, 일본 정부의 정보 발신력도 회복되어 갔다. 이 시기의 지방자치단체는 피해 상황에 대해 보다 정확하고 상세한 정보를 발신해야 한다. 그리고 재해지에서 "무엇이 해결되었고 무엇이 해결되지 않았는가"를 포함하여, 복구 상황을 최대한 성심성의껏(丁寧) 설명할 필요가 있다. 재해가 발생하기 이전에 관계를 맺은 외국(기업이나 관광객을 포함)과 관계 재강화와 함께 뜬소문에 대한 피해 극복 등이 요구된다. 그리고 재해지가 부흥하고 있다는 것을 적극적으로 알릴 필요가 있다.

셋째, 이후 다시 본래의 일상생활로 돌아가는 시기에 들어서면 언론에서의 지진에 대한 정보 언급은 급격히 줄어든다. 특히 2011년은 태국 대홍수와 유로 위기 등 세계 경제에 영향을 끼치는 사건들이 연속해서 일어났으며, 또한 미국 대통령 선거 등 유력 국가에서 국내적 정치변화(정권교체)와 맞물려 있어 동일본대지진 이후의 복구 과정을 세계에 알리기 어려운 상황에 있었다. 지방자치단체가 각지의 복구·부흥을 알리기 위해서 각국의 주일 대사관에게 전략적이고 적극적인 행동을 할 필요가 있는 것으로 보인다.

예를 들어 프랑스혁명 기념일 축하 리셉션은 매년 7월 14일에 도쿄 프랑스 대사관저에서 개최되고 있다. 그러나 2011년에는 "재해지에서 개최하여 재해민들을 초대하고 싶다"는 폴 주일 당시 프랑스 대사의 강력한 희망(의향)에 따라 후쿠시마 현 코오리야마 시(郡山市)에서 개최하였고, 약 1,200명의 초청객 중 절반은 동일본대지진의 재해민들이었다고 한다.[19] 프랑수아 미테랑 당시 문화부장관도 참석하였는데 현직 장관이 해외 리셉션에 참석하는 것은 사상 처음 있는 일이었다고 한다. 이러한 프랑스의 대응은 참석한 재해자들에게도 위로가 되는 행동이었지만 뉴스로 보도됨에 따라 또 다른 효과도 가져왔다. 현직 장관이 참가함에 따라 동행하였던 기자들이 재해지의 정보도 아울러 프랑스에 배포하였기 때문이다. 고오리야마에서의 개최는 비록 후쿠시마 현은 원전사고의 영향을 받긴 하였지만 그것이 후쿠시마 현 전체가 위험한 것은 아니라는 메시지가 되었다고 생각한다.

재해로부터의 복구·부흥 과정은 재해 자치단체의 신뢰와 명성을 회복하는 과정(復興過程)이기도 하다. 이러한 관점에 본다면 외국 뉴스에 나오는 기회를 의식하여 행동하는 것도 중요하다.[20]

4. 결론을 대신해서

지금까지 살펴본 바와 같이 앞으로 대규모 재해가 발생한 해당 자치단체는 재해 현장에 대한 해외로의 정보제공자로서 중요시될 가능성

---

19 『朝日新聞』 2011년 7월 15일.
20 스포츠 세계대회를 재해지에서 개최할 경우 해외 뉴스를 통해 전달되는 과정에서 얻게 되는 효과는 더욱 클 것이다. 예를 들어 가마이시시럭비협회는 부흥의 상징으로 럭비 월드컵 유치활동을 벌이고 있다.

이 있다. 대규모 재해가 발생한 경우에는 평상시에 많은 준비를 한다고 하더라도 그 준비가 의미가 없을 정도로의 큰 피해가 생길 가능성도 있다. 그러나 최악의 사태를 고려하고 평상시에 할 수 있는 만반의 준비를 한다면 혼란을 최소화할 수 있다고 생각한다.

　이번 동일본대지진의 경험을 통해 외국인 지원을 위한 각 자치단체의 인재 육성 등에 대한 준비가 요구된다고 여겨진다. 자치단체의 교류 섹션에는 앞으로 위기관리를 고려한 대응 역시 필요하다고 생각된다. 그리고 대사관이 필요로 하는 정보 내용의 파악이나 재해민들이 자신의 인터넷을 통해 정보를 발신할 가능성 등에 대해서도 이해하고, 대책을 세워 둘 필요가 있다. 특히 관광을 통한 지역진흥을 지향하는 자치단체에서는 외국인이 안심하고 방문하기 위한 방재·위기관리 매뉴얼도 필요불가결하다.

　지방분권을 추진함에 있어서 재해 정보를 어떻게 해외에 발신하는가에 대한 검토도 절실하다.

제4장

재해와 '지역의 인프라스트럭쳐(교통)' 확보

가와무라 가즈노리 · 야마모토 마사타카

1. '지역(주민)의 발[1] 역할' 담당자들의 목소리

2007년 3월, 노토 반도의 와지마 시(輪島市) 앞 바다에서 지진이 발생하여 와지마시나 아나미즈마치(穴水町) 등에서 진도 6의 흔들림이 관측되는 등 이전에는 경험한 적이 없는 매우 강한 흔들림에 휩싸이게 되었다. 이른바 노토반도 지진이다. 당시 지진의 인적 피해는 사망자 1명, 중경상자는 327명이었지만 그동안 지진 발생이 적었던 태평양 반대 지역에서 일어난 일이라 건물 피해는 전파된 가옥이 525채, 반파된 가옥이 774채나 되었다. 이러한 지금까지 지진이 없었던 지역이

---

[1] '시민의 발(다리)'이란 버스나 지하철 등 지역주민의 생활에 필요한 교통노선 혹은 인프라스트럭쳐, 라이프라인 등을 포괄하는 개념이다. _역자 주

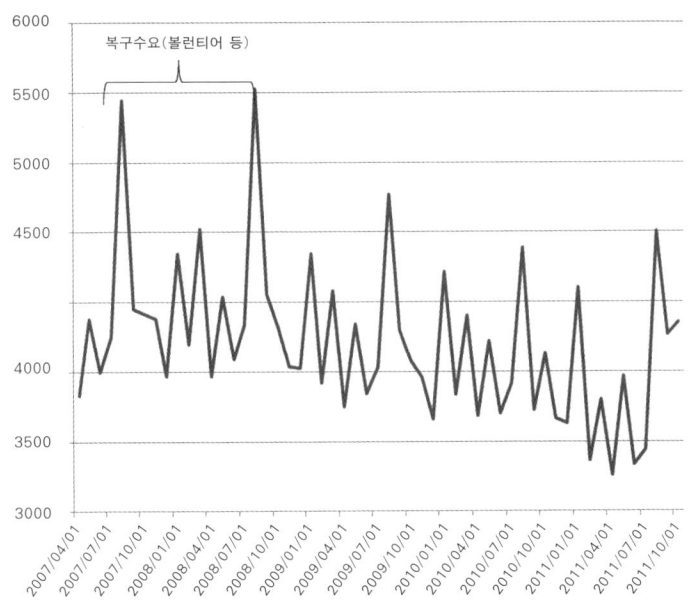

〈그림 1〉 와지마 특급 승객 수의 변화[2]

출처: 호쿠테츠오쿠노토버스(北鉄奥能登バス) 회사에서 제공 자료를 바탕으로 필자 작성

라 그 충격이 크다는 점과 아울러 지진에 대한 준비가 충분하지 않았다는 것을 여실히 나타내고 있다.

바다 쪽으로 노토반도의 끝자락에서 일어난 지진으로 인해 재해지인 노토반도(와지마시)와 호쿠리쿠(北陸)의 거점도시인 가나자와 시를 연결하는 고속버스는 재해민들이 가나자와에 있는 가족·친척들의 집으로 피난을 가는 '다리'가 되었고, 또한 자원봉사자들이 재해지로 향하는 '다리' 기능으로도 많이 이용되었다. 〈그림 1〉은 노토 반도지진 이후 와지마-가나자와 간의 특급 버스를 탄 승객수의 변화 그래프이

---

2 와지마 출발 가나자와 행 버스의 데이터.

다. 2007년과 2008년 8월의 월 승객 수는 5,500명에 육박하는 수준이었다. 다만 그래프의 변화는 지진 발생 직후 가장 크고, 복구가 진행됨에 따라 서서히 감소되는 경향을 보이고 있어,[3] 이러한 교통 통계는 지진의 극복과 복구·부흥의 완료를 명확하게 나타내고 있다.

그런데 이러한 와지마-가나자와 간의 고속버스(특급버스)를 현재 운영하는 것은 호쿠테츠오쿠노토버스(北鉄奥能登バス)이다. 호쿠테츠오쿠노토버스는 노토반도 지진 발생 이듬해인 2008년, 채산(수지)이 맞지 않는 노선을 유지하기 위해 호쿠리쿠철도(北陸鉄道) 본사에서 분리된 형태로 출범한 지역버스 자회사이다. 특급버스 이외에도 오쿠노토[스즈시(珠洲市), 와지마시, 호우스군노토쵸(鳳珠郡能登町)와 아나미즈마치]의 노선버스사업 및 전세버스 사업도 운영하고 있다. 전국 각지의 로컬 버스노선은 과소화와 자동차 사회가 진전함에 따라 승객이 감소하여 어려움을 겪어 왔다. 호쿠테츠오쿠노토버스도 예외가 아니었으며, 고속버스 사업을 통해 채산성이 떨어지는 노선을 보완하며 어떻게든 경영을 유지하고 있는 상황이다. 지진 발생 이후 복구·부흥의 일익을 담당한 와지마-가나자와 간의 특급버스의 경우 지진 직후에는 많이 이용되었으나 승객 수가 조금씩 감소하는 경향에 있어, 이러한 현실 문제로 인해 퇴출 위기를 맞고 있다.[4]

특급버스의 승객 감소라는 열악한 상황에 더하여 한층 더 타격을 주는 사태가 현재 대두되고 있다. 노토 유료도로를 관리하는 이시카와현(石川県)이 2013년도부터 노토 유료도로를 무료로 개방한 것이다.

---

[3] 전년도 대비(전년도를 100)로 비교하면 2008년 여름 무렵까지 100을 넘어 섰다.
[4] 덧붙여 2011년의 값은 "동일본대지진의 영향으로 초봄에 여행 수요가 저조한 악영향(反動)"이라고 호쿠리쿠철도사에서는 생각하고 있다.

노토 유료도로는 2013년 3월 31일, '노토사토야마카이도(のと里山海道)'로 이름을 바꾸어 무료화 하였다.⁵ 2014년도 중에 호쿠리쿠 신칸센의 가나자와 연장 개업을 위해 오쿠노토의 접근 도로로서 편리성 향상에 초점을 둔 행정조치였다.

그러나 호쿠테츠오쿠노토버스의 간부는 "유로도로의 무료 개방에는 빛과 그림자가 있으며, 행정분야 특히 주민들과 마주 보는 시정촌은 그림자 부분을 이해할 필요가 있다"라고 지적한다. 통상적으로 교통정책은 플러스 면이 강조된 경향이 있다. 신칸센 연장도 그렇고, 고속도로 개통도 마찬가지이다. 그러나 새로운 교통정책은 수송방식의 전환(Modal Shift)⁶을 통해 사람들의 생활 동선에 변화를 가져온다. 새로운 교통로로 인해 이득을 보는 사람이 있는가 하면 손해를 보는 사람들도 반드시 있게 마련이다. 호쿠테츠오쿠노토버스는 약 2시간 정도 소요되는 와지마-가나자와 간 특급버스가 주요 수익원이다.

그리고 앞서 서술한 것처럼 이 수익으로 채산성이 부족한 오쿠노토의 노선버스⁷를 유지하고 있는 상황이다. 노토 유료도로 시절 당시에는 자가용 요금(편도)은 1,180엔이있다. 노도시도아미기이도로를 무료화 시킨 결과 와지마에서 가나자와까지 자가용을 이용하는 사람들

---

5 http://www.hot-ishikawa.jp/access/satoyamakaido.html (검색일: 2013년 4월 2일)

6 예를 들어 지금까지 트럭에 의한 수송에 편중되어 있던 것을 철도·항공기·선편 등으로 교통수단을 변경하는 것을 의미한다. _역자 주

7 2002년, 서일본 JR버스는 채산성이 낮은 노선의 정리·축소에서 노토이이다 출장소를 폐쇄하고, 오쿠노토에서 철수하였다. 그때 현지 기업인 호쿠리쿠철도는 현지에서의 요망도 있고, JR버스 오쿠노토선(아나미즈 —木の浦〔키노우라〕간)의 양도를 받고 있다.

은 총 유료도로 요금이 왕복 2,000엔 이상 절약하게 된 셈이다. 한편 와지마 시내(와지마 칠기회관)에서 가나자와 시내〔겐로쿠시타(兼六園下)〕까지 가는 버스 편도 요금은 (집필 당시) 2,200엔이다. 자동차 사회라고 할 수 있는 노토반도 주민들에 있어서 자가용과 버스 이용의 비용에 차이가 벌어지는 것은 버스 이용자의 감소를 의미한다.

호쿠테츠오쿠노토버스의 간부는 "노토 유료도로가 무료 개방되어 특급버스의 승객 수가 대폭 감소하게 되면 채산이 맞지 않는 노선에 대한 폐지도 검토해야 한다"고 주장해 왔으며, 이는 서서히 현실화되고 있다.[8] 이러한 의견은 특급버스 사업에만 한정된 이야기가 아니다. 노토 유료도로를 무료로 운용함으로써 무료화가 특급버스의 채산성 악화를 낳고, 적자 로컬선의 폐지 내지는 회사 자체의 문을 닫을 최악의 사태로 이어질 수 있다는 점을 염려하고 있는 것이다. 만일 그렇게 된다면 고령자나 고등학생 등 교통 약자들에게 피해가 집중된다는 것을 의미한다. 좋은 결과를 기대하고 실시한 정책의 여파가 가장 약자인 사람들의 '다리'를 빼앗게 될 가능성을 지적하고 있는 것이다.

동일본대지진 직후 도호쿠지방에서는 재해지역 지원이라는 명목으로 고속도로를 무료로 개방하였다. 유료도로를 무료화하는 것은 교류 인구의 증가에 일조한다. 다만 이러한 시각뿐만 아니라 '지역의 발(다리)'를 담당하는 버스회사의 관점에서 무료화 전환 정책을 고려해 보는 것도 필요하다.[9] 고속도로의 무료화가 기대와는 달리 "버스는 떠나

---

8 호쿠리쿠철도 관계자의 말에 의하면 노토 유료도로를 무료로 전환함에 따른 인하에 대해 "유료도로는 할인 요금을 설정해 놓기 때문에 승객에게 환원 가능한 정도는 아니다"라고 한다.

9 또한 호쿠리쿠철도 관계자는 "오쿠 노토버스는 호쿠리쿠철도 본사에서 버스 차체

(그림 2) 노토반도 지진과 동일본대지진(미야기 현)의 유사성

라"고 떠미는 격이 될 수 있다는 시각도 필요하지 필요하다는 주장이다. 노토반도 지진과 동일본대지진은 재해지와 거점도시의 대응에 있어서 유사성이 보인다. 재해지가 "과소화가 진행되는 리아스식 해안의 어촌"으로 그곳과 지역 거점도시(노토반도 지진에서는 가나자와 시, 동일본대지진에서는 센다이 시)를 버스가 이어주고 있는 구도이다(그림 2). 동일본대지진만을 상정하는 것이 아니라 과거와 공통성의 관점에서 생각해 본다면 보다 깊은 고찰이 가능할 것이다.[10]

의 융통이 가능하기 때문에 아직은 나은 편이다. 그러한 대체 없는 다른 회사들은 더욱 더 조건적으로 어려울 것이다"라고 지적한다.

10 　노토반도 지진이 '대안(미나시) 가설주택' 제도 도입의 계기가 되고 있어 그러한 점에서 고찰할 수 있다. 노토반도 지진에 대한 종합적인 자료분석에 관해서는 다음 학술연구보고서를 참조하면 된다. 가나자와대학 노토반도 지진 학술조사그룹, 『과소·초고령화 지역에서 지진 재해에 관한 종합적 조사 연구-가나자와대학 2007년도 노토반도 지진 학술조사 보고서』, 2008년. 다만 가나자와대학 조사 보

2. 유료도로 무료화의 빛과 그림자

　유료도로의 무료화나 '일괄 1000엔'과 같은 저요금 설정은 소위 '마이카'를 이용하는 사람들에게는 매우 바람직한 정책이라 할 수 있다. 자동차 사회를 전제로 한다면 유료도로가 무료화 됨에 따라 멀리 나가기 쉽기 때문이다. 평소에는 갈 수 없었던 먼 곳에 갈 수 있게 됨으로써 경기 침체에 고민하는 지방으로써도 관광이나 유통이 활성화되고 지역경제를 끌어 올리는 효과를 얻을 수 있다. 2010년 고속도로 무료화 실험에서 실험 개시 3개월 만에 교통량은 평균적으로 실험 전의 약 2배가 되었다고 하며, 병행하는 주요 일반 도로의 교통량은 약 2할 정도 감소되면서 혼잡 해소에 도움이 되었다고 한다.[11]

　그러나 고속도로 무료화 실험 등을 통해 도리어 손해를 입었다는 사람들도 있다. 무료화 실험으로 손해를 입은 사람으로는 예를 들어 무료화 구간과 평행하게 위치해 있는 국도 주변의 음식점 주인들을 들 수 있다. 무료화 된 고속도로 쪽으로 교통이 이동함으로써 가게 앞을 달리는 승용차가 감소해 매출이 줄어든 것이다.[12] 또한 대중교통 사업자들도 손해를 입은 부류에 속한다. 버스나 철도, 페리 등의 대중교통 사업자들은 이용객 저하에 시달리면서 무료화에 의해 부득히 폐업을 검토할 수밖에 없다는 경우도 눈에 띈다.[13]

　정책에는 반드시 부작용이 따르기 때문에 자가용 이용자들에게는

　　고서는 사상의 소개가 많아 행정환경을 고려한 분석이 충분하지 않다.
11　『河北新報』 2010년 11월 13일.
12　『河北新報』 2011년 2월 18일.
13　『河北新報』 2011년 6월 20일.

바람직한 정책이라 해도 그 정책에 의해 손해를 보는 사람도 생기게 된다. 유료인 도로를 무료화함으로써 마이카를 선택해 교통량을 늘리는 정책은 이산화탄소 배출 억제라는 점에서 보면 문제가 있는 정책이기도 하다. 유료도로의 무료화는 대중교통기관이라고 불리는 교통사업자들에게 있어선 마이너스일 수밖에 없다. 유료도로의 무료화에 의해 지금까지 대중교통을 이용하고 있던 사람이 자가용 이용으로 돌아설 가능성이 높기 때문이다. 고속버스를 운행하는 버스회사도 마찬가지이지만 무료화 실험 등을 실시한다면 그에 상응하는 영향을 받게 될 것이다.

특히 채산성이 낮은 노선을 많이 가지고 있는 지방 버스회사의 입장에서는 절실한 문제가 된다. 왜냐하면 채산성이 낮은 노선을 많이 가지고 있는 지방 버스회사에 있어 주요 수익원이 되는 것 중 하나가 고속버스 사업이기 때문이다. 특히 현청 소재지 등의 거점도시를 연결하는 버스는 수요가 높고 안정된 수익을 바라볼 수 있는 노선이다. 이렇듯 버스회사의 관점에서 본다면 무료화 정책은 노다지 노선의 승객 수를 줄이는 '곤란한 정책'이며, 장기적으로 본다면 과소지의 '다리(교통수단)'를 뺏길 가능성을 품고 있는 정책이다.

3. 총괄(俯瞰)적 시점의 필요성

채산성 문제는 기업의 노력이 기본이다. 그러나 많은 지방자치단체가 대중교통기관(특히 버스 회사)에 '지역의 (발)다리' 확보를 의뢰하는 현재 상황을 고려해 본다면 한 기업의 노력만으로 해결될 문제는 아니다. '노선의 폐지 검토'가 표면화 되었을 때에는 더 이상 돌이킬 수 없다. 지방자치단체는 보조금 등을 조성하겠다는 기존의 방법 외에 새로운 대처 방안을 시도할 필요가 있다. '지역의 다리 확보'를 고려하는 한 가지 포인트로 교통정책이라는 좁은 범주에서만 사물을 보지 말고 정책을 아우르는 관점에서 대응을 생각할 필요가 있다. 수지가 맞지 않는 상황에서 '지역의 다리'를 확보하는 것이므로 유연한 발상이 필요하다. 또 다른 포인트는 지역교통을 이용하는 사람들의 특성을 행정이 이해해야 한다는 점이다.

오늘날 대중교통(버스)의 주요 이용자는

① 고등학생이나 노인 등 교통 약자 ② 교통에 생소한 사람이나 여행객 등 ③ 자가용을 이용하는 것보다 고속버스를 이용하는 편이 비용이 절감될 것이라 판단한 사람이다.

그리고 유료도로의 무료화·고속도로의 무료화에 반응하는 유형은 기본적으로 ③에 해당하는 사람들일 것이다. ③에 해당하는 사람들은 "유료도로를 통과하는데 들어 가는 직접적인 비용", "장기간 운전할 때 따르는 피로", 그리고 "도착 장소에서 발생하는 비용(이동의 자유 정도나 주차에 필요한 요금 등)" 등을 종합적으로 감안하여 버스를 선택한다고 생각된다. 반대로 무료화가 되었다고 해도 대중교통기관이 오히려 종합적 비용면에서 적게 든다면 그들은 고속버스를 선택할 것이라 생각된다. 즉 유료도로가 무료화 된다고 해서 버스 등의 대중교통기관의 이용자가 곧바로 격감하는 것은 아니라는 점에서 여러 대처법은 있다.

종합적인 관점에서 대중교통 이용을 촉진시키는 수단으로 이용되는 것이 파크 앤 라이드(Park & Ride)[14]이다. 실제로 실행되고 있는 파크 앤 라이드는 주요 시가지 내에서의 대중교통 이용 요금이 할인되거나 상가 등에서 사용할 수 있는 쿠폰을 받는 등의 특전을 주는 것이 일반적이다. 이용자들은 종합적인 관점에서 손익을 따져보고 "파크 앤 라이드를 이용하는 것이 이득이다"라고 생각되면 교외에 주차하고 대중교통기관을 이용해 시가지로 들어 간다.[15] 다만 파크 앤 라이드는 채산성이 낮은 노선을 고속버스 수익으로 유지하고 있는 버스회사에 있어서는 별 도움이 되지 않는다. 왜냐하면 파크 앤 라이드는 자가용으로 목적지 근처까지 가는 경우가 많아 고속버스는 타지 않을 가능성이 높기 때문이다.

현실적인 방안 중 하나는 버스 터미널이 있는 거점도시 체재에 드는 비용이 늘어나도록 유도하는 방법이다. 주차장 수를 제한하고 자동차 이용이 오히려 불편하거나 주차 비용이 들도록 유도하는 방법이 있다. 앞서 이야기한 것처럼 자가용을 이용하는 사람은 왕복으로 드는 비용을 감안하여 "자가용을 이용할 시, 아니면 버스를 이용할 시"를 판단한다. 유로도로가 무료화 되어도 도착지(거점도시)까지 드는 비용을 높게 올리는 방법으로 상쇄는 가능하다.

또 다른 방안으로 생각해 볼 수 있는 것은 "'지역의 다리' 확보를

---

14 역까지 자동차로 가고 거기서부터 버스나 전차를 타는 통근 방식, 특히 일본의 원거리 통근자가 집에서 가까운 역에 자기 차를 주차시키고 거기서 고속철도로 출근하는 시스템이다. _역자 주
15 다만 파크 앤 라이드를 추진하기 위해서는 중심 시가지가 매력적이어야 한다. 큰 주차장이 완비되어 있는 대규모 교외점에 많은 손님들이 모여 있는 지방 각 현(縣)들의 상황을 고려해 보면 일상적인 쇼핑으로는 이용할 수 없는 방법이다.

지방자치단체가 사회보장으로서 책임진다"는 각오로 임하는 것이다. 다만 무작정 세금을 투입하는 것만이 능사가 아님을 잊어서는 안 된다. 주민들이 합의할 수 있는 수준으로 보충 재원을 생각해 볼 필요가 있다.[16] 유럽 등지에서 도입되고 있는 탄소세 등을 검토하고 거기에서 나오는 재원을 확보하는 방법도 있긴 하지만 현행의 지방자치단체가 실시할 수 있는 방안으로는 '주차장 세' 등과 같은 법정외의 목적세를 만들어 거점도시 내부의 주차 비용을 인상하겠다는 방법이 현실적이다. "고정 재산세를 추가하는 형태로 지방세를 물리고 여기서 얻어진 재원을 현 내의 지방노선 유지비용으로 돌리는" 방법이 있다면 정책적인 정합성과 유권자의 이해를 얻을 수 있을 것이다.

자가용을 이용하여 얻게 되는 인센티브를 낮추고 "자가용을 이용하는 사람들이 지역교통은 나와 관계 없다"[17]는 생각을 가지지 않도록 적극적으로 대응한다. 지방자치단체는 '지역의 다리'를 확보하기 위해 노력할 필요가 있다. 특히 동일본대지진에 의한 재해지에서는 대중교통의 특수(特需)가 일고 있을 단계부터 장기적인 시각에서 지역교통을 고려해야 되는 것은 아닐까?

---

16 덧붙여, 토야먀현 타카오카시에서는 노면전차 유지에 세금을 투입하는 것을 선택하였다. 이러한 선택은 "주민의 이해가 있어야 성립(공청회에서 전 타카오카청년회의소의 한 일원의 발언)"될 수 있다. 다만 직접적으로 세금을 투입하기 보다는 목적세로 하여 재정지원을 하는 편이 보다 정당성이 있다고 생각된다.
17 久繁哲之介, 『地域再生の罠－なぜ市民と地方は豊かになれないのか？』, ちくま新書, 2010년.

4. 주민들, '지역의 발(足)' 구상의 중요한 행위자

 고속버스로 지역 노선을 유지하는 것이 아니라 지역 노선의 유지에 주민을 참여시킨다는 종전과는 다른 발상을 가져도 좋을지 모른다.
 버스 노선 등의 폐지가 발표되면 반드시 이를 존속시키기 위한 서명운동 등이 벌어진다. 다만 과거의 경험을 통해 알 수 있는 것은 이러한 존속운동 과정에서 노선폐지 유보가 결정된다 하더라도 결국은 폐지로 이어지는 경우가 적지 않다는 점이다. 존속운동은 반응이 뜨거워도 길게 지속되지 않으며, 서명을 한 사람들의 상당수가 존속결정 후에 그 노선을 이용하지 않기 때문이다. 경험적으로 비추어 봤을 때 이러한 존속운동에 참가하는 사람은 평소에 해당 노선을 이용하고 있는 사람들만은 아니다. 평소 해당노선을 이용하는 사람들에게 부탁 받아서 참가하였다는 사람이나 가끔씩 이용하는 사람들이 사람들은 정작 폐기가 결정되고 나면 오히려 "폐지되는 것 보다 노선이 남아 있길 원한다"라는 생각으로 유지되는 것을 호소하는 사람도 있다. 전혀 이용하지 않는 사람이라도 "없는 것보다는 있는 것이 낫다"는 생각으로 유지되는 것을 바라는 사람들도 있다. 고령자 중에는 "평소에는 친족(특히 며느리, 딸)들이 배웅하거나 마중 나오기 때문에 지금까지는 그다지 이용하지 않았지만 친족들이 사정상 배웅이나 마중 나오지 못할 수도 있기에 역시 폐지는 곤란하다"고 하는 사람도 있다. "평소에는 버스를 타지 않지만 버스는 없으면 곤란하다"라는 의견은 의외로 많이 있다. 폐지를 피하였다고 해도 수요를 전망한 바와 같이 승객 수가 없는 것은 앞에서 말한 것처럼 고령자도 서명에 참여하고 있기 때문에 서명이 곧 수요 전망이라는 공식이 성립되지 않는 것이다.[18] 주민들 측에서 "버스 노선을 폐지하지 않았으면 좋겠다"라고 많은 사람들이 서명을 한다 해도 "정말로 탈까?"라는 의심을 품지 않을 수 없는 것이 노선 폐지를 결단한 버스회사의 본심인 것이다.

그런가 하면 쥬에츠지진 당시 큰 피해를 입은 야마코시(山古志)지구에서는 민간 버스 사업자가 철수한 후에 해당 버스를 운영하기 위해 야마코시·오오타(太田)지구 생활교통협의회를 설치하고 NPO법인 쥬에츠방재프런티어, 지역사업자, 그리고 행정지원을 통해 "클로버 버스"를 운영하였다.[19] 여기에서 쥬에츠방재프런티어는 주민에 의한 운행관리조직이 생길 때까지 업무를 대행하는 중간 지원조직으로 자리매김하고 있다. 이러한 시도는 최종적으로 지역교통을 주민조직에 스며들게 하려는 시도였다(그림 3). 바꿔 말하면 주민들이 스스로 관계자로 인식하게 노력하여 "버스 노선이 폐지되면 손해"라는 의식을 조성하는 구조라 말할 수 있겠다.

---

18 국토교통성의 '지역주민들과 행동에 의한 지역교통의 기본 방향에 관한 간담회'의 검토결과 보고서에서는 각 지역에서 도입된 커뮤니티 버스가 잘되지 않은 주요 원인을 몇 가지 지적하고 있지만 그 중에서도 "주민이나 상공회의소 등 현지 관계자의 참가는 계획 단계에서부터 잘 이루어지지 않았기 때문에 주민들의 관심도 단발성으로 끝나 버리고 버리는 것(애착의 부족)"이라는 지적도 있다. 오카야마 생활교통대책지역협의회 선진사례 연구회의 홈페이지 자료 "地域公共交通確保の知恵袋". http://www.pref.okayama.jp/file/open/1294352803_936278_10568_27839_misc.pdf (검색일: 2011년 1월 7일)

19 호쿠리쿠 건설 홍제회 호쿠리쿠지역 만들기 연구소 "호쿠리쿠 지역의 활성화"에 관한 프로젝트 사업 프로젝트Ⅳ. 『'새로운 공공'에 의한 호쿠리쿠의 지역 만들기 검토』, 2009년도 보고서, 2010년; 거버넌스 편집부, "부흥의 추진력이 되는 것은 수장의 강한 리더십이다 - 전국 시장회 회장·니가타현 나가오카 시장 森民夫 (모리 타미오) 씨에게 묻다", 『月刊ガバナンス』, 2012년 3월호, pp.14~16.

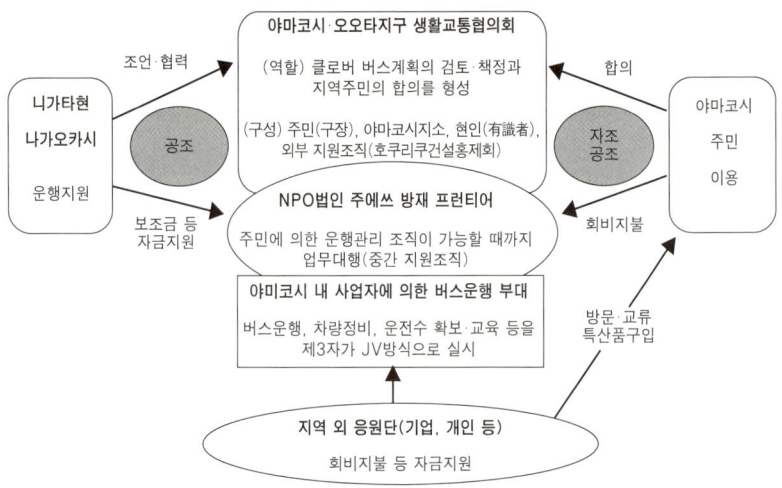

(그림 3) 야마코시지구의 클로버 버스의 구조

출처: 北陸建設弘済会北陸地域づくり研究所,「호쿠리쿠 지역의 활성화」에 관한 프로젝트 사업 프로젝트Ⅳ,『「새로운 공공」에 의한 호쿠리쿠의 지역 만들기 검토』, 2009년도 보고서, 2010년.

    야마코시지구에서의 이러한 시도는 '새로운 공공'으로 이르는 시도이기도 하며, 또한 지역 교통에 대하여 주민들이 함께 고민하는 한 가지 방안으로서 매우 흥미롭다. 다만 쥬에츠지진의 피해를 입은 나가오카 시는 재해지역 지방자치단체이기에 이러한 도전이 가능하였을지도 모른다. 그러한 의미에서 이야기 한다면 지진은 '지역의 다리'를 고민해 볼 수 있는 하나의 기회로도 볼 수 있을 것이다.[20]

---

20 다만 주민의 관계자화 전략에 승객을 유치하려는 연구를 계속해 나갈 필요가 있다. 또한 버스 노선이 유지된다 해도 승객이 전혀 없는 상황이 발생하지 않도록 버스 이외의 면도 맞추어 나갈 대처가 필요하다. 山下祐介,『限界集落の真実－過疎の村は消えるか?』, ちくま新書, 2012년.

5. 동일본대지진 재해지에서 본 '지역의 발 확보' 과제

　동일본대지진에서의 큰 쓰나미로 인해 운행 중이던 열차와 수많은 승용차 등 교통수단은 큰 손실을 입었다. 지진 직후의 센다이 공항 주변에는 토사나 자갈뿐 아니라 쓸모없게 되어 버린 수많은 차들이 산더미처럼 쌓여 있었다. 쓰나미에 의해 살던 곳을 잃은 재해자들의 대부분은 이동 수단인 철도·승용차마저 잃은 것이다. 지방의 일상생활은 자동차 사회를 전제로 하고 있는데, 재해지의 대부분도 마찬가지로 자동차는 중요한 존재이다. 교통의 수단(다리)를 잃었다는 것은 일상생활을 되찾는 데, 큰 핸디캡이 되었다. 재해 직후에 교통수단 가장 애용된 것이 버스였다. 그리고 향후 복구·부흥이 일정 궤도에 이른다면 버스의 수요는 점차 줄어들 것이다.

　원래 재해지 산리쿠 연안에서는 '헤이세이 대합병'[21] 전·후로 민간 버스회사의 재편이 이루어졌으며, 그로 인해 많은 노선이 폐지되었다. 또한 자치단체의 지원에 의한 대체버스로 전환됨에 따라[22] 버스회사의 재정에도 문제가 생겼을 것이다. 재정이 줄어든 가운데 고속도로 무료화가 장래에 어떤 영향을 끼칠지 쉽게 판단이 서질 않는다. 그러나 복구·부흥이 일정 궤도에 이른 뒤 몇 년이 지나 갑자기 '폐지' 문제가

21　인구 감소·저출산·고령화 등의 사회·경제정세의 변화와 지방 분권의 주역이 되는 기초자치단체에 걸맞는 재무행정 기반의 확립을 목적으로 1999년 이후 일본 전국적으로 시정촌 합병을 추진하던 것을 말한다. _역자 주

22　河村和德, 『미야기 현의 합병 자치단체의 사례를 중심으로 포스트 합병의 '광역행정'과 '주민자치'에 대해 생각하다』, 2010년도 미야기 현 수탁연구, "시정촌의 광역행정에 관한 조사연구", 연구성과 보고서, 2011년.

제기되는 것은 바람직하지 않다. "지역의 교통수단(足)을 확보하는" 것은 지방의 오늘날 시정촌의 정책과제 중 가장 중요한 어젠다 중 하나이며, 재해지의 시정촌에 있어 지역 버스회사는 '지역의 다리역할'을 담당하는 동반자적인 존재이다. 지역 버스회사의 경영이 기울어져 폐업한다는 것은 즉 '지역의 다리'를 잃는 것이다. 어떻게 하면 '지역의 다리움직임(足)'를 유지할 수 있을까, 방재 대책의 관점에서 고심할 필요가 있다고 할 수 있다.[23]

또한 동일본대지진으로 인해 시도된 "재해로 피해를 입은 교통 약자를 위한 수단 확보"의 검증도 필요하다. 동일본대지진의 재해지에서는 교통 약자를 위해 '카 쉐어링'이나 'NPO에 의한 버스 운행' 등이 시도되었지만(그림 4) 다양한 과제가 부각되었고 그 내용을 공유해야 한다. 예를 들어 재해지의 이시노마키 시 주변 등에서는 '지역의 다리'를 확보하기 위해 카 쉐어링을 이용하는 단체가 등장하였다. 가설주택에서 카 쉐어링을 실시함으로써 지역에 대한 관심이 향상되거나 주민간의 커뮤니케이션 촉진이라는 긍정적인 효과가 있었다고 한다. 다만 많은 이재민들이 차를 차를 손에 넣고 난 후에는 처음에 계획하였던 목적은 사라지고, 온디맨드 택시(On Demand Taxi) 혹은 복지 택시 형태로 쓰임새가 바뀌게 된다. 또한 공동 관리에 비용을 느낀 주민들도 적지 않아 이용이 확산되기 어려웠다.[24] 도시 지역과는 달리

---

23 이 문제는 철도의 복구와 관련해서도 마찬가지이다. 민영화된 JR동일본이 과거 국철을 운영하던 방식(감각)으로 철로의 복구를 단순히 외쳐봐야 좋은 결과로 이어지지 않는다. 물론 필자들과는 다른 의견도 있으므로 이러한 의견에 귀를 기울일 필요가 있다. 土屋武之, 「전면 복구의 길은 멀다 재해노선」, 『週刊東洋經濟』 제 6377호, pp.76~79.

24 『日本經濟新聞』 2011년 8월 4일; 『河北新報』 2011년 10월 21일; 『朝日新聞(宮城

(그림 4) 카 쉐어링의 운용에 관한 기사
출처: '河北新報(가호쿠신포)' 2011년 10월 6일

"'1인 1차량'이라는 지방에 맞는 카 쉐어링 방식"이 필요하였던 것이다.[25]

NPO에 의한 교통 지원에 대해서도 "비용은 누가 지불할 것인가", "운영하는 NPO의 자금 원조는 어떻게 할 것인가"라는 과제가 시간이 갈수록 가시화되고 있다. 지진 직후 지원금이 중단된 가운데 선의만으

版)』2011년 12월 6일.

25 이시노마키 시에서 활동하고 있는 일본카쉐어링협회에서는 가설주택에서 전기자동차의 자동차 점유율이나 이사용 트럭의 카 쉐어링 등 흥미로운 대처를 적극적으로 실시하고 있다. http://japan-csa.seesaa.net/ (검색일: 2013년 4월 1일)

로 서비스를 계속할 수 없다는 현실에 직면한 NPO가 매우 많은 실정이며,[26] 실비 징수 등의 궁리를 통해 운영을 유지하고 있는 NPO도 있다. 기존 교통사업자(택시회사)에게는 영업 방해라는 비판을 받으면서도 부단한 노력을 기울이고 있는 NPO조직들의 상황은 딱한 실정이다.

3·11지진 이후 가설주택 거주자와 같이 있었던 쵸우 준이치(長純一) 이시노마키 시립병원 임시 진료소장은 "지역의 다리 확보에 있어서의 심각한 중대 국면은 재해자들이 가설주택에서 부흥주택으로 이사를 시작하면서 재해지에 대한 특례적인 예산이 삭감되기 시작한 시기이다"라는 견해를 보이고 있다. 가설주택을 나오게 된다면 교통 비용이 증가되고 노인 등 생활약자들 중에는 외출을 삼가는 사람들도 있을 것이다. 그 결과 지병을 가진 사람들은 병원과 관계가 급속하게 소원해지며 지속적인 의료가 곤란해지게 될 것을 우려하는 것이다. 그리고 이는 '고독사'로 이어질 가능성도 있다. "재해 직후와 달리 '지역 의료의 계획'이라는 면에서 지역의 다리 확보를 재검토해야 한다"는 지적은 경청할만하다. 이 부분에 대해서는 별도 분석이 필요한 과제라 할 수 있다.[27]

---

26 '미야기 현 새 공공장소를 만들기 위한 모델사업' 공개사업 설명회 중 이시노마키 시에서 이동 지원 재해봉사를 하는 단체 관계자의 발언(2012년 3월 22일).

27 또한 "진찰을 받으러 오는 사람은 그 시점에서 문제의 절반이 해결되었다. 문제는 '(진찰 받으러) 오지 않는 사람'이다"라는 지적도 중요하다. 『朝日新聞』 2012년 11월 14일.

제5장

사회단체조사를 통해 본 3·11 동일본대지진
― 재해지역의 지원과 재해 대응에 관한 평가

가와무라 가즈노리

1. 서론

2013년 5월, 필자는 재해지에 들어가 활동하고 있는 기업인 스터디 모임 '부흥유대모임(復興つながりの会)'에 참가하였다. 50~60명 정도의 모임이지만 이 모임에 참가해서 느낀 것은

① 많은 기업들이 부흥지원실을 만들어 재해지 현장에서 활동하고 있다는 점

② 부흥 지원에 종사하는 멤버를 사내 공모를 통해 모집한 기업도 적지 않다는 점

그리고 지진 이후 2년 이상이 경과하였지만 기업은 재해지에 대한 지원을 계속하면서도 새로운 기회를 모색하고 있다는 것이다.

재해지 지원의 이미지는 종종 "자치단체가 자치단체를 지원하는 형태", "NPO나 자원봉사자가 재해민들을 지원하는 유형" 등 이 2가지 견해로 수렴되는 경향이 있다. 하지만 재해지에서는 기업도 지진으로부터 복구·부흥에 관여하는 존재이며, 또한 이러한 기업에 의해 구성되는 업계나 단체 등이 복구·부흥을 담당하고 있는 것이다.

재해지의 복구·부흥과 관련된 단체가 모두 재해지 이외의 다른 지역도 지원하는 NPO 법인이나 자원봉사자만 해당되는 것은 아니다. 자신들 스스로 결성한 조직이 있는가 하면 재해를 입은 재해지의 사회단체(업계 단체도 포함)나 기업 중에서도 재해지의 복구·부흥을 위한 한 부분을 담당하는 곳도 있으며, 앞서 소개한 것처럼 비즈니스 기회를 노리고 재해지 지원에 들어간 기업·업계 단체도 있다.[1] 그 배경으로는 재해지를 지원하는 동시에 스스로 조직의 결속을 높일 수 있는 소중한 기회라고 인식하는 단체도 있다.[2]

지방자치단체나 NPO 법인, 봉사활동 만을 대상으로 동일본대지진의 재해지 지원을 논하는 것은 바람직하지 않다. 또한 재해지에서의 직접적인 지원 활동(예를 들어 의연금 갹출이나 물자 제공, 쓰레기 제거 등)만을 논해서는 안 된다. 재해지에 대한 제언활동과 정치·행정

---

1 예를 들어 산리쿠가호쿠신포샤(三陸河北新報社)는 이시노마키에서 시작한 부흥 사진전 '부흥의 길을 바라보고'의 기획에 도호쿠 전력·일본제지·NTT 동일본 미야기 지점·캐논 마케팅 제팬이 특별 협찬하였으며, 白謙蒲鉾店·黒甁江酒造·高砂長寿味噌本舗·高政·平孝酒造·マルキン 같은 현지 기업들도 참여하였다고 보도하였다. 三陸河北新報社, 『ともに生きた伝えた－地域紙'石巻かほく'の1年』, 와세다 대학 출판부, 2012년.

2 예를 들어 신입 사원에 대한 연수로서 재해지 지원을 실시하는 기업이나 신도들이 협력하는 마음을 배양하기 위해 재해지에서 활동하는 종교단체 등은 지원과 동시에 조직을 강화한다고 볼 수 있을 것이다.

에 대한 진정(陳情) 등도 간접적인 재해지 지원이다. 본장에서는 츠쿠바대학 국제비교일본연구센터에서 실시한 "동일본대지진 이후 사회단체에 관한 조사(이하 사회단체 조사)"[3]에서 얻은 데이터를 바탕으로 조사에 응답한 단체에서 본 정치적 반응(정당이나 정부 부처 등)에 대한 평가를 비교하고, 다른 문헌에서는 거의 논의되지 않았던 사회단체의 재해지 지원에 대해 검토하고자 한다.

2. 사회단체 조사 개관

본장에 쓰인 사회단체 조사는 전국 조사이며, 재해지의 사회단체뿐만 아니라 재해지 외의 사회단체도 샘플에 포함되어 있다. 또한, 사회단체의 재해지 지원과 정치적 리액션에 대한 것도 포함되어 있으므로 이를 통해 재해지 지원에 대한 평가를 개관할 수 있다. 조사에 응답한 단체와 관련하여 데이터 검토를 실시하기 전에 약간의 설명을 덧붙이

---

[3] 2012년 12월~2013년 2월에 우송법을 통해 실시하였다. 대상 지역은 이와테 현, 미야기 현, 야마가타 현, 후쿠시마 현, 이바라키 현, 도쿄 도, 아이치 현, 교토 부, 오사카 부, 후쿠오카 현, 오키나와 현의 11도부현. 2006~2007년에 실시한 JIGS2 사회단체 전국 조사의 모집단 목록에서 대상 지역을 선정, 단체 카테고리마다 50%를 무작위 추출하였다.(층화 2단 무작위 추출법) 이 리스트는 NTT타운페이지주식회사의 Ⅰ '조합·단체'에 의거한다. 배송지는 최신 주소로 갱신하였다. 주거지 불명 등의 단체를 제외한 배포 수는 14477, 회답 수는 3296(회답율 22.8%). 조사는 동일본대지진 학술조사『정치·정책』팀 및 과학 연구보조금 기반S 『정치구조변화와 압력단체, 정책 네트워크, 시민 사회의 변용에 관한 비교실증연구』에 의해 실시되었다. 총 대표자는 츠쿠바대학의 츠지나카 유타카(辻中豊) 교수이다.

고자 한다.

일반적으로 사회단체를 검토할 때에는 몇 가지 지표로 분류하는 것이 유용하다고 생각된다. 예를 들어

① 설립이나 운영의 자금원
② 설립 당시의 상황(事情)·이니셔티브
③ 해당 단체의 기초가 되는 집단의 성격
④ 단체가 가지고 있는 법인격
⑤ 집단의 규모
⑥ 집단 내의 개인과 단체와 교환 과정에서 주목할 만한 교환 편익에 의한 분류
⑦ 단체별 정책적 관심도

등이 지표가 될 수 있다.[4] 덧붙여 실제 연구에서 자주 이용되는 것은 단체의 정책적 관심도에 주목한 분류이다. 예를 들어 농업협동조합은 농림수산업 단체로 분류되며, 일본 경제 단체연합회나 경제동우회 등은 경제 업계 단체로 분류된다. 또한 각종 단체를 '영리 섹터', '비영리 섹터', '시민 섹터', '혼합 섹터'로 분류하고 검토하는 것도 자주 있는 일이며 일본에서는 영리 섹터 비율이 높은 것이 특징으로 알려져 있다.[5] 본장에서 사용된 사회단체 조사의 단체 내역은 〈표 1〉 같다. 또한 조사에 회답한 단체의 주요 활동지역을 그래프화한 것이 〈그림 1〉이다.

---

4 辻中豊, 『利益集団』, 도쿄대학출판회, 1988년.
5 辻中豊·森裕城(編), 『現代社会集団の政治機能: 利益団体と市民社会』, 木鐸社, 2010년.

(표 1) 사회단체 조사의 단체 내역

	사회단체	도수	비율
유효	농림수산업단체	367	11.1%
	경제단체	299	9.1%
	업계단체	666	20.2%
	노동단체	263	8.0%
	교육단체	122	3.7%
	행정기관단체	191	5.8%
	복지단체	208	6.3%
	전문가단체	135	4.1%
	정치단체	54	1.6%
	시민단체	137	4.2%
	학술·문화단체	202	6.1%
	취미·스포츠단체	110	3.3%
	종교단체	31	0.9%
	그 외	355	10.8%
	비해당	156	4.7%
결원치 합계	합계	3296	100%

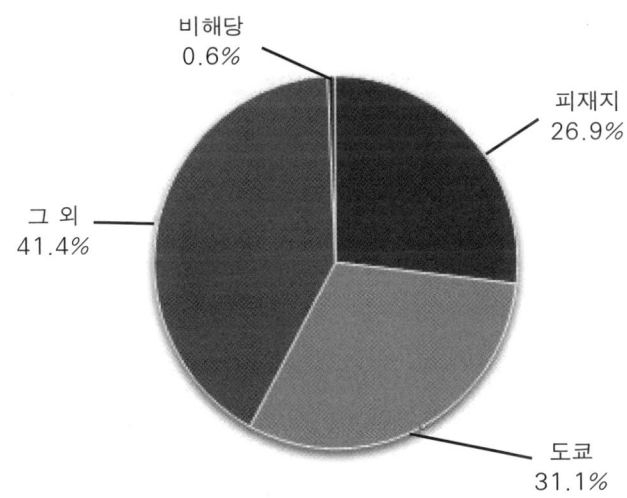

(그림 1) 단체의 활동 거점

제5장 사회단체조사를 통해 본 3·11 동일본대지진 | 119

회답이 있었던 3,296단체 중에 재해지(본장에서는 재해 3현+이바라키현을 가리킴)를 거점으로 하는 단체가 26.9%, 전국 규모의 각종 단체로 도쿄를 주된 활동 거점으로 하는 단체가 31.1%, 그 이외의 지역을 활동 거점으로 하는 단체가 41.4%이다.

이 책에서 지금까지 언급해 온 바와 같이 도호쿠 지방 태평양 지진은 동일본 일대에 쓰나미를 초래하였으며, 재해 3현의 연안 지역을 중심으로 막대한 물적·인적 피해를 가져왔다. 사회단체 중에서도 시설 피해를 입은 단체도 있었으며, 구성원이 사망한 단체들도 있다. 사회단체가 받은 피해는

① 활동 시설에 대한 물적 피해
② 단체 임원과 구성원의 인적 피해
③ 재해를 계기로 인한 인재 유출
④ 인적 피해 등에 따라 파생되는 자금 융통 등의 영향
⑤ 해당 단체와 연결되는 단체(하부 단체 등)의 피해

로 크게 나눌 수 있다. ①과 ②는 지진의 직접적인 피해이며 ③과 ④는 간접적으로 발생된 피해라고 할 수 있다. 사회단체 조사에서는 재해지와 도쿄에 거점을 둔 단체를 대상으로 '동일본대지진으로 피해를 입었는가?'를 질문하였으며, 이에 대한 응답 결과를 정리한 것이 〈표 2〉이다. 〈표 2〉에서 재해지를 활동 거점으로 하는 단체들이 3·11 지진으로 피해를 입은 것을 알 수 있다. 또한 도쿄를 거점으로 하는 단체 중에는 구성원들 중에 피해자가 발생한 사례도 있다. 도쿄를 거점으로 하는 단체들은 최고수준으로 회원의 탈퇴나 관계 단체의 재해와 같은 형태로 피해를 입은 단체도 있다는 것을 알 수 있다. 또한 피해와

관련된 선택사항 중 1가지라도 '그렇다'고 응답한 단체는 재해지 단체에서는 75.2%, 도쿄에 있는 단체에서는 44.4%에 이른다.

(표 2)의 결과로서 동일본대지진 때 동일본 단체의 대다수가 많든 적든 피해를 입었다는 것을 알 수 있으며, 피해를 입은 단체에서도 재해 지역에 대한 지원활동을 하였다는 것을 알 수 있다.

(표 2) 조사에 응답한 단체의 피해 현황

	피해 내용	피재지	도쿄
직접적 피해	부동산 피해	26.2%	3.8%
	동산 피해	20.9%	1.8%
	임원 피해	12.0%	2.0%
	구성원 피해	37.7%	19.0%
간접적 피해	회원 탈퇴의 증가	24.9%	11.7%
	직원·스태프의 사직	5.6%	1.1%
	자금 조달의 악화	18.5%	6.3%
	관계 단체의 피해	26.0%	15.8%
	기타	6.1%	5.1%

3. 단체의 재해지 지원

그렇다면 사회단체 조사에 응답한 단체는 어떠한 지원 활동을 실시했던 것일까? 의연금 각출이나 물자 제공과 같은 직접적인 지원과 재해지를 향한 제언·진정이라는 간접적인 지원으로 나누어 살펴보고자 한다.

3-1. 재해지에 어떠한 직접적인 지원이 이루어질까?

재해지에 대한 직접적 지원으로서 생각할 수 있는 것은 "기부금을 모집한다든지 모집한 기부금을 재해지에 보내는 것", "원조 물자를 모아 재해지에 보내는 것", "직원을 재해지에 파견하는 것", "전문가를 재해지에 파견하는 것", "관계 단체(대부분은 하부 단체)에 지원을 요청하는 것",[6] 그리고 "재해민들의 용기를 북돋아 주는 이벤트 개최" 등이 있다. (그림 2)는 이러한 재해지를 위한 지원을 2011년도 내에 실행하였는지의 여부에 대한 단체들의 대답을 정리한 것이다. 또한 그림에 표시된 수치는 지원 내용별 응답 비율(%)을 나타낸 것이다.

많은 단체들이 가장 선호한 지원은 기부금(의연금)을 모아 재해지에 송부하는 것이다. 재해지의 단체는 자신들도 피해를 입었기 때문에 지원을 위해 기부금을 모집한 단체는 41% 정도에 불과하였지만 도쿄에 거점을 두고 있는 단체는 대략 60%, 재해지·도쿄 이외에 거점을 둔 단체는 약 70% 가까운 단체들이 기부금을 모집하였다고 한다. 물자를 제공한 단체들도 많았으며, 약 30% 정도의 단체가 물자를 제공하였다고 답하였다. 직원 파견이나 전문가 파견 등 인적지원은 한정적이지만 직원을 파견한 단체의 비율은 약 10% 이상이다. 또한 재해지와 활동 거점이 가까운 단체일수록 지원을 실시하는 경향이 있으며, 먼 지방 단체의 재해지 지원은 기부금 모집이 중심임을 알 수 있다.

또한 기부금 모집 〉 물자 제공 〉 인적 지원이라는 관계가 성립되는 것은 성금(의연금)을 모으는 것이 가장 융통성 있게 대응할 수 있기 때

---

[6] 하부 단체에게 지시하였다고 생각하는 것이 현실적이다.

문이다. 또한 인적 지원을 하는 단체가 적은 것은 지방자치단체의 직원 파견과 마찬가지로 운영에 지장을 주지 않는 것이 인적자원의 전제조건으로 작용한 것으로 해석된다.

(그림 2)는 2011년에 실시된 사회단체의 재해지 지원을 나타낸 것으로 2012년 1월 이후 각 단체들이 실시한 재해지에 대한 직접 지원은 어떠하였는지 알아보자. 2012년 1월 이후의 지원 활동에 대한 응답 결과를 나타낸 것이 (그림 3)이다. (그림 3)은 재해지를 위한 이벤트 개최를 제외하면 각 단체들의 재해지 지원이 2012년에 들어서면서 현저히 저하되었음을 보여준다. 기부금을 모집한 단체는 20%에도 미치지 못하였고, 물자를 제공한 단체도 10% 전·후이다.

2012년에 들어서면서 재해지에 대한 지원이 점점 줄어들게(低下) 된 것은 재해 3현에서 연기되었던 지방선거가 실시되었으며, 또한 부흥재원 확보에 관한 어느 정도의 목표가 달성되었기 때문이라고 보인다. 또한 응급 가설주택에 대부분의 재해민들이 입주하게 되면서 '일단락되었다'는 판단을 내린 것도 영향을 주었을 것이며, 지원을 계속할 재원의 확보가 어렵다는 것이 가장 큰 요인일 것이다. 민주당 내에서는 노다 요시히코(野田佳彦) 집행부와 오자와 이치로(小沢一郎) 전직 대표 간에 주도권 경쟁이 치열하였으며,[7] 집권 여당인 민주당의 해산을 요구하는 등 정치적 동향이 2012년 들어 크게 변화(시프트)된 점도 짚고 넘어갈 필요가 있다고 생각한다. 정국의 전환이 진행되어 해산이 거론되면 정당과 거리감을 모색해야 하는 단체들의 시선은 정계로

---

[7] 예를 들어 『河北新報』 2011년 11월 13일, 『河北新報』 2011년 11월 27일 기사 등을 참조.

향할 수밖에 없다. (그림 2)에서 (그림 3)으로의 변화는 그러한 정치적 동향을 반영하고 있다고 보인다.

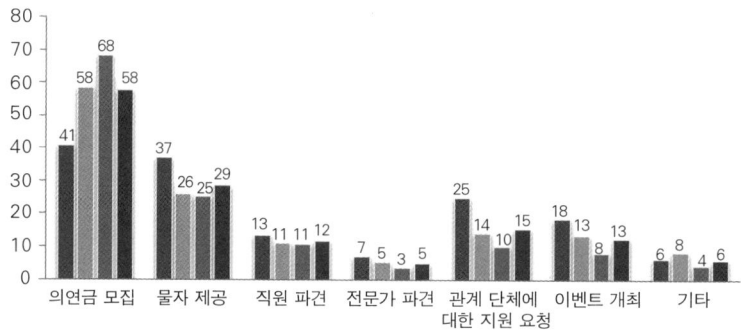

(그림 2) 직접 지원(2011년)의 실시 현황

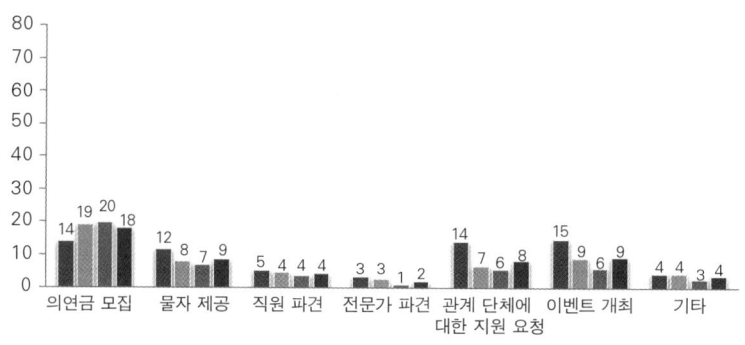

(그림 3) 직접 지원(2012년 1월 이후)의 실시 현황

3-2. 정치·행정기관의 활동 요청과 정치·행정 대응

사회단체는 사회의 다양한 요청들을 집약하여 정치권에 전달하고 표출하는 역할을 하며, 정책 형성이나 집행 주역으로서의 역할도 하고 있다.[8] 더불어 시민들은 사회단체가 민주주의 제도를 배우는 장이 될 것으로 기대한다.

참담할 정도로 많은 피해를 입은 재해지를 더 빨리 복구·부흥시키는 것은 정치·행정의 힘만으로는 이루어지지 않는다. 재원은 한정되어 있고, 인적자원이나 노하우도 없는 가운데 복구·부흥을 진행하면서 몇몇 사안에 대하여 정치·행정 기관이 사회단체에 관련 활동을 요청하였다는 사실은 충분히 상상 가능한 일이다.

(표 3) 정치·행정기관의 활동 요청과 정치·행정의 움직임

요청	피재지	도쿄	기타
여당 국회의원으로부터 활동 요청	5.0%	2.1%	1.4%
야당 국회위원으로부터 활동 요청	3.8%	1.8%	1.7%
중앙성청 등으로부터 활동 요청	4.3%	12.2%	2.3%
파견기관으로부터 활동 요청	6.9%	4.4%	4.1%
도도부현으로부터 활동 요청	21.9%	6.7%	8.9%
시정촌으로부터 활동 요청	22.1%	7.6%	10.0%

진정	피재지	도쿄	기타
여당 국회의원에 대한 진정 등	14.7%	5.7%	4.6%
야당 국회의원에 대한 진정 등	11.7%	4.5%	3.7%
중앙성청에 대한 진정 등	10.7%	9.8%	3.2%
파견기관에 대한 진정 등	9.5%	2.8%	2.8%
도도부현에 대한 진정 등	25.3%	5.8%	5.6%

---

8 平野浩·河野勝(編), 『アクセス日本政治論(新版)』, 일본경제평론사, 2011년.

그렇다면 실제로 어느 정도의 요청이 있었을까. (표 3)은 정치·행정기관으로부터 활동 요청을 받은 단체의 비율을 나타낸 것이다. (표 3)을 보면 정치·행정기관으로부터 요청을 받은 단체는 한정적이었음을 알 수 있다. 여기서 주목해야 할 것은

 ① 재해지의 20% 이상의 단체가 재해 관할 자치단체로부터 지원 요청을 받았다고 답한 점
 ② 도쿄를 활동 거점으로 하는 단체의 10% 이상이 중앙 부처 등에서 활동요청을 받았다고 답한 점

두 가지이다. 단체의 대부분은 재해의 유무와 상관없이 진정이나 인허가 등을 통해 정치·행정기관과 네트워크를 형성하고 있다. 그러한 네트워크를 전제로 한다면 재해지역 소속 단체가 재해지에 소재한 자치단체보다 더 많은 요청을 받는 것은 당연한 것이다. 또한 중앙 부처 등에서 요청을 받은 단체가 많은 것은 도쿄를 거점으로 하는 단체 중에는 중앙 부처와 평소에 협력관계에 있는 단체가 많기 때문이다. 한 가지 더 주목해야 할 점이 있다.

 ③ 여야를 막론하고 국회의원으로부터 요청을 받은 단체가 적었다는 점

필자는 국회의원, 특히 재해지역 출신의 국회의원들이 재해지나 도쿄의 단체를 대상으로 적극적으로 활동요청을 하였을 것이라고 생각하였지만 실제 데이터에서는 그러한 필자의 기대에 어긋나는 결과가 나왔다.
 단체측이 정치·행정기관으로부터 활동 요청을 받기도 하였지만 한

편으로 단체에서 정치·행정기관에 진정하러 가거나 혹은 제언할 가능성도 있다. 이 점에 대해 알아보자. 〈표 3〉을 보면 재해지에서 정치·행정기관에 진정을 하거나 제언을 하였다는 단체의 비율은 활동 요청을 받은 단체의 비율보다 비교적 높았다. 특히 여당 국회의원에게 진정 등을 요청하러 갔다는 단체의 비율은 활동 요청을 받았다고 하는 단체의 비율과 비교할 때 약 10% 정도 높았으며, 또한 중앙 부처 등에 진정 등을 하러 갔다는 단체의 비율은 활동 요청을 받았다는 단체의 비율에 비해 약 5% 정도 높았다. 활동 요청을 받지 않았지만 진정 및 제언을 하였다는 단체가 더 많았다는 것을 알 수 있다. 도쿄를 활동 거점으로 하는 단체의 약 10%가 중앙 부처에 진정 등을 하였다고 대답하였는데, 이는 활동 요청 응답과 마찬가지로 평소부터 중앙 부처와 협상을 해온 단체이며, 그 커넥션을 이용한 결과로 생각된다.

언론의 보도만을 본다면 국회의원들이 많은 단체들을 상대로 재해지에 대한 지원을 요청하였고, 또 많은 단체들이 국회의원들에게 진정 등을 해 온 것처럼 보여질 것이다. 그러나 여야를 막론하고 단체를 대상으로 한 국회의원들의 지원 요청은 거의 없었으며, 또한 단체들도 국회의원에게 진정 등을 하지 않은 것을 알 수 있다.

그렇다면 왜 단체를 상대로 한 국회의원들이 활동 요청, 국회의원에 대한 진정 등이 저조하였는가에 대해 검증할 필요가 있다. 정권교체로 단체와 네트워크가 강한 자민당이 정권의 자리에서 내려온 것이 하나의 이유가 될 수 있다. 또한 민주당이 진정 창구를 일원화한 결과[9] 단

---

9 민주당이 진정에 관련 창구를 일원화한 것은 정관업(政官業)의 유착을 막겠다는 명분으로 도입되었지만 창구가 지나치게 몰리게 되자 현의 경계를 넘어선 이번 재해에서는 오히려 방해가 되었다. 진정 창구의 일원화로 인한 혼란에 대한 지진 전

체의 진정을 처리하기 힘든 상황이었다는 것도 이유가 되었을 것이다. 다만 단체들에 대한 개별적인 인터뷰 등을 실시하지 않는 한 확실히 파악할 수 없다는 한계를 가지고 있다. 이 부분에 관해서는 별도의 분석기회를 통해 검토하고자 한다.

4. 단체에서 바라 본 복구·부흥에 대한 액터의 대응·평가

필자는 2012년의 일본 공공선택학회의 보고서를 통해 복구·부흥과 관련하여 재해지 중 하나인 센다이 시민들이 어떻게 평가하고 있는가에 대해 검토하였다.[10] 데이터 분석을 통해 얻어진 보고서를 요약하자면 현장에 대한 평가가 중앙의 평가에 비해 높으며, 중앙의 평가는 좋지 않다는 점이다.

복구·부흥에 대한 평가는 사회단체의 입장에서 볼 때도 마찬가지 아닐까라는 문제의식에서 출발하고 있는 이 장에서는 단체에서 복구·부흥을 위한 정치·행정기관의 대응에 대해 어떤 평가를 내리고 있는지 확인해 보고자 한다.

의 기사로는 예를 들어 『河北新報』, 2009년 11월 29일 등이 있다. 또한 무라이 요시히로(村井嘉浩) 미야기 현 지사의 강연에도 진정 창구의 일원화로 인한 폐해를 지적한 부분이 있다. 무라이 요시히로, 『講演シリーズ 復興元年 民の力で早期の復興を!!』, 內外情勢調查会, 2012년.

10 가와무라 가즈노리 "재해지의 주민의식-복구·부흥책에 대한 혹평을 하는 것은 누구인가?", 『公共選択』 제59호, 2013년, pp.110~125. 또한 제6장은 이 논문을 수정 보완한 것이다.

〈표 4〉 평가 복구·부흥을 위한 정치·행정기관의 대응에 대한 단체의 평가

민주당에 대한 평가	평가하지 않는다	굳이 말하자면 평가하기 어렵다	어느 쪽이라고 할 수 없다	굳이 말하자면 평가한다	평가한다
피재지	26.3%	15.8%	25.6%	27.3%	5.0%
도쿄	31.7%	19.7%	25.5%	20.5%	2.6%

자민당에 대한 평가	평가하지 않는다	굳이 말하자면 평가하기 어렵다	어느 쪽이라고 할 수 없다	굳이 말하자면 평가한다	평가한다
피재지	22.8%	16.7%	40.5%	17.6%	2.4%
도쿄	27.2%	20.9%	34.9%	14.8%	2.1%

중앙성청에 대한 평가	평가하지 않는다	굳이 말하자면 평가하기 어렵다	어느 쪽이라고 할 수 없다	굳이 말하자면 평가할 수 있다	평가한다
피재지	26.4%	17.6%	35.6%	17.9%	2.5%
도쿄	22.5%	17.0%	32.8%	23.2%	4.4%

성청파견 기관에 대한 평가	평가하지 않는다	굳이 말하자면 평가하기 어렵다	어느 쪽이라고 할 수 없다	굳이 말하자면 평가할 수 없다	평가한다
피재지	20.8%	17.3%	34.6%	23.5%	3.8%
도쿄	16.4%	17.1%	33.1%	25.4%	7.9%

도도부현에 대한 평가	평가하지 않는다	굳이 말하자면 평가하지 어렵다	어느 쪽이라고 할 수 없다	굳이 말하자면 평가할 수 없다	평가한다
피재지	6.1%	7.9%	18.6%	44.6%	22.9%
도쿄	5.5%	6.2%	22.1%	42.0%	24.2%

시구정촌에 대한 평가	평가하지 않는다	굳이 말하자면 평가하기 어렵다	어느 쪽이라고 할 수 없다	굳이 말하자면 평가할 수 있다	평가한다
피재지	5.3%	5.9%	16.9%	42.9%	28.8%
도쿄	5.7%	4.6%	22.8%	36.4%	30.5%

재해지(재해 3현+이바라키 현)의 단체 및 도쿄를 활동거점으로 두는 단체가 복구·부흥에 대한 정치·행정기관의 대응을 어떻게 평가하고 있는지, 이를 정리한 결과가 〈표 4〉이다. 이 표에서 흥미로운 점 두 가지를 지적할 수 있다.

우선 단체는 현장을 긍정적으로 평가하였으며, 나가타쵸(永田町), 가스미가세키(霞ヶ関)로 대표되는 정계에 대해서는 엄격한 평가를 내리고 있다는 점을 지적할 수 있다. 현장(첫번째 열)을 높게 평가하는 한편 탁상에서 논의된 복구·부흥과 관련된 두 번째 열의 평가에는 부정적이었다는 것이다. 이러한 평가 배경에는 언론에 의한 정보 등을 통해 복구·부흥의 현장이 예상대로 진행되지 못하고 있다는 것이 널리 전해지고 있다는 점 등이 작용하였다.

② 복구·부흥 과정에 있어서 정당에 대한 평가는 재해지 단체의 평가가 도쿄를 거점으로 하는 단체의 평가보다 상대적으로 좋다는 경향이 있으며, 반면 관료 기구에 대한 평가는 재해지 단체의 평가가 상대적으로 엄격한 평가를 내리는 경향이 있다는 점을 지적할 수 있다.[11] 애초에 공무원 제도에는 다양한 역기능이 있다. 이러한 평가의 차이는 융통성이 없는 공무원과 접할 확률의 차이에 의한 것이라 생각되며, 공무원에 대한 '나쁜 기억'이 부정적인 평가로 이어졌다고 생각된다. 또한 〈표 4〉를 보면 단체의 대부분은 민주당의 대응도 자민당의 대응도 높이 평가하지 않는다는 경향이 있지만 재해지 단체들의 응답은 집권 여당이었던 민주당 쪽을 비교적 높게 평가하고 있으며, 자민당에

---

11 상관계수(Kendall's tau-b)를 산출하였는데, '민주당' '자민당' '중앙 부처' '부처파견기관'에서 통계학적으로 유의차가 있다는 결과가 나왔다(5% 수준).

대한 평가는 비판적이다. 민주당에 대한 평가도 엄격하긴 하지만 자민당에 대한 평가가 더 엄격하다는 것은 아마도 당시 자민당(다니가키 체제)이 재해부흥보다는 정치적 상황(정국)만을 우선시 한 것과 무관하지 않을 것이다.

정당에 대한 단체의 평가는 재해지 주민들의 평가와 상통하는 부분이 많다. 예를 들어 〈표 5〉는 센다이 북부 조사 2012(조사 상세는 APPENDIX 3장)에서 당시 민주당 정권과 야당인 자민당의 3·11 대응에 대한 평가 결과를 그림으로 나타낸 것이다.[12] 민주당 정권에 대해 (센다이 시 북쪽 자치단체에 살고 있는) 주민들의 평가는 그리 높지 않다. '지지한다', '대체로 지지한다'를 합쳐도 20%가 되지 않는다. 그러나 자민당에 대한 평가는 민주당보다 더 낮으며, '지지한다', '대체로 지지한다'를 합한 값이 13.0%이다.[13]

〈표 5〉 주민(센보쿠 조사)이 바라 본 민주당 정권과 자민당에 대한 평가

	평가하지 않는다	굳이 말하자면 평가하지 않는다	어느 쪽이라고 할 수 없다	평가한다
민주당에 대한 평가	32.1%	50.2%	16.0%	1.7%
자민당에 대한 평가	41.5%	45.5%	11.8%	1.2%

---

12 센다이조사 2011은 자민당에 대한 평가를 질문하지 않았다. 센다이 북부조사 2012에 자민당의 평가를 추가한 것은 연구회에서 무라마츠 미치오(村松岐夫) 교토대학 명예교수의 지적을 반영한 것이다.

13 이들 결과는 2012년 중의원 선거 결과가 "민주당의 재해 대응을 높게 평가할 수 없기 때문에 자민당으로 표가 빠져 나갔다"는 논리가 성립되지 않다는 점을 시사한다.

〈표 4〉와 〈표 5〉의 결과는 "민주당의 지진 대응이 미숙하였기 때문에 2012년 12월 중의원 선거에서 복구·부흥을 기대할 수 있는 자민당에게 투표하였다"라는 통설은 잘못되었음을 시사하고 있다고 해석된다.

5. 단체가 생각하는 복구·부흥의 '선택과 집중'

2012년 10월, 일본 국회는 부흥예산의 유용문제로 인해 크게 흔들렸다.[14] 가스미가세키에 있는 정부합동청사의 내진 보수나 오키나와 국도정비사업(沖縄国道整備事業) 등 납득이 가지 않는 부분에 복구·부흥 예산의 사용 정황이 드러난 것이다. '부흥예산'이라고 한다면 직감적으로 재해지 전용의 예산으로 책정되었을 것이다. 그러나 방재목적이라 한다면 재해지 이외의 사업에서도 부흥예산을 쓸 수 있었을 것인데, 잘못 사용한 경우에 관해서 민주당 정권은 해명을 해야 되는 상황에 이르렀다.

필자가 (재해지에 가서) 느낀 바로는 부흥예산을 재해지 이외의 곳에 집행하는 것에 대해 반대하는 재해민들이 꽤 많았다. 다만 예산은 한계가 있으며, 만약 부흥예산이 전부 재해지에 집행된다고 하더라도 예산의 '선택과 집중'은 반드시 필요하다고 생각한다. 왜냐하면 단순히 천편일률적으로 예산을 사용할 경우 효과적인 복구·부흥은 어렵기 때문이다. 물론 대응책으로 들 수 있는 부흥예산의 '선택과 집중'에

---

14 『河北新報』 2012년 10월 13일.

대한 정답을 찾는다는 것은 매우 어려운 일이지만 이러한 어려운 질문에 대해서 각 단체들은 어떻게 생각하고 있는가에 대해 고찰해 보고자 한다.

사회단체 조사에서는 부흥예산의 '선택과 집중'에 관한 질문으로서 "특정 지역에 자원을 집중하고 추진해야 할 것인가, 혹은 지역 간의 복구·부흥 격차가 생기지 않도록 추진해야 할 것인가"라는 질문과 "특정 분야에 자원을 집중하고 추진해야 할 것인가, 또는 분야 간의 복구·부흥 격차가 생기지 않도록 추진할 것인가"라는 질문을 던졌다.[15] 이 질문에 대한 대답을 재해지를 활동 거점으로 하는 단체, 도쿄를 거점으로 하는 단체, 그리고 그 이외의 지역에서 활동하는 단체로 나누어 집계해 보았다. 집계 결과를 나타낸 (그림 4)를 보면 재해지에서 활동하는 단체는 지역·분야를 집중하는 것보다 분산시키는 것을 지향하고 있음을 알 수 있었다. 또한 재해지·도쿄 외에서 활동하는 단체들도 같은 경향을 보였다. 한편 나가타쵸 및 가스미가세키(정부·행정기관)와 관계를 맺고 있는 단체들이 집중되어 있는 도쿄를 거점으로 하는 단체들의 응답 결과를 보자면, 지역과 분야에 집중해야 한다는 의견과 분산해야 한다는 의견이 팽팽하게 나뉘었다.

메이지(明治)시대 이후의 일본의 발전은 도쿄에서 오사카로 그리고 후쿠오카까지 '태평양 벨트'에 자원을 집중 투하함으로써 달성되었다. 자원을 집중해서 투하한다면 효과가 높다는 것은 역사적으로도 증명하고 있다. 그러나 그러한 자원의 집중은 한편으로 자원이 주어지지

---

15 2개의 질문에 대한 답변이 서로 비슷한 경향이 있는 것은 충분히 예상할 수 있지만 만약을 위해 응답 사이의 상관계수(Kendall's tau-b)를 산출하였다. 그 결과 값은 0.677(0.1% 수준에서 유의)로 양자의 응답 경향이 수치로도 비슷함이 밝혀졌다.

A: 특정지역에 자원을 집중하여 추진해야 함
B: 지역간 복구·부흥격차가 발생하지 않도록 추진해야 함

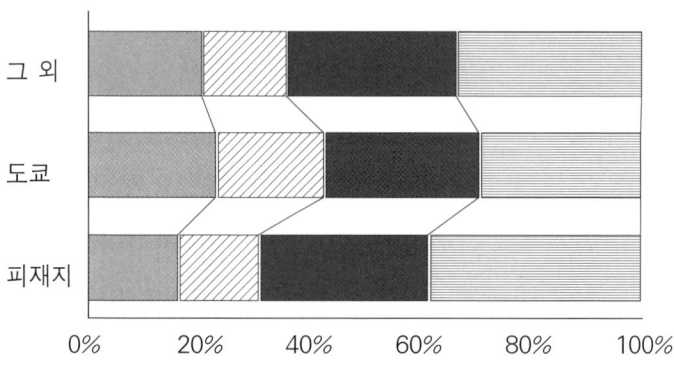

■ A의 의견에 가깝다　　　◨ 굳이 말하자면 A의 의견에 가깝다
■ 굳이 말하자면 B의 의견에　☰ B의 의견에 가깝다
　가깝다

A: 특정분야에 자원을 집중하여 추진해야 함
B: 분야간의 복구·부흥격차가 발생하지 않도록 추진해야 함

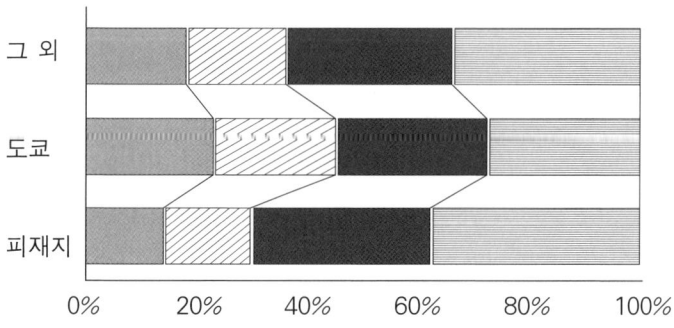

■ A의 의견에 가깝다　　　◨ 굳이 말하자면 A의 의견에 가깝다
■ 굳이 말하자면 B의 의견에　☰ B의 의견에 가깝다
　가깝다

(그림 4) 부흥예산의 '선택과 집중'에 관한 응답 결과

않는 지역이나 분야를 초래하게 된다. 각 단체들이 "만약 자신들이 살고 있는 지역이 선정되지 않는다면…", "자신이 활동하고 있는 분야가 빠진다면…"이라는 우려를 하게 되는 것은 쉽게 상상할 수 있는 부분이며, 그러한 우려가 응답 결과에 반영되고 있는 것이다.

한편 도쿄 이외를 거점으로 하는 단체들의 응답 경향은 격차회피지향이라고 할 수 있다. 이러한 '격차회피지향'은 자원의 집중 투하가 지역의 쇠퇴를 가속화시킨다는 우려가 있기 때문인 것으로 추측해 볼 수 있다. 자원의 집중 투하는 일반적으로 어느 정도의 자원(인구나 산업기반 등)이 집적되어 있는 지역이 선정되기 쉽고, 자원이 집중 투하된 지역(분야)에 사람이 몰리는 것을 경계하고 있을지도 모른다.[16]

재해지에서의 NPO 법인이나 봉사활동 단체의 활약상은 학술연구뿐만 아니라 보도 등을 통해서도 알 수 있다. 재해지 이외의 지방자치단체 지원에 대해서도 마찬가지이다. 그러나 동일본대지진으로 인한 재해지를 지원하고 있는 그 이외의 단체, 예를 들어 기업이나 종교단체 등의 정보는 의외로 접할 수 없었다. "3·11 동일본대지진에서 각 기업이나 사회단체가 어느 정도 지원활동을 하였는가, 어떠한 평가를 내릴 것인가"에 대한 기록을 남기는 것은 미래에 일어날 것이라고 예상되고 있는 난카이트로프(南海トラフ沖) 지진[17]을 대비하는데 있어서

---

16 재해지 부흥의 거점도시인 센다이로의 인구 유입은 계속해서 진행되고 있다. 그래서 재해 자치단체 중에는 부흥을 계기로 센다이에 '사람', '물건', '돈'이 집중하는 것을 경계하는 목소리도 있다.

17 일본의 도카이(東海) 지역과 시코쿠(四國) 사이에 있는 있는 스루가(駿河)~난카이(南海) 트로프(Trough)에서 100~200년 정도 간격으로 M(매그니튜드)8 클라스의 거대 지진이 발생할 것으로 상정되고 있다. 최근 '난카이(南海) 트로프 대지진'을 상정하고 다양한 방재 정책이 논의되고 있다. 트로프(Trough)란 해저에 있는 가늘

중요한 자료가 될 것이다. 기업과 자치단체와 연계(유대) 활동 등도 포함하여 이러한 점에 대해서도 조사·연구할 필요가 있다고 생각된다.

고 긴 해저 6,000m 이하의 분지, 6,000m 이상은 '해구'로 구별한다. _역자 주

제6장

재해 복구와 부흥에 대한 평가
− 센다이 시민의 의식조사 결과 분석을 중심으로

가와무라 가즈노리

1. 서론

동일본대지진 직후의 생활은 인간관계의 고마움을 재인식할 수 있는 커다란 기회가 되었다. 또한 그동안 일상생활 속에서 전기와 물류의 도움에 크게 의지해 왔다는 것을 뼈저리게 느낄 수 있는 계기가 되었다. 센다이 시에서도 지진 직후에 물자 부족이 심각하였으며, 특히 우리의 다리가 되어 주는 자동차의 연료(휘발유 등)를 구하기가 어려운 상황이었다. 라이프라인의 복구도 특히 필자의 집 주위의 수도 복구는 3월 말쯤에, 도시가스는 4월 중순경이 되어서야 복구되었다. 수도가 복구될 때까지 급수차 앞은 장사진을 이루었고, 주유소 앞의 정체도 빈번하였다. 통근·통학 버스를 타는 데도 줄이 늘어섰으며, 목욕

탕 앞에도 줄이 늘어섰다.[1]

　줄이 길게 이어졌음에도 불구하고 참을성 있게 기다리는 도호쿠 재해자들의 모습은 칭찬 받아 마땅한 것이었다. 그러나 이러한 재해자들에 대한 평가와는 달리 민주당 정권의 재해 대응에 대한 평가는 부정적이었다. 3·11 직후부터 언론들은 많은 유권자들이 국가의 재난 대응에 분노하고 있음을 각종 여론조사 데이터를 근거로 전하고 있었다. 예를 들어 『아사히신문』이 2011년 말에 실시한 여론조사(우편조사)에 따르면 여당인 민주당의 일 처리를 "좋게 평가한다", "어느 정도 좋게 평가한다"라고 답한 사람들의 비율은 응답자 전체의 1/4 정도였다.[2] 이들의 평가 배경에는 "후쿠시마 원전사고에 따른 뒤죽박죽인 대응"과 "부흥청 설치를 둘러싼 마찰", 그리고 "민주당 내부에서의 주도권 다툼"[3] 등이 있을 것이고, 1995년 한신·아와지대지진 때의 무라야마 내각의 대응보다 뒤떨어졌다는 점도 평가의 원인으로 자리잡고 있다고 생각된다.[4]

　동일본대지진은 대규모 지진에 대한 방재 체제나 원전사고에 대한 대응책 중 하나인 구조적 시스템 문제에 대한 신뢰를 크게 흔들어 놓았다고 볼 수 있다. 구조나 제도에 대한 신뢰는 그것들이 충분히 제 기

1　이러한 재해지에서 생긴 행렬은 해외에서는 일본인들의 높은 협조성으로 인정받았다. 다만 고성이 오가는 경우도 종종 있었다.
2　『朝日新聞』 2011년 12월 30일.
3　中邨章·牛山久仁彦(편저), 『정치·행정에 대한 믿음과 위기관리』, 芦書房, 2012년.
4　한신 대지진 때 지진 대응을 맡았던 이시하라 노부오 전 관방 부장관의 제언을 참조하였다. http://www.koho.or.jp/columns/ishihara/jidai_vol13.html (검색일: 2012년 10월 1일)

능을 발휘하고 있는가 아닌가에 달려있는데,[5] 3·11 대지진은 방재체제나 원전사고에 대한 대응 매뉴얼이 제 기능을 발휘하지 못하였음을 일깨워 주었다.

또한 행정을 대하는 신뢰에 관한 연구적 관점에서 본다면 제도에 대한 믿음은 제도가 가지는 능력·성능이라고 하는 '사전(事前) 기대', 운용 시의 퍼포먼스에 대한 '사후 평가'와 관련이 깊다.[6] 동일본대지진에 대한 민주당 정권의 대응 미숙은 사전 기대를 배신하고 운용 시의 퍼포먼스에 문제가 있음을 우리들에게 인식시켰다고 볼 수 있다.

다만 지진 이후 국가의 대응에 대한 평가를 규정하는 요인은 평가하는 사람의 연령이나 성별, 거주 지역 등에 따라 달라질 것이다. 또한 직접적인 피해가 없는 서일본 유권자와 쓰나미의 영향으로 인해 가설주택에 살고 있는 재해지 유권자들의 평가는 크게 다를 것이라 생각한다. 이 장에서는 센다이 시에서 실시한 시민의식조사 결과에서 나온 자료를 토대로 재난 후 반년이 지난 시점에서 국가의 지진 이후 일처리 방식에 대한 평가와 관련하여[7] 재해지 유권자들의 의식에 관해 자

---

5 池田謙一,『행정에 대한 신뢰의 구조' 일본정치학회편 '연보 정치학: 정치행정(年報政治学政治行政への信頼と不信)에 대한 믿음과 불신』2010-Ⅰ호, 2010년, pp.11~30.

6 예를 들어 다음의 문헌을 참조. S. Van de Walle and G. Bouckaert. 2003. "Public Service Performance and Trust in Government: The Problem of Causality", *International Journal of Public Administration* 29(8&9): 891-913; 秋月謙吾, "지방정부의 신뢰", 일본정치학회 편,『연보 정치학: 정치행정(年報政治学政治行政への信頼と不信)』2010-Ⅰ호, 2010년, pp.68~84.

7 정책에 대한 주민들의 평가나 주민 만족도 측정에 대해서는 그 내용만으로도 1권의 책이 될 정도로 쓸 내용이 많지만 본 장에서는 그러한 논의는 생략한다. 이에 관한 내용은 다음의 문헌 등을 참조하였다. 野田遊,『시민 만족도 연구(市民満足度

세히 검토해 보고자 한다. 재해지에 사는 주민들은 "정치에 기대할 수 밖에 없는 사람들"이며 그들의 의식을 기록으로 남기는 것은 동일본대지진을 파악하는 데 매우 중요하다.

2. 조사 시점에서 본 센다이 시의 상황

의식조사 결과의 내용을 검토하기 전에 조사를 실시한 시점에서의 센다이 시 상황에 대해 먼저 이야기 하고자 한다.

센다이 시는 동일본대지진의 재해지일뿐 아니라 복구·부흥의 거점 도시로서도 대표적인 지역이다.[8] 후쿠시마 원전사고의 영향으로 지진 직후 센다이의 인구유출은 심각하였다. 그러나 여진이 일단락되면서 도호쿠신칸센이 복구된 2011년 5월 황금연휴 이후에는 다시 증가세로 돌아섰다. 센다이 시의 추정 인구는 2011년 8월에 지진이 발생하였던 3월의 추정 인구(104만 6천 명)를 회복하였으며, 2011년 12월에는 105만 명을 돌파하였다(그림 1).[9] 또한 2011년도 센다이 시의 중장기계획 '종합계획2030'에 따르면 센다이 시의 인구 정점을 2015년 쯤에 105만 846명이라 예상하고 있었지만 2011년 11월에 이미 예상을 넘어섰다. 센다이 도시권 인구[10]도 증가하였으며 또한 센다이 시의

の研究)』, 일본 평론사, 2013년.

8 센다이 시와 같은 재해지 중 복구·부흥 거점이라는 쌍방의 성격을 가진 자지체로서 이와키시가 있다.

9 『河北新報』 2012년 1월 15일.

10 센다이 도시권은 센다이 시를 포함한 5시 8정 1촌(塩竈市·名取市·多賀城市·岩

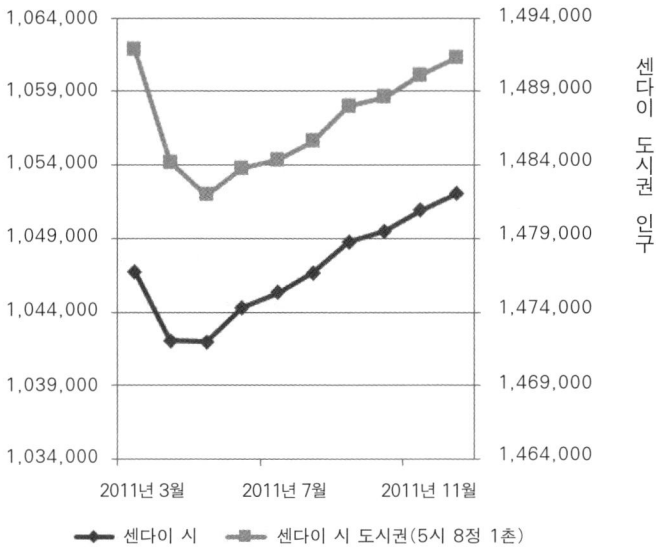

(그림 1) 3·11 지진 후의 센다이 시·센다이 도시권의 인구 변동
출처:『河北新報』(2012년 1월 15일자 참조하여 필자 작성)

인구 증가도 함께 연동하는 형태로 늘어났다.

 센다이 시에 사람들이 모이는 데는 몇 가지 이유가 있다. 그 중 하나는 센다이 시에 도호쿠의 거점도시 중에서 가장 많은 임대주택이 갖추어져 있다는 점이다. 산리쿠 연안에서 후쿠시마 현 하마도오리(浜通り)에 걸쳐 있는 도호쿠 지방의 태평양 연안부에서는 쓰나미 및 원전사고로 인해 많은 사람들이 대피해야 하였다. 지진으로 집을 잃은 사람 중에는 가설주택을 기다리고 있을 수만은 없어 스스로 민간 임대주택을

沼市·亘理町·山元町·松島町·七ヶ浜町·利府町·大和町·大郷町·富谷町·大衡村)을 가리킨다.

찾는 사람도 많았다. 다만 재해자들이 옮겨 살 수 있는 임대주택 수가 재해 자치단체에서 그 수요를 감당할 수 있을 만큼 준비되지 못한 상황이었다. 그리하여 일시적인 피난 거점으로 센다이 시가 선정된 것이다. 여기에 집세에 대한 보조를 실시하는 '대안(미나시)가설주택' 제도도 영향을 미쳐 주택이 있는 센다이 시의 인구가 증가한 것이다. 또한 부흥 특수를 내다보고 이곳에서 직장을 구하기 위하여 사람들이 모인 배경이나 복구·부흥 공사 종사자들이 주소지를 센다이로 이전한 점도 커다란 주요 이유가 되었다.

다만 센다이 시 직원 중에는 이러한 인구 급증에 대한 우려를 나타내는 사람들도 있다. 이들의 지적에 의하면 "복구·부흥을 위해 센다이 시가 전념하면 할수록 주변의 과소화(過疎化)가 촉진되고 장기적으로 봤을 때 도호쿠의 활력을 떨어뜨릴지도 모른다"는 우려와 함께 "급증하는 인구의 대부분은 이재민(被災者)들이라는 점에서 행정 수요가 급증하겠지만 이에 비해 세수 증가는 기대할 수 없을 것이고 결국 재정적으로 어려워질 가능성이 있다"는 우려가 있었다. 또한 어떤 간부는 "주소지를 이전하지 않고 센다이로 피난 온 이재민에 대한 행정 수요가 센다이 시의 재무 행정을 압박할 가능성이 있다"고 지적한다. 센다이 시는 신속한 복구·부흥과 주위의 과소화에 대한 배려 등 힘겨운 과제를 안고 있는 가운데 복구·부흥을 진행해야 하는 상황에 처해 있는 것이다.

3. 의식조사에 나타난 지진 복구·부흥 일처리 평가

　동일본대지진은 재해지에 많은 피해를 남겼으며, 또한 재해지 주민들의 마음에도 많은 상처가 고스란히 남아있다. 그리고 수많은 연구자들이 재해지에 들어가 재해 상황이나 재해지의 복구·부흥과정에 관해 기록으로 남기고자 노력하고 있다. 기록을 남기는 것은 향후 예상되는 수도권 직하 지진이나 도카이·도난카이·난카이 지진(東海·東南海·南海地震) 등 난카이트로프 지진에 대한 대책을 마련하는 데 중요한 작업이다.

　필자도 릿쿄대학 사회학부의 연구 프로젝트에 공동 연구자로 참여하여 2011년 가을부터 겨울에 걸쳐 센다이 시민을 대상으로 하는 '생활과 방재에 대한 시민의식조사(이하 센다이 시민의식조사 2011)'를 실시했다. 또한 2012년도에는 센다이 시민의식조사 2011의 응답자를 대상으로 추가조사(仙台市民意識調査追調査)를 실시하는 동시에 센다이 시의 북쪽에 인접하는 오사키 시(大崎市)〔옛 산보우키쵸(旧三本木町)〕·옛 마츠야마마치(旧松山町), 쿠로가와욘쵸(黒川郡四町)〔(타이와쵸(大和町)·오오사토쵸(大郷町)·토미야마치(富谷町)·오오히라무라(大衡村)〕및 미야기 현 리후쵸(利府町)에서도 의식조사(센다이 북부조사 2012)를 실시하였다. 본 장에서는 센다이 시민의식조사 2011의 데이터를 바탕으로 재해 발생로부터 반년에 걸친 센다이 시민의 복구·부흥에 대한 평가를 고찰해 보고자 한다(조사 개요에 관해서는 APPENDIX를 참조).

3-1. 국가와 미야기 현·센다이 시의 재난 후 일처리 평가

지진피해(震災)로부터 반년이 지나도 쓰나미에 의해 피해를 입은 연안부는 여전히 변화가 없는 상황이며, 또한 쓰레기처리장의 쓰레기가 언제 떠내려갈지 모르는 상태였다. 재해의 상처가 여전히 남아 있는 센다이 시에 사는 시민들은 지진 발생 후 국가나 센다이 시의 대응 상황을 어떻게 평가할 것인가. 우선 국가의 일처리에 대한 평가를 살펴보자. 국가의 일처리에 대한 응답 결과를 그림으로 나타낸 것이 〈그림 2〉이다.

〈그림 2〉는 지진 발생 후, 국가의 대응에 대한 센다이 시민들의 시선이 꽤 불만족스러움을 나타내고 있다. 국가의 대응에 만족하는 자는 2.4%에 불과하며, 대체로 만족한다고 답한 18.0%의 응답을 합한다고 해도 '만족'이라는 응답은 전체의 20% 정도 밖에 되지 않는다

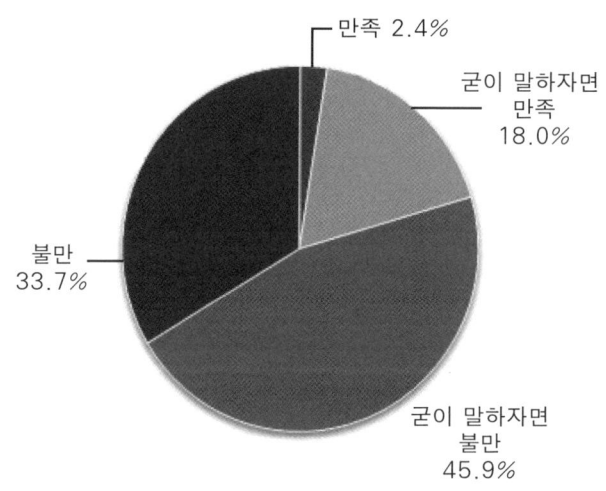

〈그림 2〉 국가에 대한 평가

(모르겠다·해당하지 않는다는 제외). 재난 대비의 관점에서 미야기 현·센다이 시의 대응에 대한 평가도 살펴보고자 한다. 복구·부흥을 위해 실제로 앞장 서는 것은 지방자치단체이며, 국가의 대응과 센다이 시의 대응에 대한 평가 사이에는 간극(갭)이 있을 가능성이 있다. 실제로 재해지에서는 "국가는 그렇지 못하지만 자치단체는 열심히 한다"라는 목소리도 들린다. 센다이 시민의 3·11 대응 평가에서도 위와 같은 평가를 볼 수 있다. 센다이 시의 재해 발생 후의 대응에 대한 평가를 그림으로 나타낸 것이 (그림 3)이다. 만족이라고 응답한 자는 4.3%, 대체로 만족한다고 한 자는 34.7%로 합해보면 약 40% 정도가 시의 대응에 대해서 '만족'한다는 응답이 있었다(모르겠다와 해당하지 않는다는 제외). 국가의 대응에 대한 평가에 대해 '만족'이라고 한 사람이 20% 정도였던 것에 비해 센다이 시의 대응에 대해서 '만족'이라고 하는

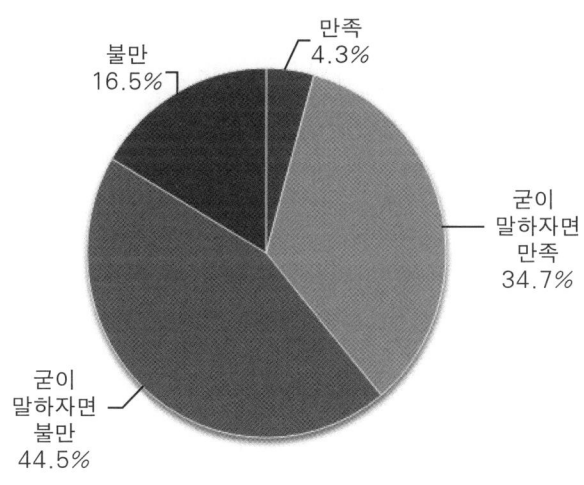

〈그림 3〉 센다이 시에 대한 평가

사람들이 40% 정도이므로 국가에 대한 평가가 좋지 않음을 알 수 있다.[11]

일본에서는 국가보다도 지방자치단체에 대한 신뢰가 높아 유권자들이 상대적으로 높게 평가하는 경향이 있다는 지적이 있다.[12] 일반적으로 국가의 대응에 대해서는 일반 시민들은 잘 파악하기 어렵고, 또한 이러한 대응을 판단하기 위해 이용하는 정보는 주로 언론을 통해 얻게 된다. 센다이 시의 대응에 대해서는 지역신문 및 지역 TV 방송국의 뉴스가 정보원이 되는 경우가 많지만 재해지에서 흘러 나오는 소문에 의한 정보도 많이 듣게 된다. 이러한 평가의 차이는 "머나 먼 국가(도쿄), 친밀한 우리 시(센다이 시)"의 차이에 따라 생긴 것인지도 모른다.[13]

3·11 지진처럼 현장의 자치단체 직원들이 피해를 입게 되면 복구·부흥을 진행하는데 큰 차질을 빚게 된다. 센다이 시처럼 피해를 입어도 인적자원이 상대적으로 여유 있는 자치단체는 국가의 방침을 기다리지 않고 지진 대응에 착수할 수 있으며, 주변 시정촌에 비해 복구·부흥 작업이 빠르게 진행된다. 결과적으로 센다이 시에 대한 평가가 국가에 대한 평가에 비해 상대적으로 높게 나온 요인이 될지도 모른다.

---

11 국가의 대응에 대한 평가와 센다이 시의 대응에 대한 평가 사이의 상관계수(Kendall's tau-b)는 0.52이며, 통계학적인 관점에서 유의하였다(0.5% 수준). 이 값에서 국가의 대응에 대해 부정적인 사람들은 센다이 시의 대응에 대한 평가도 부정적인 경향이 있음을 알 수 있다.

12 이케다, 앞의 논문.

13 3·11 직후에 무라이 요시히로 미야기 현 지사의 재난 대응이 비교적 신속하였던 기억이나 센다이 시의 복구·부흥의 속도가 다른 재해지에 비해 빠르다는 점도 이러한 차이를 낳는 요인으로 작용한 것으로 해석할 수 있다.

3-2. 재난 대응 평가와 성별·연령 관계

행정적 대응에 대한 평가는 주민들의 속성이나 각자의 처한 환경에 따라 달라진다고 할 수 있다. 아이가 있는 세대는 젊은이나 고령자들에 비해 원자력 발전 대책에 대한 평가가 엄격할 것이며, 장래성 있는 젊은이는 고령자에 비해 낙관적인 평가일 가능성이 있다. 관련 조사에서는 성별이나 연령의 차이는 어떻게 다른지, 성별 및 연령별로 크로스 집계를 해 보았다. 그 결과를 나타낸 것이 (표 1) 국가업무방식 평가이다.

(표 1) 평가와 성별·연령별 관계
국가의 업무방식 평가

	남성	여성	20대	30대	40대	50대	60대	70대
만족	2.7%	2.0%	4.5%	2.6%	1.9%	1.7%	1.6%	2.6%
굳이 말하자면 만족	16.0%	20.3%	20.8%	24.0%	14.3%	15.3%	15.4%	19.5%
굳이 말하자면 불만	43.7%	47.7%	46.5%	45.9%	48.7%	41.7%	45.4%	46.2%
불만	37.6%	29.9%	28.2%	27.6%	35.1%	41.3%	37.6%	31.6%
합계	100%	100%	100%	100%	100%	100%	100%	100%

현과 시의 업무방식 평가

	남성	여성	20대	30대	40대	50대	60대	70대
만족	5.0%	3.4%	6.4%	3.6%	3.8%	2.1%	3.3%	6.0%
굳이 말하자면 만족	31.5%	38.4%	45.5%	43.9%	31.7%	30.0%	30.1%	32.6%
굳이 말하자면 불만	43.0%	45.9%	36.6%	39.8%	46.4%	46.4%	48.4%	45.7%
불만	20.6%	12.3%	11.4%	12.8%	18.1%	21.5%	18.3%	15.7%
합계	100%	100%	100%	100%	100%	100%	100%	100%

성별로는 남성 쪽이 불만이라고 답한 사람들의 비율이 상대적으로 높았다. 연령대별로 보면 50대에서 '불만'이라 답한 사람들의 비율이 가장 높았으며, '불만'이라고 대답한 사람들의 비율 중 가장 낮은 것은 20대·30대였다.

센다이 시에 대한 평가에 있어서도 이와 마찬가지의 경향이 나타날까? 센다이 시의 대응에 대한 평가를 성별·연령별로 크로스 집계한 것이 (표 1)의 현과 시의 업무방식 평가이다. 이 표는 국가의 대응에 대한 평가 때와 거의 비슷한 경향을 보이고 있음을 알 수 있다. 또한 남성들이 상대적으로 불만을 가지고 있으며, 또한 불만이라고 대답한 사람들의 비율은 50대 전·후가 가장 많다는 것을 확인할 수 있었다.

3-3. 재난 대응 평가와 재해 상황과의 관계

행정적 대응에 대한 평가는 응답자의 재해 상황에 따라 좌우될 가능성도 있다. 직접적인 피해를 입었거나 피해를 입은 부분이 아직도 해결되지 않았다면 행정적 대응에 대한 평가가 좋지 않을 것이라는 점은 충분히 예상할 수 있기 때문이다. 그러면 재해 상황과 행정적 대응의 평가에 대해서도 한번 알아보자.

3·11 동일본대지진의 피해 상황에 관해서는 경찰청 긴급재해경비본부[14] 등에서 통계를 발표하였다. 다만 이것은 집계 데이터이므로, 재해자들의 의식과 재해 상황 사이의 관계성을 측정할 수는 없다. 센다

---

14   http://www.npa.go.jp/archive/keibi/biki/higaijokyo.pdf (검색일: 2012년 10월 1일)

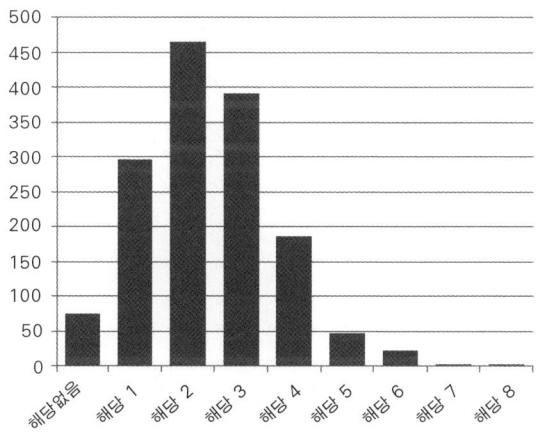

〈그림 4〉 피해 상황에 대한 응답 결과

이 시민의식조사에서는 동일본대지진으로 응답자들이 입은 피해에 관해서 묻는 항목이 다수 있다. 그 중에서 10개의 문항에 대한 해당하는 합계 수(복수응답 방식)를 이용하고자 한다.[15]

재해 상황에 대한 해당 총수의 도수 분포를 나타낸 것이 〈그림 4〉이

---

15 자택의 피해와 친구의 피해를 똑같이 취급하는 것에 대해서 바람직하지 않다는 의견도 있겠다. 다만 편의상 해당하는 수가 많은 사람일수록 심각한 피해를 입은 사람으로 간주하고 논의를 전개하고자 한다.

다.[16] 그리고 한편 재해 상황과 국가 및 센다이 시의 대응을 크로스 집계하고, 각각의 결과를 그래프화 한 것이 (그림 5)이다. 재해 상황과 국

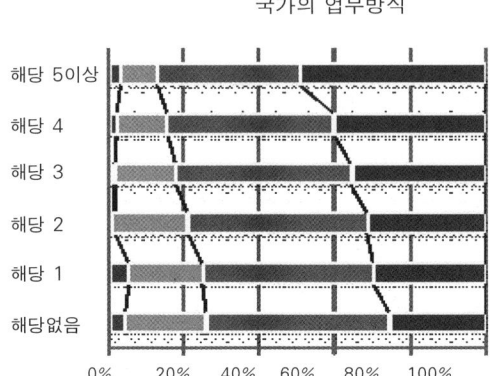

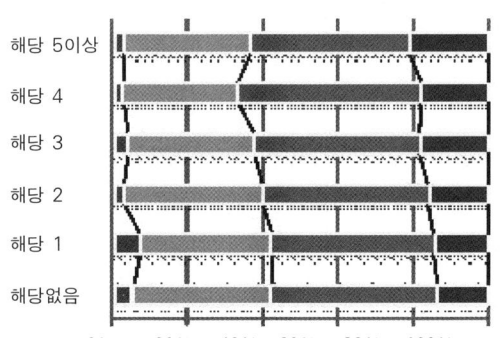

(그림 5) 피해 상황과 평가의 관계

---

16 질문 항목 중에서 1에서 3까지는 자택에 관한 선택 사항이므로, 1에도 2에도 해당한다는 것은 없다. 따라서 해당 총수의 최고치는 8이 된다.

가의 대응에 대한 평가에 있어서 양자 사이에는 연관성이 있다는 점을 알 수 있다. 다만 피해 상황과 센다이 시의 대응에 대한 평가 사이에는 국가의 경우만큼 확실한 연관성이 있다고 말하기 어렵다.

3-4. 데이터를 통해 무엇을 알 수 있는가

지금까지의 결과를 바탕으로 다음과 같은 3가지 점에 대해서 생각해 보고자 한다.

우선, 왜 남성들이 여성들보다도 평가에 있어서 부정적 판단을 내렸는가? 라는 점이다. 첫 번째로 생각해 볼 수 있는 것은 국가나 시의 대응에 대해 생각해 볼 때 남여 공동참여의 수준이 남녀가 다르게 갖는다는 점이다. 센다이 시는 도시화가 진행되고 있다고는 하나 남녀 공동참여수준이 다른 대도시들만큼 높지 않으며, 여성의 행동 범위는 남성보다 넓지 않다. 시내에서는 3·11의 기억이 서서히 잊혀지고 있어 그러한 상황이 남성보다 좋은 평가를 내리게 된 원인이 된 것은 아닌가 싶다. 또한 앞에서 서술한 것처럼 피난과 구직을 위해 센다이 시에 많은 재해지 주민이 유입되는 가운데 그러한 상황을 자주 접하는 것이 남성이라는 점도 요인으로 작용한다. 남성들이 직장 등을 통해 지지부진한 재해지 복구 상황의 정보를 더 많이 접하고 있으며, 이와 같은 상황이 평가의 차이를 만들고 있는 것은 아닐까 생각된다.

한편 왜 50대 전·후는 행정적 대응에 대해 좋은 평가를 내리지 않았는가 하는 점에 대해 생각해 보고자 한다. 사회적으로 높은 지위에 있는 사람들이 많고, 아이를 키우면서 부모님의 간병을 하는 세대도 많은 연령대이며, 정치에 대한 관심도 높은 세대이기 때문에 좋은 평가를 내리지 않았을 가능성이 있다. 또한 이 세대는 청년층이나 퇴직 세대보다는 일상의 인적 네트워크도 넓고, 지진 복구·부흥에 관한 정보를 상대적으로 많이 얻을 수 있기 때문이기도 하다. 다시 말하면 "다양한 측면에서 행정적인 지진 대응에 대한 영향을 받고 있으며, 또한 여러 방향에서 지진 정보를 얻을 수 있기에 이 세대의 사람들은 행정에 대한 대응 평가가 다른 연령에 비해 부정적이지는 아닐까" 하는 것이다.[17] 사회적 네트워크의 관점이 아니라 라이프 이벤트[18] 관점에서 연령별 평가의 차이를 설명할 수 있을지도 모른다. 3·11 지진으로 인해 장래의 전망이 불투명해진 주민들을 많이 볼 수 있다. 특히 노후를 의식할 나이인 50대 전·후는 재난으로 미래 설계가 크게 흐트러진 세대로 볼 수 있기에 그로 인해 평가가 좋지 않았다고 볼 수도 있다. 젊은 세대는 다시 일어 설 수 있는 데 반해 퇴직한 고령자는 '연금'이라는 자금을 전제로 대응해 나갈 수 있다. 장래에 대한 불투명성이 행정의 평가에 반영되고 있다는 시점은 별도로 검토할 필요가 있다.

피해 상황은 국가의 대응에 대한 평가에서는 의미가 있었지만, 센다이 시의 대응에 대한 평가에서는 거의 의미가 없었다. 이 점에 관해 좀

---

17 마찬가지로 생각해 보면, 젊은 세대의 행정적 대응에 대한 평가가 비교적 좋은 이유도 유추할 수 있다. 그들의 인간관계가 아직까지 넓지 않고 행정에 대하여 기대하고 있는 부분이 중·장년층에 비하면 적다. 이 점이 평가로 이어지고 있는 것이다. 또한 센다이 시의 도심부는 지진 전의 일상을 되찾고 있다. 현실적으로 재해부흥 정도가 응답에 영향을 끼치고 있다고 생각된다.

18 라이프 이벤트(Life Event): 인생에서 일어날 수 있는 여러 일들을 지칭한다. 예를 들어, 탄생, 진학, 취업, 결혼, 출산, 육아, 교육, 퇴직, 죽음 등을 들 수 있다. _ 역자 주

더 고민해 볼 필요가 있다. 센다이 시라는 이른바 '재해 현장'에는 한계가 있었다. 특히 법률의 해석이나 재원의 수당을 국가에 의존하고 있는 상태에서는 재해지의 자치단체가 할 수 있는 부분은 한정되어 있기 때문이다. 결과적으로 센다이 시가 할 수 있는 일에는 한계가 있으며, 역시 국가가 책임을 져야 한다고 여기는 센다이 시민들의 의식을 반영하고 있다.

이상에서 살펴본 바와 같이 평가의 차이는 정보입수 경로(인간관계자본)와 많은 관련이 있을 것이다. 이렇게 본다면 인간관계자본이 대응에 대한 평가를 통해 정치적 의사 결정, 예를 들어 복구계획 수립(策定)에 참가하거나 재해지에서 투표 참여에 영향을 미치고 있다는 것을 충분히 예상할 수 있다. 이에 관한 분석은 향후 검토 과제이다.[19]

4. 끝으로

분석 결과를 요약하자면 국가가 취한 지진 이후의 대응에 대하여 육아 세대의 시민들이나 피해가 극심하였던 시민들이 부정적인 평가를 내리고 있음을 나타내고 있다. 다만 이는 국가에 대한 기대가 그 만큼 컸다는 것을 나타내는 것이기도 하다. 행정에 대한 기대가 크면 클수

---

19 또한 정부를 신뢰하지 않는 구조가 처음부터 존재하고 있어 노력해도 좋은 평가를 받을 수 없는 구조일지도 모른다. 이러한 점도 고려할 필요가 있을 것이다. 이와 관련된 문헌으로서는 Joseph Nye, Philip D. Zelikow and David C. King(1997), *Why People don't Trust Government*, Harvard University Press(嶋本惠美訳), 『なぜ政府は信頼されないのか(정부는 왜 신뢰할 수 없을까)』, 英治出版, 2002년.

록 만약 기대 이하의 성과를 냈을 때 실망한 결과가 혹평으로 이어질 가능성이 있음을 지적하고 있으며,[20] 이번 결과는 이에 해당한다고 볼 수 있다. 다만 센다이 시에 비해 국가적 차원의 재해 거버넌스는 좀처럼 티가 나지 않는 엄연한 차이는 매우 대비적이다. 결과적으로 국가와 센다이 시의 대응에 대한 평가의 차이로 이어졌다는 점에 관해 의심할 여지가 없을 것이다.

이와 같은 점을 고려할 때 복구·부흥을 담당하는 조직으로서 발족한 부흥청의 조직 설계는 실패하였다고 생각된다. 본청을 도쿄에 둔 채 각 현에 사무국을 두는 체제에서는 "재해지에서의 일은 도쿄에서는 모르는" 상황이 지속되는 것이나 다름없기 때문이다. 또한 "재해지의 사정(니즈 혹은 선호도 포함)을 도쿄에서는 모른다"라는 것은 "도쿄의 의향(의도)이 재해지에서 제대로 전달되지 못한다"라는 말과 같을 것이다. 도쿄에서 열심히 일하고 처리한다고 해도 재해지에서는 도쿄(국가)의 노력들이 거의 결실을 맺고 있지 않아 제대로 평가하기가 어렵다. 즉 지금의 조직 체제로는 재해지에 있는 사람들은 도쿄에서 한 일을 제대로 평가하기 어려우며, 재해지의 사정에 신속히 대처할 수 없는 구조이기 때문에 재해지에 있는 사람들의 '초조함'을 더욱 증폭시키고 있다. 그 결과 복구·부흥을 위한 국가의 대응에 대한 평가는 더욱 낮아지고 있다.

---

20 大山耕輔, "신뢰와 거버넌스는 왜 필요한가-정부와 시민의 관점에서", 『법학연구』 제82권 2호, 2009년, pp.117~149.

부록

2012년도에 실시한 '센다이 북부조사 2012'에서도 동일한 질문지를 사용하였으며 응답 결과(경향)의 거의 유사하였다(표 2).

〈표 2〉 센다이 시민의식조사, 2011과 센다이 북부조사 2012의 응답 결과 대비

국가에 대한 평가

	센다이 2011	센다이북부 2012
만족	2.4%	1.8%
굳이 말하자면 만족	18.0%	16.1%
굳이 말하자면 불만	45.9%	50.0%
불만	33.7%	32.2%
합계	100.0%	100.0%

현과 시에 대한 평가

	센다이 2011	센다이북부 2012
만족	4.3%	4.0%
굳이 말하자면 만족	34.7%	35.0%
굳이 말하자면 불만	44.5%	45.6%
불만	16.5%	15.4%
합계	100.0%	100.0%

제7장

'새로운 공공' 지원사업의 교훈
-운영위원의 경험과 지혜

가와무라 가즈노리

1. 서론

　메이지(明治) 이후 일본에서는 공공 서비스에 대한 부분은 정부가 제공한다는 의식이 보편화 되면서 지역발전도 행정이 주도하게 되었다. 일본이 채택한 중앙 집권적인 지방자치 구조는 규격을 통일하기 위하여 하드웨어 정비를 급속하게 진행하였다. 그러나 획일적인 지역화에 일조하는 부작용도 있었다. 신칸센(고속철도)은 그 예라고 할 수 있을 것이다. 또한 효율적인 지역발전을 이끌었지만 한편으로는 그 부작용으로서 마을의 개성이 사라지는 상황이 진행되었으며, 행정 주도의 지역발전은 주민의 주체성 상실이라는 부작용도 낳았다. 몰개성(沒個性: Impersonality)이란 어떤 대상에 마땅히 있어야 할 개성이 없거나 거의 사라진 상태를 뜻한다. 달리 표현하자면 획일주의 시대로 접어들었다. "지역 만들기는 그야말로 지방자치단체의 몫"이라는 의식이 정착되고 있는 반면, 자신들의 지역은 자신들이 운영한다는 '지방자치의 정신'은 점차 희미해져 간 것이다.

1995년 1월 한신·아와지대지진은 이러한 행정 주도의 지역발전에 대한 생각을 바꾸는 하나의 계기가 되었다고 평가되고 있다. 커뮤니티가 희박하였던 도심부에서의 막대한 피해로 인해 행정 기능이 마비가 되었으나 재해피해를 입은 사람들은 자율적으로 공동체를 형성하고 전국에서 모여든 NGO(Non-Governmental Organization)나 NPO(Non-Profit Organization), 그리고 자원봉사자들과 협동함으로써 위기를 대처하였다. 이러한 행동은 향후의 방재 대책에 활용될 뿐만 아니라 많은 국민들에게 "협동하는 장을 만들 필요"가 있다는 인식이 널리 확산되는 계기가 되었다.[1] 그리고 2010년 하토야마 유키오(鳩山由起夫) 총리는 '새로운 공공' 원탁회의를 설치, '새로운 공공선언'[2]이 발표되었고 이를 진행하는 예산 조치를 실시하였던 것이다.

다만 "'새로운 공공'을 추진"한다고 말하는 것은 쉽지만 실제로 진행하고자 하려면 넘어할 장벽이 상당히 많다. 본래 일본 열도는 남북으로 길며 다양한 지역으로 구성되어 있다. 대도시처럼 "커뮤니티의 기능이 상실되고 있지만 한편으로 NPO가 활발하게 활동하고 있는" 곳도 있으며, 3·11 지진으로 피해를 입은 산리쿠(三陸) 지방의 마을처럼 "지연 조직은 유지되고 있지만 NPO는 전혀 없다"는 곳도 있다.

---

1 이로 인해 이 해를 '볼런티어 원년(元年)'이라고 부르는 사람도 있다.
2 http://www5.cao.go.jp/npc/pdf/declaration-nihongo.pdf (검색일: 2013년 5월 8일)

또한 가나자와 시(金沢市)처럼 도시화가 진행되고 있어도 학교구역[가나자와에서는 '교하(敎下)'라고 부름]를 기본으로 한 지연(地緣) 조직이 탄탄한 지역도 있는가 하면, 농촌과 산촌이라도 해도 NPO가 지역발전의 주역을 맡고 있는 곳도 있어 일괄적으로는 설명할 수 없는 것이 일본의 특징(실정)이다. 또한 지연조직이 강한 지역과 그렇지 않은 지역이 같은 시정촌 내에 존재하는 경우도 있다. 정령지정도시(政令指定都市)[3]나 중핵시(中核市)[4] 지정을 목표로 도시 자치단체가 주변 자치단체와 합병을 계속해서 반복할 경우 이러한 경우를 쉽게 찾을 수 있을 것이다. 센다이 시도 그 중 하나이다.[5]

동일본대지진의 재해지는 지역 조직이 강한 곳이 많아서 예전부터 활발하였던 커뮤니티가 지금도 충분히 제 기능을 하고 있기에 "볼런티어=외지 사람", "NPO=우리와는 다른 감각을 가진 사람들의 집단"이라는 인식에 경원시하는 사람들이 많았다. 또한 "외지 사람들은 신뢰할 수 없기 때문에 당장은 들이지 않고 싶다"는 방범상의 이유로 "자원봉사자들은 물러 가라"는 식의 거절 움직임도 있었으며, 그런가 하면 "재해지에 볼런티어들이 오는 것을 원한다"고 요구한 곳도 있었다. 이것은 전국이 획일적으로 '새로운 공공'[6]을 만들기는 어려우며

---

3 일본 정부의 명령으로 특별히 지정된 인구 50만 이상의 도시. 자치 권한이 크며 구(區)가 설치된다. 예를 들면 나고야, 오사카 등 총 10도시이다. _역자 주
4 일본 정부가 법으로 특별한 지위를 인정하는 도시를 말한다. _역자 주
5 센다이 시 중심부에서는 지연 조직의 힘은 사라지고 있지만 NPO가 폭넓은 활동을 전개하고 있다. 한편 야마가타 현의 주변이나 연안부 등에서는 지연 조직이 어느 정도 유지되고 있으며 지금도 활동하고 있다.
6 잡지 『거버넌스』에서 金井(가나이) 씨는 '새로운 공공'론은 신화의 일종이며, 있지도 않은 것을 말하는 '신종 기민책(棄民策)'이라고 기술하고 있다. 金井利

자신이 속해 있는 자치단체의 특징을 파악하고, 그 지역의 독창적인 형태를 모색해야 함을 의미한다. 같은 정령지정도시라고 해도 고베 시와 센다이 시는 상황이 다르며 "고베 시의 경험을 무조건적으로 센다이 시에 받아 들여 적용하려는 것은 바람직하지 않다"[7]는 것이다.

이번 장에서는 미야기 현의 '새로운 공공' 지원사업 운영위원회에서 필자가 경험상 느낀 점, 그리고 생각한 바를 몇 가지 고찰하고자 한다.

之, "자치단체 제도(행정 체제)의 10년", 『거버넌스』 2011년 4월호, 2011년, pp.32~34.

7 예를 들어 2011년도에 있었던 센다이 시의 대처를 소개하고자 한다. 2011년 4월 이후 센다이 시는 한정된 재원 속에서 재해자들의 생활 재건에 관한 시민협동사업을 시작하였다. 비교적 지연조직이 강한 동북(東北) 지방이지만 센다이는 비교적 많은 NPO가 활동의 거점으로 삼고 있으며 센다이시시민국시민협동추진과(仙台市市民局市民協働推進課)와 이러한 단체와 연계활동을 통한 협동사업을 모색한 것이다. 센다이 시시민국시민협동추진과가 추진한 사업의 핵심은
① 안심하고 지켜보는 협동사업
② 재해 지역 커뮤니티 정보 지원사업
③ 커뮤니티 · 워크 창출 사업
이상 3가지였다. 이러한 센다이 시가 대처한 주된 특징은 주변 자치단체로부터 피난자의 유입에 주목하고 있었다는 점이었다. 오사카라는 거점도시가 인접해 있는 고베 시와는 달리 센다이 시는 스스로 재해자들을 포용하고 다른 지역 재해자들을 위한 대응이 필요하다고 판단한 것이다. 노토반도(能登半島) 지진 이후 대안(미나시)가설주택 제도가 신설되면서 응급 가설주택만으로는 부족하다는 인식을 센다이 시는 갖고 있었다.

2. 미야기 현 '새로운 공공' 지원사업 운영위원회

2-1. 위원 취임의 경위

동일본대지진이 일어난 이후 처음으로 필자에게 걸려온 전화는 3월 11일 밤에 가나자와대학 재직 때부터 친분이 있던 호쿠리쿠주니치신문(北陸中日新聞) 기자들의 전화였다. 가호쿠신포(河北新報)를 위로하기 위해 센다이에 가고 있는데 "어느 경로를 이용해야 빨리 도착할 수 있는가"라는 내용이었다. 휴대전화가 잘 연결되지 않는 상황에서 14일에는 미야기 현청에서 전화가 왔다. "'새로운 공공' 현청 위원회 위원 구성을 위해 여러 의견을 듣고 싶다"는 취지의 전화였다. 연구실이나 집 정리 정돈을 어떻게 할지 생각하던 차에 받은 전화였지만 지진 이후에 문과계열의 교원으로서 재해지 지원을 위해 할 수 있는 일은 한정되어 있기에 할 수 있는 일은 해야 한다는 마음으로 승낙한 뒤 현청 직원과 만날 약속을 하였다.

담당 현 직원이 연구실에 왔을 당시의 모습만을 보고서도 다시 한 번 3·11의 피해가 크다는 것을 새삼 느꼈다. 원래 위원 취임에 대한 사전 설명을 위해 직원들이 올 때는 기본적으로 정장 옷차림으로 오는 것이 일반적이다. 그러나 그때 온 미야기 현 직원의 모습은 깔끔하지 못하였으며, 마치 캠프에 가는듯한 느낌이었다. 필자가 있던 곳에서 설명이 끝나고 이시노마키 쪽으로 위로하러 가야하고, "현지 사정을 모르니 침낭 등도 준비하고 있다"는 것이었다.

지진의 영향으로 도호쿠대학의 입학식도 강의 시작도 연기되고 있었던 참에 2011년 4월 27일, 제1회 '새로운 공공 지원사업' 운영위원회가 열렸다. 미야기 현청 뒤에 있는 미야기현자치회관(宮城県自治会館) 2층이 회의장이었다. 도쿄 도의 지원 거점으로 사용되고 있는 방 앞을 지나 회의 장소로 들어갔던 당시의 기억은 지금도 생생하다. '새로운 공공 지원사업' 운영위원회 위원은 (표 1)의 10명이며 호선에 따라 나리타 유카리(成田由加里) 공인회계사 사무소 대표이자 도호쿠대학 회계대학원의 실무가 교수(実務家教員)인 나리타 유카리 위원이 위원장으로 뽑혀 위원회를 관리하게 되었다.[8]

(표 1) 미야기 현 '새로운 공공 지원사업' 운영 위원회 위원 목록

분야	성명	직위, 소속단체 등
학문적(学識) 경험자	가와무라 가즈노리(河村和徳)	도호쿠대학 대학원 정보과학연구과 부교수(당시)
	니시데 유우코(西出優子)	도호쿠대학 대학원 경제학연구과 부교수(당시)
중간 지원조직	오오쿠보 토모에(大久保朝江)	특정 비영리 활동법인 모리의 전언판 유루루 대표이사
NPO 등	다카하시 켄이치(高橋賢一)	사회복지법인 미야기 현 사회복지협의회 지역복지부 지역복지과 과장
	지바 카즈요시(千葉和義)	특정 비영리 활동법인 Azuma-re 이사
	무라카미 카즈유키(村上和行)	재단법인 미야기 현 문화진흥재단 전무이사 겸 미야기 현 민회관 부관장
기업·경제 단체	곤노 가오루(今野薫)	센다이 상공회의소 총무관리부 부장
금융기관 등	오오제키 히토시(大関均)	유세이(優成) 감사법인 특정사원 영업총괄 본부장
회계전문가	나리타 유카리(成田由加里)	나리타 유카리 공인회계사무소 대표
매스컴 등	다니후지 히토시(谷藤仁史)	가호쿠신포사 교육 프로젝트 사무국 차장

출처: 미야기 현 자료

---

8   위원회 회의록 등은 다음 URL을 참조하면 된다. http://www.pref.miyagi.jp/soshiki/kyosha/top-newpublic.html#iinkai (검색일: 2013년 4월 15일)

2-2. 제1차 모집 토의

새로운 공공 지원사업[9]은 2010년 6월 4일 제8회 "'새로운 공공' 원탁회의"에 의해 정리된 "'새로운 공공' 선언"[10]에 근거하는 예산 조치이며, 하토야마 유키오 내각의 노력(주선)으로 만들어진 사업이다.

그러나 동일본대지진으로 피해가 컸던 미야기 현은 이 사업을 내각부의 양해 아래 복구·부흥을 위해 유용하였던 것이다. 지진이 발생한 지 한 달 반 남짓 후에 열린 제1회 미야기 현 새로운공공지원사업운영위원회(新しい公共支援事業運営委員会)에서는 "새로운 공공장소를 만들기 위한 모델 사업(재해부흥 긴급사업)(표 2)"과 "NPO 등 지원위탁사업(재해부흥 긴급사업)"을 모집하기로 결정하였으며 지진의 피해가

---

9 국가가 규정하는 '새로운 공공'을 일체적으로 지원하는 사업 항목은 다음과 같다.
  ① NPO 등의 활동 기반 정비를 위한 지원사업
  ② 기부 모집 지원사업
  ③ 대출 이용의 원활화를 위한 지원사업
  ④ 임시대체 융자에 대한 이자 보급(補給) 사업
  *임시대체 융자: (경제)기업 등에서 가까운 장래에 입금이 예정되어 있을 때 그때까지의 공백을 메우기 위하여 받는 융자 _역자 주
  ⑤ 새로운 공공장소를 만들기 위한 모델 사업
  ⑥ 사회 이노베이션 추진을 위한 모델 사업
  ⑦ 공동사무

10 이 선언에서는 "그동안 정부가 독점하던 영역을 '새로운 공공'으로 개방하고 이를 국민의 선택 사항으로 늘릴 필요가 있다. 국민이 그 뜻을 가지는 것과 동시에 정부가 '국민이 정한 사회'의 구축을 위한 구체적인 방안을 마련하는" 일이라 불리고 있으며, 정부가 해야 할 행동으로서는 "NPO 등의 새로운 공공 담당자를 기업의 사회적 활동과 연계해 자금 공급과 활동 기반 면에서 일체적으로 지원"하는 것이 거론되었다. '새로운 공공' 선언은 일본 내각부 홈페이지를 참조할 것. http://www5.cao.go.jp/entaku/pdf/declaration-nihongo.pdf (검색일: 2013년 4월 15일).

아직 남아 있는 가운데, 5월 하순에서 6월 상순에 모집을 시작하였다. 6월 하순에 운영위원들이 공청회를 개최하여 5단체로부터의 6개의 제의가 모델사업으로, 한편 1단체의 1개의 제의가 위탁사업으로 채택되었다.

앞서 말한 바와 같이 원래 새로운 공공 지원사업은 재해지 지원을 목적으로 한 것이 아니었다. 현재 더구나 기존에 가지고 있던 재원을 활용하는 틀에서 이뤄졌기 때문에 모집에 관해서 약간의 오류가 있었던 것은 사실이다. 예를 들어 지원금 조성을 위해서는 "도도부현 또는 시정촌, NPO 등(넓은 의미의 NPO)[11]이 연계하여 사업을 실시하는 체제가 구축되어야 한다"는 조건이 있으며, 조성에 있어서는 "연계된 NPO와 협의체를 구성하는 NPO 등에 한정한다"는 조건이 필요하다. 이로 인해 피해 극복을 위해 구성된 단체·조직은 법인격을 갖추지 않아도 되지만 지방자치단체와 연계된 구조를 갖출 필요가 있었다. 따라서 '열정'만 가지고 일어난 단체·조직들이 신청하기는 쉽지 않았다. 조직의 틀이 갖추어지지 않은 단체나 조직들은 신청 자체가 어려웠던 것이다. 또한 재해 3현에서는 시정촌이나 NPO 단체가 재해를 입었기 때문에 신청서를 쓸 여력이 있는 조직들은 한정되어 있었다.[12]

---

11 개요에 기재되어 있는 NPO 등의 정의는 "특정 비영리 활동법인, 봉사활동 단체, 공익법인, 사회복지법인, 학교법인, 지연 조직, 협동조합 등의 민간 비영리 조직"이다. "새로운 공공 지원사업 실시에 관한 가이드 라인(2011년 12월 5일 개정)"을 참조하였다. http://www5.cao.go.jp/npc/unei/jigyou/gaidorain_ver3.pdf (검색일: 2013년 5월 5일).

12 NPO 회계의 개정 영향도 고려할 필요가 있다. 『미야기 NPO 플라자 정보 One to One(みやぎNPO プラザ情報One to One(NPO 法人杜の伝言板ゆるる発行))』 제70호 (2012년 가을).

〈표 2〉 미야기 현 새로운 공공장소를 만들기 위한 모델 사업(재해부흥 긴급사업) 채택 목록

사업명	사업 제안단체	협의체 구성원	사업 계획
카쉐어링사업 실현을 위한 모니터링 및 시험운용	【협의체】 동일본대지진 피재지를 위한 카쉐어링 사업 추진협의회	-오나가와초(기획부 부흥추진실) -NPO미치노구부흥회 -특정비영리활동법인 레스큐스톡야드 -일반사단법인 피스보트 -특정비영리활동법인 ADRA Japan -특정비영리활동법인 이동서비스네트워크 미야기 -사회복지법인 미야기 현 사회복지협의회	수도권 등에서 실시되고 있는 카쉐어링을 피난소나 가설주택 등에서 무상으로 실시하는 사업모델의 책정 및 시험운용. 피난소나 가설주택 등에서 고령자와 장애자의 이동을 서포트하는 사업모델의 책정 및 사업운용.
히가시마쓰시마(東松島) 부흥 지원 센터사업	【협의체】 히가시마쓰시마 고향 조성협의회	-히가시마쓰시마 시(총무부 시민협동과) -특정비영리활동법인 히가시마쓰시마 마을조성 응원단 -특정비영리활동법인 이시노마키NPO센터 -히가시마쓰시마 시 상공회 -atta회	진재부흥의 담당이 되는 커뮤니티조직(지연단체), 시민활동조직(NPO), 자영업자(농림어업자·상공업자)의 3자가 기존 조직의 재생과 신규 조직의 설립을 위해 각각의 담당이 되는 개인과 단체에 대한 지원 활동을 계속적으로 실시하기 위한 공간조성.
아이들의 풍요로운 환경 조성 사업	【협의체】 모험놀이터·센다이 시 협의체	-센다이 시(아이들 미래국 양육지원과) -특정비영리활동법인 모험놀이터-센다이·미야기 네트워크 -센다이 시(아이미래국 양육지원과) -특정비영리활동법인 모험놀이터-센다이·미야기 네트워크	재해로부터 부흥을 지향하고 신속하게 대처해야 할 사항 중 하나로 재해를 겪은 아이들의 마음에 남아 있는 상처의 치유활동이 있다. 본 사업에서는 아이들이 지니고 있는 "자신의 욕구를 기초로 행동=놀이를 통한 자기회복력"에 착목하여 장소 조성·환경 조성에 역점을 두고, 아이들의 능동적인 놀이를 되찾고 케어해 간다. 또한 그 과정에서 아이들을 지켜보는 성인의 범위를 넓혀 간다.

사업명	사업 제안단체	협의체 구성원	사업 계획
지역 특산품 구매객 유발 관광투어 프로젝트	【협의체】 미나미산리쿠쵸 상점가부흥협의회 (南三陸町商店街 福興協議会)	-미나미산리쿄(산업진흥과) -야마우치 마사후미 -오이카와 젠유 -미우라 히로아키 -미나미산리쿠쵸 부흥시 실행위원회 -사회공헌공동체(united earth) -특정비영리활동법인 고베(harmony eye)협회	동일본대지진에 의해 괴멸적인 피해를 입은 미나미산리쿠의 지역 상점가의 사람들이 중심이 되어, "미나미산리쿠쵸에서 부흥 메시지를 발신하자"라고 하는 구상으로 전국에서 가장 먼저 부흥시의 스타트를 끊었다. 이후 부흥시에 전국에서 손님을 모으는 투어를 기획·운영해 간다.
마을상점주 등 경영자 자립을 지향하는 컨테이너 상점가 프로젝트	【협의체】 미나미산리쿠쵸상 점가부흥협의회 (南三陸町商店街 福興協議会)	-미나미산리쿄(산업진흥과) -야마우치 마사후미 -오이카와 젠유 -미우라 히로아키 -미나미산리쿠쵸 부흥시 실행위원회 -사회공헌공동체 (United Earth) -특정비영리활동법인 고베(harmony eye)협회	동일본대지진에 의해 괴멸적인 피해를 입은 미나미산리쿠의 "산업의 부흥·고용의 창출"을 향한 첫걸음으로서 가설 컨테이너 상점가를 건설하여 마을의 부흥과 발전을 지향해 간다.
이시노마키 후루사토(고향) 부흥협의회	【협의체】 이시노마키후루 사토 부흥협의회	-이시노마키 시(기획부 시민협동추진과) -특정비영리활동법인 이시노마키 스포츠진흥지원센터 -특정비영리활동법인 이시노마키 NPO센터 -이시노마키 상공회의소	가설주택의 커뮤니티 형성지원을 실시하고, 또한 피난소에서 가설주택으로 이사를 지원, 가설주택에서의 통원, 구매지원 등 피재자를 제2차 피난에서 평온한 생활환경을 되찾을 때까지 계속적으로 지원하고, 더불어 매력적인 협동사회의 형성에 이바지하는 활동을 실시한다.

출처: 미야기 현 자료

새로운 공공장소를 만들기 위한 모델 사업(재해부흥긴급사업)의 채택 목록(표 2)을 보면 히가시마츠야마시(東松島市)가 신청한 것처럼 3·11 발생 이전의 제도(틀)를 바탕으로 한 제안도 있었지만 외부의 힘을 얻어 신청한 제안도 있었다.[13] 특히 원래 NPO가 없었으며 청사의 유실로 인해 직원의 인력 부족이 심각하였던 미나미산리쿠쵸(南三陸町)에서 재해 직후임에도 불구하고 제안이 나온 것은 현 외에서 재해지 지원에 나선 사회공헌공동체 유나이티드어스(United Earth)와 고베국제하모니아이즈협회의 협력이 있었기 때문이다. 신청 서류의 형식이나 내용은 매우 세련되었고 과거의 경험에 입각한 제안이었으며, 재해로 인해 복구 업무에 쫓기고 있는 마을이나 신청서를 작성한 적이 없는 일반 주민들이 쓸 수 있는 수준의 것이 아니었다.

필자의 공청회 경험에 따르면 지연 조직이 비교적 강하였던 지역의 '동사무소'나 '사무원'들은 외지인으로 생각하는 NPO나 학자들을 싫어하는 경향이 있다. 신뢰를 받지 못한 외부 방문객들은 지역의 권력 구조에 있어서 도전자로 비치기 때문이다. 보통 지역주민의 추천이나 저명한 인사가 아니면 신뢰를 얻기 위해 몇 번씩이고 방문할 필요가 있다. 바꿔 말하면, 지역에는 쉽사리 열리지 않는 문이 존재하기 때문에 '신뢰'나 '공감'을 도출해 낼 수 있는 열쇠를 얻지 못한다면 쉽게 안으로 들어 갈 수 없다는 것이다.[14]

---

13 처음부터 정보망 두절 등의 이유로 공모 자체를 몰랐다는 단체도 많았다. 가령 추가 모집에서 채택된 단체의 한 임원은 "재해부흥 긴급사업(災害復興緊急事業) 모집이 있다는 사실을 알았을 때는 이미 마감 시기가 지난 후였다"라고 지적한다.

14 필자는 동일본대지진의 재해지 곳곳에서 공청회를 열었는데, 재해자들이나 재해 발생 자치단체 직원 몇 명에게 "교수님은 '지진의 진동을 센다이에 경험하였으며' 또한 '도호쿠대학' 소속이므로 공청회를 해도 좋습니다"라고 들은 적이 있다.

그렇다면 왜 사회공헌공동체 유나이티드어스와 고베국제하모니아이즈협회는 단기간임에도 불구하고 미나미산리쿠 마을과 사업제안을 미야기 현에 신청할 수 있었을까? 물론 그 비결은 재해지 지원으로 신뢰를 얻은 것도 큰 이유일 것이다. 또한 한신·아와지대지진 이후 쌓아 온 노하우를 가지고 있던 것도 큰 이유일 것이다. 그러나 무엇보다 가장 큰 계기는 막대한 피해를 입은 미나미 산리쿠 마을이 외지인을 배제하지 않았고 "지푸라기라도 잡는 심정"일 정도로 다급한 상황이었기 때문일 것이다.

복구·부흥을 추진하기 위한 재원을 모아야 하는 동사무소로서는 그 노하우를 가지고 있는 단체와 협동은 시기적절하고 반드시 필요하다. 빨리 일을 재개하고 싶은 현지 상인들에게도 제안이 통과된다면 복구의 발판을 마련할 수 있기 때문이다. 그러한 혜택(예타[15])이 성립되기 때문에 제안을 할 수 있었던 것이다. 다만 협의체에 참여하는 NPO 법인 측에도 장점이 있다는 점에 대해서도 알 필요가 있다. NPO 법인도 기업처럼 자신들의 조직의 존속을 희망하는 존재로 정의 내린다면 그들이 자리를 잡고 지원 활동을 하기 위해서는 하나의 거점이 필요하고, 또 활동 재원을 확보할 환경이 마련되어야 한다.

재해 자치단체와 협동하는 목적은 다음과 같다.

① '지원 확보에 따른 활동 재원의 확보' 개행할 것
② 단체의 평판을 높일 수 있으며
③ 기부금을 쉽게 모을 수 있는 효과도 발생한다.

---

15 〈예비타당성조사〉의 줄임말로 정부의 재정지원이 포함되는 대규모 신규 사업에 대해 경제성, 재원조달 방법 등을 검토해 사업성을 판단하는 절차이다._역자주

특히 미나미 산리쿠 마을은 리쿠젠타카타시(陸前高田市)나 오오츠치쵸(大槌町)와 함께 마을 청사가 쓰나미로 떠내려 가면서 재해지의 대명사가 되었기에 이곳에서 활동하는 선전 효과는 더욱 커진다.[16] 그뿐 아니라 가까운 장래에 '난카이(南海트로프)'를 진원으로 하는 대규모 지진이 예상되는 가운데 이러한 협동 사례(모델)는 다음 재해에 대한 노하우 축적을 가능하게 한다. 여기서 성공 체험을 얻는 것은 장래의 활동으로 이어지는 것이다.

2-3. 재해부흥 긴급사업의 교훈

미야기 현 새로운 공공 지원사업 운영위원회는 모델 사업을 4회(제2차부터 제5차)정도 모집하였고, NPO 등 지원 위탁사업은 3회(제2차부터 제4차) 모집하였다. 또한 2011년도에 채택된 사업 중에는 2012년도에도 사업을 유지하는 협의회 모집도 실시하였다. 지원사업의 심사에서 가장 힘들었던 것은 제4차 모집이었다. 제4차 모집은 2011년 11월 21일에 제정된 2011년도 제3차 보정 예산 8.8억 엔이 재해발생지 3현의 새로운 공공 지원사업의 기금으로 증가됨에 따라 이루어진 것이다. 재해지의 복구·부흥에 이바지 하고자 하는 목적에서 열린 이러한 조치는 모집 요건에서 일부 완화된 것도 있으며, 이전의 모집과는 비교할 수 없을 정도로 많은 응모가 있었다.[17]

---

16 또한 이 협의체에 자금 등을 기부하는 기업에게도 메리트가 있다. 예를 들어 기업 이미지 향상으로 이어지기 때문이다.

17 전국에서 여러 기획 제안이 모였고, 미야기 현에서는 50건 가까운 신청이 들어왔다(후쿠시마 현에서는 100건 이상이었다). 이로 인해 제4차 모집의 심사에 필

제1차부터 제5차까지의 응모 서류를 심사하면서 필자가 느낀 점을 정리하면 다음과 같다.

우선 응모에 대해 말하자면 미야기 현의 응모 상황은 '북고남저'[18]였다. 이 결과는 산리쿠 연안(미야기 현 북부 연안부)이 쓰나미에 의해 큰 피해를 본 것과 관련이 있다. 산리쿠 연안을 활동 범위로 하는 응모안의 대부분은 쓰나미로 인해 가설주택에 입주하게 된 사람들을 지원하는 것을 목적으로 하는 것이었다.

응모 전체를 봤을 때 대체로

① 지원사업을 계기로 영구적(恒久化) 단체를 목표로 하는 것
② 지원을 계속하는 것을 목적으로 한시적(時限的) 성격이 강한 것

으로 크게 구분할 수 있다.

①에 해당하는 요구는 재해자 지원이 종료된 뒤의 전개가 (미약하더라도) 심사 위원도 확인이 가능한 것이지만 ②에 해당하는 요구는 재해지 자금원(原資)이 부족해 신청한 경우가 많았다. 물론 다가서는 것을 목적으로 하고, 실제 복구-부흥이 종료될까지만 그 틀을 유지한다고 명백한 입장을 밝히는 신청도 있었다. 하지만 ②에 해당하는 신청은 원거리에서 지원에 나선 단체의 여비를 확보하기 위한 신청이나 재해자들이 스스로 활동하는 현(도호쿠 서부)에 같이 합류하기 위한 지원을 얻기 위한 신청 등 활동 자금이 고갈되었기 때문에 이를 어떻게든

자를 포함한 위원들은 꽤 많은 시간을 보내게 되었다.

18　'헤이세이 대합병'으로 미야기 현의 진척 상황과도 묘하게 일치한다. 미야기 현에서는 현 북부의 시정촌의 대다수가 합병되었으며 센다이 이남은 합병이 하나도 없었다.

조달하고 싶다는 의도가 엿보이는 제안도 있었다(미야기 현 내에서 새로운 공공의 장을 만든다는 의지가 전혀 느껴지지 않는 제안도 있었다).

또한 재해민들을 고용하는 것이 아니라 협의회에 참여하고 있는 NPO 법인 직원들의 인건비나 경비를 떠넘기고자 하는 목적의 신청도 있었다. 과거의 활동 실적이 거의 없는 단체 중에는 "새로 사업을 시작하겠다"[19]는 목적을 위해 신청하였다고 밖에 볼 수 없는 단체도 있었다.

심사 과정에서는 좋은 기획이지만 기술적으로 미숙하거나 회계 등 조직 체제 미비 등이 지적되어 첫 신청에서는 채택되지 않아 수정을 통해 다시 채택된 제안도 있었다. 이와 같은 응모의 대부분은 3·11 발생 후에 NPO 법인이나 임의 단체를 만든 곳의 제안이었다. 기획 제안형의 지원 신청인 경우 신청서의 문장이나 조직 체제를 보면 신청서를 써 본 적이 있는지 없는지의 차이를 알 수 있다. 실제로 이번 심사를 통해 '열정'이나 '조직 관리'라는 두 요소를 동시에 만족시키지 못한다면 이러한 지원·보조를 받을 수 없다는 것을 절실히 느낄 수 있었다.

3. 재해지에서 느낀 '새로운 공공' 지원사업의 한계

위원을 하면서 느꼈던 새로운 공공 지원사업의 한계에 대해 몇 가지 지적하고자 한다.

---

19 모델 사업에 채택된 어떤 협의회·단체 관계자에 의한 표현이다.

앞에서 "미야기 현 내에서의 새로운 공공장소 만들기"라는 취지와 동떨어진 안을 신청한 협의회·단체에 대해 소개한 바 있다. 이러한 협의회·단체를 가리켜 '교활한 단체'라고 평가할 수도 있지만 한편으로 다른 시각도 있다. "그렇게라도 해서 활동자금을 확보할 수밖에 없는 상황에 처한 곳이 비영리단체"라고 볼 수 있을 것이다. 후술하겠지만 단순히 "'열정'만으로는 장기적으로 재해지 지원을 할 수 없다"는 것이 현실이다. 또한 기부하기 쉬운 환경을 갖추고 있다고는 하지만 서양과 같은 '기부문화'가 일본에서도 성숙하게 자리 잡기 위해서는 많은 시간이 걸릴 것이다(어쩌면 안 될 지도 모른다). 재해지에서도 NPO 법인 등의 지원 단체들이 한정된 지원·보조 획득을 놓고 경쟁하고 있는 실정이다.[20]

NPO 법인도 지방자치단체처럼[21] "한정된 예산을 요구하고 경쟁"하는 존재로 파악한다면 NPO 법인이 갖고 있는 자원(예를 들어 구성원의 인원 수, 과거의 실적, 풍부한 노하우, 조직 체제)의 차이가 조성·보조를 획득하기 위한 우열로 이어진다는 것은 쉽게 상상할 수 있는 부분이다. 즉 비교적 이른 시기에 성립된 'NPO 등'은 과거의 실적과 노하우의 축적에 의해 조성·보조금을 받기 쉬우며, 또한 서류를 쓸 능력이 있는 자를 배치한 단체는 지원 받기가 쉬울 것이다. 왜냐하면 기획

---

20 볼런티어와 기부에만 의지하기 어려운 환경에서 NPO가 행정 의존을 높인 결과 그것이 "NPO가 행정의 하도급화 되고 있다"는 우려를 낳고 있다는 지적도 가능하다. 또한 행정과 NPO가 의식 차원에서 대등하지 않다는 배경도 여기에 있는 것 같다. 田中弥生, 『NPO가 자립하는 날-행정의 하도급화에는 미래가 없다』, 일본 평론사, 2006; 辻中豊·坂本治也·山本英弘, 『현대 일본의 NPO 정치』, 木鐸社, 2012년.

21 村松岐夫, 『지방자치』, 도쿄대학출판회, 1988년.

의 우열을 가리기 위해 과거의 경험이나 실적이 반영되기 쉽고, 또한 심사하는 행정 쪽도 공금을 적절하게 사용한다고 생각하기 때문에 아무래도 과거 실적이 있는 '확실한 NPO 등'의 제안을 기대하기 쉽다. 이러한 사실은 새로운 공공 사업의 담당자를 기획 신청 방식으로 창출해 간다는 것에 대한 한계를 보여준다.[22]

한신·아와지대지진으로부터 벌써 20년 가까이 지났다. 한신·아와지대지진 직후 얼마 지나지 않아 구성된 NPO 법인이나 공익 법인 등은 수많은 경험들을 쌓고, 그 노하우를 축적해 왔다. 앞에서 언급하였던 미나미산리쿠쵸 마을 상점가부흥협의회에서 나온 제안은 고베에 거점을 둔 단체들이 쌓은 경험과 노하우를 기초로 하고 있다. 1990년대 후반에 만들어진 단체는 이미 출발점을 지나 현재 달리고 있지만 동일본대지진을 계기로 설립된 단체는 겨우 출발선상에 섰을 뿐이다. 노련한 지혜를 겸비한 사람이 없는 한 후자의 재해지는 물리적 차원에 치중하는 '힘의 지원'에 그치게 될 것이다. 그러나 전자는 과거의 경험에서 나오는 '지혜의 지원'도 가능하다. 후자를 키운다고 생각하더라도 전자 쪽이 재해지에 있어서는 더 도움이 된다. 여기에는 한 가지 딜레마가 있다. 재해자 지원을 우선시 한다면 결국 먼저 앞을 달리고 있는 'NPO 등'에게 의탁할 수밖에 없다. 그 결과 전자와 후자의 거리는 좁혀지기는 커녕 오히려 더 벌어질 것이다.

---

22 새로운 공공에 관한 일련의 정책에는 행정이 대응할 수 없는 부분의 보충을 NPO에게 기대하는 분위기이며, 이들의 정책이 진행되어도 그것이 NPO 영역의 성장으로 이어진다고 볼 수 없다는 비판도 있다. 田中弥生, 『시민 사회 정책론 -3·11 후의 정부·NPO·볼런티어 활동을 생각하면서…』, 明石書店, 2011년; 原田晃樹·藤井敦史·松井真理子, 『NPO 재구축의 길 파트너십을 지탱하는 구조』, 勁草書房, 2010년.

동일본대지진의 재해지역은 워낙 광범위하여 이번 새로운 공공 지원사업 같은 틀을 통해서도 담당자들은 많은 경험이 될 것이다. 기존의 NPO 법인 등 만으로는 커버할 수 없을 정도로 많은 재해민들이 있으며 열정만으로도 조직을 만들어 갈 수 있는 여지가 있기 때문이다. 그러나 앞으로는 "예산만 잘 분배하면 새로운 공공 사업의 담당자가 배출 될" 가능성은 점점 줄어들 것이며 "재해가 발생하면 새로운 공공 사업의 담당자가 탄생하게 되는 것"도 이제는 사라지지 않을까 생각된다. (대규모 재해라면 다른 이야기겠지만…) 왜냐하면 개방적인 공모 방식으로 지원사업을 하는 한 경험이 많은 선행 단체들이 유리하기 때문이다.[23]

아무래도 이제 비영리 단체의 섹터를 정리하는 것만으로는 충분하지 않은 시대가 되고 있다. 필자는 비영리 단체 간에 생존을 위한 경쟁이나 행정적 합의를 보는 것이 복구·부흥 르포세스에서 의미가 있지 않을까라고 생각된다.

---

23 좋은 결과를 낸 단체가 몇 번이나 지원을 받는 사례(구도)는 여러 분야에서 볼 수 있다. 행정이 실패를 두려워하면 두려워할수록 "성과를 내면 지원을 받고, 그 지원을 바탕으로 또 다시 지원을 받는" 방식의 사이클은 더욱 강화될 것이라 생각된다. 이러한 일의 배경에는 설명 책임을 엄격히 요구하기 때문에 지원해 주는 측(행정)이 도전적인 단체를 지원할 수 없는 구도가 있는 것이라 생각된다.

제8장

'이웃의 힘'의 의한 재해 복구와 부흥

가와무라 가즈노리

1. 변함없는 풍경, 변해가는 피해자 지원

 동일본대지진 발생으로부터 2013년 현재 센다이항 주변과 같이 재해 이전의 모습으로 되돌아 온 곳도 있지만 휩쓸려 간 오쓰치쵸 관공서 주변(사진 1)과 같이 재해 직후의 모습이 그대로인 곳도 있어 부흥격차의 모습이 눈에 띈다. 풍경변화가 없다고 해서 "부흥이 늦어지고 있다"는 의미가 아니기 때문에 그것으로 정치를 비판하는 것은 올바르지 않다. 건축 제한으로 규제가 걸려있는 부분도 있고, 또한 인프라 복구공사 인력 부족이 영향을 주고 있는 요인도 있기 때문이다. 이러한 상황을 감안하면 2년이 입주 한도인 긴급 가설주택 피해자의 퇴거일은 언제가 될지 예상 할 수 없고, 사실 부흥주택의 건설이 진행되지 않은 경우도 있어서 긴급 가설주택의 운용은 2년에서 연장된 것이었다.

긴급 가설주택단지에 여러 차례 발걸음을 하면서 한 가지 변화를 느낀다. 그것은 지진 후부터 지속적으로 피해지역에 방문해 온 NPO 법인이나 자원봉사단체의 숫자가 점차 줄어 들고 있다는 점이다. 뜨거운 열정으로 달려온 단체들이 쓰나미 연안부의 복구·부흥의 한 부분을 담당해 왔으나 먼 지방 본거지와 재해지역 사이를 여러 번 왕복하였던 단체를 중심으로 점차적으로 철수하기 시작하였다.[1] 본인들의 활동이 일단락되었다고 철수를 결정한 단체도 있지만 재해피해에 대한 현상이해의 풍화 등으로 재해지에서 활동할 수 있는 자원을 모으는 것이 어려워져 "철수할 수밖에 없게 되었다"고 하는 단체가 많았다.

2012년 동일본대지진의 부흥에 관한 NPO 등(넓은 의미 NPO) 실태조사를 미야기 현이 실시하였기 때문에[2] 그 자료를 토대로 지원단체의 철수에 대해 우선 고려해 보고자 한다.

---

1 또한 철수한 NPO법인이나 재해 자원봉사자와의 인연을 지속시키는 구조 만들기는 중요하다, 예를 들어 이와테 미야기 내륙 지진 발생 후 구리하라 시는 시민참여형 자원봉사단체 '구리하라 향상조직'에 가세해 시민 이외의 사람들에 의한 고향 응원단 '구리하라를 빛내는 조직'을 조직화 하였다. 이 '구리하라를 빛내는 조직'은 동일본대지진 때도 기능하였다. 또한 나가오카 시 야마고시지역에서는 쥬에츠지진 재해 자원봉사를 제설 자원봉사자로 이행시키는 노력을 실시하고 있다. 나가오카 시청 지역진흥전략부 편집, 『니가타현쥬에츠대지진 나가오카 시의 창조적 부흥』, 나가오카 시.
2 미야기 현 공동참여과 자료. 조사 대상은 연안부 15시정(게센누마 시·미나미산리쿠초·오나가와초·이시노마키 시·히가시마쓰시마 시·마쓰시마마치·시치가하마마치·다가죠 시·시오가마 시·리후쵸 시·센다이 시·나토리 시·이와누마 시·와타리초·야마모토초) 및 도메 시 총 16시정에서 활동하는 단체이다. 조사는 현 NPO 법인 이외에 16시정 관공서, 자원봉사센터와 피해지역의 NPO 등의 연락조정의 역할을 담당하고 있는 단체 등으로부터 얻은 정보를 기초로 확인된 약 1,800 단체에 조사표를 배포하여 이루어졌다. 회수 수는 568, 회수율은 31.6%이다.

(사진 1) 오오쓰치쵸 관공서 주변 모습
출처: 2012년 11월 29일 사진 촬영

2. 미야기 현 조사결과에 보이는 지원 단체의 곤궁

(그림 1)은 2012년 1월 현재 미야기 현에서 지원활동을 하던 단체 중 조사에 대한 답변을 한 단체의 조직형태의 비율이다. NPO 법인과 지진으로 인해 생겨난 자원봉사자에 의한 임의단체가 회답 단체의 거의 3/4을 차지한다. 현 내·외의 내역은 현 외 단체가 183(40.0%)으로, 그 대부분은 관동을 거점으로 하는 단체이다(114단체, 62.3%). 회답 단체의 활동 내용(복수 응답)으로는 답변이 많은 순서에 "살롱 활동(쉼터 만들기, 개최 등의 기획운영 등)"이 208(응답률 45.4%), "물자 제공"이 172(동 37.6%), "가설주택에 대한 생활지원"이 138(동 30.1%), "피해지역에서 활동하는 단체의 후방 지원"이 131(동 28.7%)로 되어 있다. "아이 돌봄이나 놀이 상대 학습지원 등"도 많다

(115단체, 회답률 25.1%).

이 조사에서는 현 외 활동 지원단체의 활동 예정기간에 대해서도 질문을 하였다. 현 밖으로의 지원단체 183개 중 2012년 3월까지의 단체가 21개 단체(11.5%), 2012년 12월까지 13개 단체(7.1%), 2013년 12월까지 27개 단체(14.8%), 그 이후 예정이 27개 단체(14.8%), 미정 등이 가장 많은 95개 단체(51.9%)로 되어 있다. 이 결과에서 목표를 정해놓고 피해지역에서 활동하고 있는 단체가 적지 않았고, 복구·부흥이 장기화되기 때문에 완료 설정이 정해지지 않은 현 이외의 지원 단체도 많은[3] 것을 알 수 있다.

그런데 이들 단체는 지진발생 후 대략 1년(2012년 1월까지) 동안 지원활동에 얼마나 비용을 썼던 것일까. 이에 대한 답변을 정리한 것이 (그림 2)이다. 100만 엔 이상을 지원에 쓴 단체가 절반을 넘고, 지원단체의 지출 규모가 자비의 영역을 넘어선 것을 통계에서도 알 수 있다. 반대로 말하면 지원활동에는 자금이 필요하고, 피해지역에서 지원을 계속하기 위해서는 "어떻게든 활동 자금을 만들어 내는 노하우가 없으면 지속할 수 없는 것이 현실"이라는 것이다. '열정'만으로는 지원을 계속할 수 없는 것은 분명하며, 자유 회답을 보더라도 150개 단체가 피해지역에서 지원활동의 우려사항을 활동 자금의 부족이라고 대답하고 있다. 이렇게 보면 복구·부흥이 장기화하는 가운데 피해지역 지원활동을 계속하는 것은 쉬운 일이 아니라 "장거리 이동이 요구되는 단체"일수록 또는 "재원확보를 할 수 없는 단체"일수록 어쩔 수 없이 철수하게 된다. 이것은 어쩔 수 없을지도 모른다. 또한 재해지의 기

---

3 "희망이 보이지 않고 곤혹스럽다"고도 해석 할 수 있다.

억이 풍화하는 가운데 "활동 재원을 기부에 의존하고, 피해지역의 행정과의 연계가 부족한 단체"일수록 철수하지 않을 수 없는 것은 당연한 결과일 것이다.

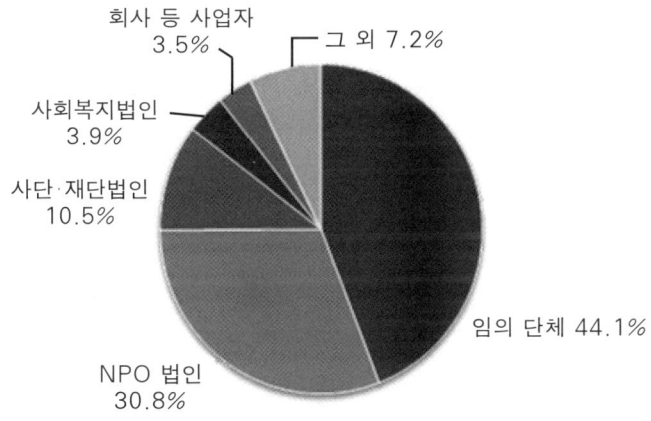

(그림 1) 미야기 현 조사 지원활동단체의 조직형태 비율

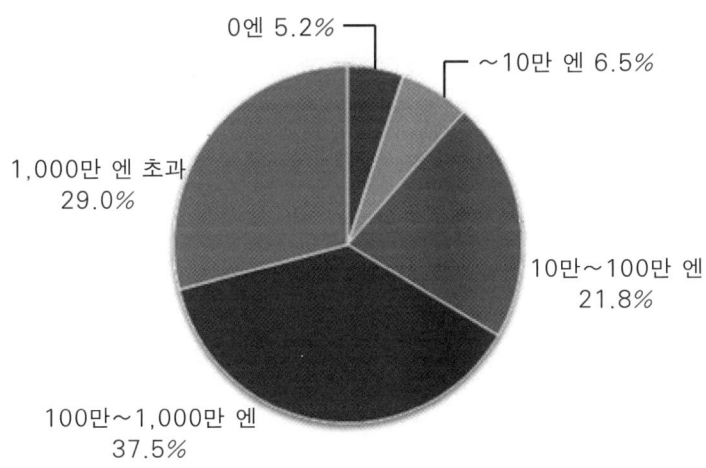

(그림 2) 지원단체의 지출규모 비율

제8장 '이웃의 힘'의 의한 재해 복구와 부흥 | 179

지진발생으로부터 2년이 지나 현 외 지원단체의 철수가 진행되는 가운데 쓰나미 침수지역에서의 복구·부흥 포인트는 가설주택에서 결성된 자치회나 부흥주택이 들어설 지역의 반상회(地緣)가 어디까지 복구·부흥의 한 부분을 담당하느냐에 달려있는 것은 아닐까 싶다. '이웃의 힘'이 요구되는 단계에 진입하는 것이다.

본 장에서는 앞으로 '이웃의 힘'으로 복구·부흥을 추진하는 데 문제가 되는 점에 대해 생각해 보고자 한다.

3. '이웃의 힘'에 의한 복구·부흥과제

3-1. '부흥의 일임'에 대한 위기

지방자치는 국가와는 다른 조직에서 자치를 실시하는 '단체자치'의 생각과 주민 스스로의 손으로 지역을 발전시키고자 하는 '주민자치'로 구성되어 있다. 지역주민이 복구·부흥의 주역이 되어가는 변화는 피해지가 지방자치의 기능을 되찾아 가는 과정으로 간주할 수도 있다. 그러나 지연조직이 중심이 된 복구·부흥은 주의하지 않으면 즉, 단편일률적이고 비자발적 부흥에 빠질 가능성도 내포하고 있다. '올바른 부흥' 여부를 측정하는 바로미터는 인프라의 복구도 배제할 수 없는 부분이겠지만 더욱 중요한 점은 '사람이 얼마나 성장하였는가'가 아닐까. 부흥에 땀 흘리는 것은 행정뿐 주민의 주체성이 좀처럼 보이지 않는다고 하는 '부흥의 일임'으로는 과소화의 난제를 껴안고 있는 쓰나미 피해지역의 부흥이 위태로워지게 된다. "우리들의 마을은 우리 스스로 좋게 만들자"는 기개를 부흥과정을 통해 육성해 나가는 것이 중요하다.

도호쿠에는 줄곧 "커뮤니티가 남아 있다"고 언급되고 있지만 과소화와 고령화, 특히 젊은이의 유출로 지연조직을 지탱하는 인재가 손실되고 있어 어디까지나 도시와 비교하면 상대적으로 남아 있는 것에 지나지 않는다.[4] 동일본대지진은 도호쿠 지연(地緣)조직에 커다란 타격을 주어, 쓰나미 피해지역의 지연(地緣)조직 의욕과 자본력을 상당히 약화시켰다고 할 수 있다. 특히 낯선 사람이 서로 이웃이 된 가설주택단지에서 급조된 자치회에서는 주민들 중에 '당좌 조직'[5]이라는 감각이 있으며, 또한 회비를 지불할 여력이 없는 주민들도 많기 때문에 행정에 의존하기 쉽다. 또한 가설주택자치회에서는 NPO 법인·자원봉사단체가 지진 이후 극진히 지원해 주었기 때문에 "본인들이 땀을 흘리지 않아도 어떻게든 해 준다"라는 분위기가 있어 진재발생 이전의 주체성이 사라진 경우도 보인다. 그러한 분위기를 어떻게 불식하느냐가 현장의 과제이다.

다만 행정이 과도하게 성실히 부흥에 임하는 것도 '부흥의 일임'에 빠질 수 있으므로 주의가 필요하다. 행정이 부흥의 각 시책으로 비판받지 않도록 너무 조심하면 주민들의 주체성을 빼앗기 때문이다.

1990년대 이후 행·재정 개혁의 일환으로서 국가나 지방도 정책평가와 정보공개 등을 도입하여 낭비를 줄이기 위해 노력해 왔다. 현재

---

4 현대 일본의 자치회·반상회의 동향에 대해서는 츠지나카 등의 연구를 참조하면 된다. 辻中豊·ロバート·ペッカネン·山本英弘, 『現代日本の自治会·町内会』, 木鐸社, 2009년.

5 수표나 어음 지불을 위하여 넣어 두는 은행예금처럼 사전부흥 등 일정한 목적을 위한 조직을 뜻한다._역자 주

는 정책평가와 정보공개가 인식됨으로써 '비용 대비 효과'라는 시점을 공유하도록 되어 있다. 정책평가의 도입에는 "세금을 소중하게 사용해 달라"는 마음이 담겨 있지만, 행정의 시선에서는 "세금을 소중하게 사용하지 않으면 비난의 표적이 되기 때문에 곤란하다"가 된다. 이 의식에 강하게 묶여 "비판 받고 싶지 않다"고 행정이 생각하면 위험요소가 있는 '민감한 부흥계획'은 좀처럼 받아 들여지지 않게 된다. 재해지에서 들려오는 "우리 주민들이 요구사항이나 제안을 내놓아도 행정이 좀처럼 들어 주지 않는다"는 하소연의 배경에는 이러한 행정상의 어려움이 있다.

또한 행정이 주민에게 맡긴다고 하면서 그 활동에 지나치게 참견하기도 한다. "돈을 지불하지만 참견도 한다"는 상황이다.[6] 행정에서 보면 부적절한 회계가 이루어져 지원(조성)비용 등의 반환 명령이 나오는 것이 두렵다. 사실 이와테 현 야마다초에서는 긴급 고용창출사업을 위탁한 NPO 법인 'Daisetu-River-Net'이 허술한 운영관리를 하여 문제가 되고 있으며,[7] 발주한 야마다초는 비난의 표적이 되고 있다. "NPO 등을 신뢰하고 맡기고 싶지만 맡겨서 문제를 일으키면 곤란하다"라는 행정의 발상을 이해 못하는 것은 아니지만 지나치게 구속해 버리면 주민의 자주성이 육성되지 않으며, 무엇보다 행정의 부담이 커진다. 여기에 딜레마가 있다.

6　공무원이 실패하고 싶지 않다고 생각하기 쉽게때문에 실적이 있는 단체가 지원을 받기 쉬워진다. 왜냐하면 재해 후에 열정으로 나선 단체의 도전적인 제안은 위험을 동반하기 때문이다. 즉 '서류 작성이 가능한 단체'가 아무래도 설정되기 쉬워 결과적으로 특정 단체에 (지원)조성이 집중되어 버리는 것이다.

7　『가호쿠신포』 2013년 2월 7일.

3-2. 자치회장의 분투에 보답할 수 없는 상황

많은 주민들이 피해를 입은 지자체는 행정 인력이 압도적으로 부족하기에, 가설주택주민의 자치력에 거꾸로 의지하지 않으면 안 된다는 곳도 있다. 행정이 주민조직에 의존하는 구도는 주민의 자율성을 존중하는 좋은 시도로 보인다. 그러나 사실 이것은 나름의 폐해가 있다. 바로 자치회장을 비롯한 임원에게 과도한 부담을 주는 폐해이다.

이시노마키 시의 사례가 좋은 예이다. 이시노마키 시는 3·11 대지진으로 가장 큰 피해를 입은 지자체 중 하나이며, 그곳에서 만들어진 가설주택단지는 137, 입주 세대는 7,114세대, 입주자는 16,768명이나 된다.[8] 이시노마키 시의 가설주택에서 피해지 최대 규모의 가설주택집단 내 발생하는 과제를 극복하기 위해 많은 가설단지에 만들어진 지연조직이며, 인력 부족에 빠진 이시노마키 시가 원해서 만들어진 조직이기도 하다(제9장 참조).

이시노마키 시에서는 가설주택의 입주는 마을단위가 아니라 추첨으로 입주자를 결정하는 방식이 채택된 결과[9] 많은 가설주택의 자치회는 '낯선 이웃' 상태에서 발족이 되었다. 따라서 본인도 피해자인 각 자치회장의 부담은 매우 무거웠다. 인간관계가 처음부터 시작되기 때

---

8   2012년 7월 1일 현재의 데이터, 출처는 이시노마키 가설주택자치연합회 자료.

9   추첨으로 입주자를 결정해야 하는가, 그 판단은 어렵다. 또한 보호가 필요한 사람을 우선하면 보호가 필요한 사람만 거주하는 단지가 되어버림으로써 인간관계가 어색할 수도 있다. 한신·아와지대지진에서도 입주자의 결정은 큰 문제였지만 대답은 간단히 나올 것 같지 않다. 시바타 다카노부, "긴급 가설주택의 건설과 운영 긴급 가설주택의 입주", 효고지진 재해기념 21세기 연구기구 재해대책전서 편집기획위원회, 『재해 대책전서2 긴급대응』, 교세이, pp.284~285.

문에 조직 만들기가 어렵고, 가설주택 특유의 문제처리도 그들은 짊어 질 수밖에 없었다. 예를 들어 "고독사가 발생하지 않기 위한 배려"를 시작으로 "이웃집 소음에 대한 대응"과 "분리수거, 노상 주차에 대한 불만 제기" 등 다양한 대응을 해야 하였다.[10] 또한 행정이나 경찰, 사회복지협의회(사협)와 업자와 사이를 중계해야 하였다.[11] 큰 자치회의 회장이라도 되면 아침부터 밤까지 휴대전화가 울리는 경우도 자주 있었다. 활동에 드는 비용 대부분이 자기 부담이며, "한 달 휴대전화 요금이 몇 만엔이다"라고 하는 사람도 있었다고 한다. 자치회장을 맡게 된 아이를 키워야 할 세대 가운데는 "연금이 없어서 취업활동을 해야 하는데, 자치회 주민의 자치회 주민들을 위해 대응(행동)해야 하기 때문에 취업활동도 제대로 되지 않는다"는 사람도 있었다.[12] 가설 주민을 위한 공공재를 지속적으로 제공하고 있는 자치회장의 재취업이 뒷전이 되는 것 뿐만 아니라 그들의 비용조차 변제할 수 없는 상황에서 "이웃의 힘을 결집하고 부흥에 종사하라"고 하는 것은 가혹하다. 이런 상태라면 자치회장이 되려는 사람이 없어지게 된다.

---

10 법률적인 문제로 발전한 경우도 적지 않았다고 한다. 실제 법률적 분쟁이 있었고, 많은 변호사가 피해지역에 들어가 지원을 실시하였다. 법률가의 재해지 지원 내용에 대해서는 예를 들어 다음 문헌을 참조하면 된다. 아키야마 야스히로·가와사키 켄이치로·스기오카 아사코·야마노메 아키오(편), 『별책 법학 세미나 3·11대지진 생활의 재생과 법률가의 업무』, 일본평론사, 2012년.

11 이시노마키 시의 자치회 회장의 모습은 『아사히신문』 2013년 1월 27일에도 소개되고 있다.

12 히가시마쓰시마 시의 상세한 대처는 니카와 다쓰로, "부흥계획의 거버넌스-히가시마쓰시마 시의 대처에서", 『거버넌스』 2012년 3월호, 2012년, pp.33~35를 참조할 것.

4. 지연조직이 복구·부흥의 일익이 되기 위해서는

피해자이기도 한 이시노마키의 가설주택자치회의 회장들은 지역을 위해 열심히 노력하고 있다. 그러나 그 노력이 충분히 보상되는 구조가 검토되고 있는가 하면 실상은 그렇지 않다.

다만 피해 지자체 중에는 지역 NPO와 연계를 도모하면서 자치회 리더의 부담을 경감하기 위한 대책을 강구하고 있는 곳도 있다. 여기서 이시노마키 시와 마찬가지로 쓰나미에 의해 해안부가 커다란 피해를 입은 히가시마쓰시마 시의 사례를 소개한다.

4-1. 히가시마쓰시마 시 재난 대응의 교훈

이시노마키 시에 인접한 히가시마쓰시마 시는 '헤이세이 대합병'에 의해 도시가 발족하고 나서 추진해 온 지역조성의 구조를 복구·부흥에 응용함으로써 복구·부흥을 진행하고 있다. 예를 들어 지진 직후 2011년 6월에 미야기 현이 모집한 "미야기 현 새로운 공공장소 조성을 위한 시범사업(재해 복구 긴급사업)"에 피해 직후 협의체를 형성하고 응모하여 지원을 얻을 수 있었던 점에서도 엿볼 수 있다(제4장 참조).[13] 히가시마쓰시마 시(시 총무부 시민협동과)는 NPO 법인인 히가시마쓰시마 마을조성응원단[14]과 이시노마키 NPO센터, 히가시마쓰시마 시

---

13 http://www.pref.miyagi.jp/soshiki/kyosha/bosyu01-saiyokekka.html (검색일: 2013년 2월 20일)

14 주 활동 단체인 히가시마쓰시마 마을조성응원단의 개시정보는 하기 URL에서 열람 가능하다. http://www.pref.miyagi.jp/uploaded/attachment/7805.pdf (검색일:

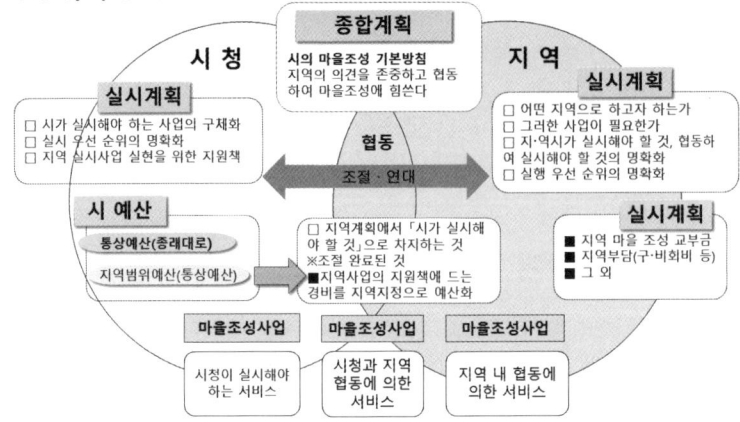

(그림 3) 히가시마쓰시마 시 협동의 마을 조성
출처: 히가시마쓰시마 시 자료

상공회 등과 만든 '히가시마쓰시마 고향조성협의회'의 틀에서 히가시마쓰시마 부흥지원센터 사업을 신청하여 지원을 받았다. 히가시마쓰시마 부흥지원센터 사업은 "지역사회조직(지연단체), 시민활동단체(NPO), 자영업자(농림어업자·상공업자) 3자의 기존조직 재생과 신생조직의 설립을 위해 각각의 담당자가 되는 개인이나 난제에 대한 지원활동을 지속적으로 할 수 있는 환경조성을 실시한다"[15]는 사업이다. 특히 피해가 현저한 해안부(예를 들어 노비루지구)에 대한 지원을 의식한 사업이다.

이 히가시마쓰시마 고향조성협의회라는 틀은 사실 지진발생으로 급하게 생겨난 틀이 아니다. 이미 2007~2009년도에 농림수산성의 시

2013년 2월 20일).
15 협의회가 제출한 신청자료를 참조하였다.

범사업의 채택을 받은 틀이다. 기존의 틀을 복구·부흥사업의 응모에 연결할 수 있었던 것은 이미 과거의 성공경험(여기에서는 지원사업 수주)이 있었기 때문이다.

'헤이세이 대합병'으로 발족한 히가시마쓰시마 시는 발족 직후부터 (그림 3)과 같은 계획을 작성하여 협동의 마을조성방안을 정리하여 다양한 손을 써왔다.[16] 히가시마쓰시마 시가 작성한 전단지에 따르면 히가시마쓰시마 시의 2010년 4월까지 대처 사례는

① 마을조성 기본조례의 제정(2008년도)
② 지역자치조직의 육성(2009~2010년도)
③ 지역활동거점의 정비(공민관에서 시민센터로 이행, 2009~2010년)
④ 지역조성계획(2008년도~)

등이며, 이에 대응하여 청사 내 체제정비('협동의 마을조성 추진본부'의 설치나 지역 담당 직원제도의 배치, 지역조성 담당부서의 설치), 마이셀프카드 발행이라고 하는 행정 내 체제정비를 실시해 왔다.

히가시마쓰시마 시의 대처는 상당히 잘 체계화된 것이며, 지연조직도 행정구역이라는 틀을 유지하면서도 아이나 노인도 참여할 수 있는 거리를 고려하는 한편, 지역활동 거점으로서의 기능성을 의식한 '공민관'[17]의 지역을 마을조성을 진행하는 지역자치조직의 한 단위로 재설정하여(시내 8지구-야모토히가 시, 야모토니 시, 오마가리, 아카이, 오시

---

16 가와무라 가즈노리, 『미야기 현의 합병지자체의 사례를 중심으로 포스트 합병시대의 '광역행정'과 '주민자치'에 대해 생각한다』, 2011년 미야기 현 수탁연구, "시정촌의 광역행정에 관련된 조사연구", 연구성과 보고서, 2011년.
17 또한 공민관 시민센터로서 위치를 부여하여 지역활동 거점으로 삼는 동시에, 각 자치조직이 지정관리자가 되어 관리 운영시키고 있다(2009년도부터).

오, 오노, 노비루, 미야토), 이 공민관 단위 지역별로 마을조성계획을 추진하고, 각 협의회에서 원래 계획을 만들게 하여 지역주민의 아이디어를 담보(보증)하기 위해 교부금을 지급하는 구조를 준비해 왔다. 이미 이러한 경험이 있는 것은 상기와 같은 조성획득에 바로 연결되었다. 또한 쓰나미 피해를 입은 노비루지구에서는 기존의 노비루 마을조성협의회[18]를 기반으로 한 노비루지구 부흥협의회가 생겨나 고지대 이전에 대한 검토에 주민도 참여할 수 있게 되었다.

그러나 히가시마쓰시마 시의 방법은 히가시마쓰시마 시가 인구 4만 명 정도의 민첩성이 있는 지자체였기 때문에 가능한 일일지도 모른다. 탄력적인 운용이 어렵고, 또한 지연조직에 대한 주민들의 생각이 너무도 다양한 대규모 지자체에서는 히가시마쓰시마 시와 같은 틀을 적용하기는 어려울 것이다. 큰 지자체나 작은 지자체에서는 나름의 방식이 있고,[19] 작은 지자체는 만 명을 넘는 피해자가 발생한 경우 한계가 있다. 즉 이시노마키 시와 같은 규모에서 막대한 피해가 발생해 버리면 지자체 단독으로 아무리 사전에 대책을 강구하고 있었다고 해도 대응이 어렵다.[20]

---

18 2008년 4월에 일가족가입의 조직으로 발족.
19 도호쿠개발연구센터에 따르면 시정촌 합병 등을 계기로 지방지자체와 지역사회 조직적 관계는 변화해 왔으며, 그 유형은 ① 종래의 자치조직을 살린 '종래갱신형' ② 기존의 자치회 조직의 대표로 구성된 '대표연합형' ③ 자치조직을 묶는 '통합포괄형' ④ 새로운 자치조직을 만드는 '신설계층형' 그리고 ⑤ 조직의 '중층화'로 크게 구분할 수 있다고 한다. 지자체의 규모와 지리상의 특성, 주민의 기질과 문화 등을 고려하면 다양화 되는 것은 당연한 귀결일지도 모른다. 도호쿠개발연구센터(감수) 야마다 하루요시(편저), 『지역사회의 자립과 경영』, 교세이, 2006년.
20 그들의 활동을 위해 가설주택 주민에게 회비를 징수 해야 하는가에 대한 물음에

사전에 지자체 내에서 구조를 생각해 두는 동시에 국가가 법제도 등을 재검토할 필요가 있을 것으로 보인다.

4-2. 정치·행정이 할 수 있는 일은 무엇인가

동일본대지진 이후의 경위를 보고 알 수 있는 사실은 "현 외의 NPO 법인·자원봉사단체가 철수한 후 지연조직과 지역유지에 의해 설립된 NPO가 지역의 복구·부흥의 일익을 담당한다"고 하는 것이 이상적이지만 실제로 실행하기 위해서는 다양한 "정치·행정에 의한 장치"가 필요하다는 점이다. 복구·부흥과정에서 극히 작은 정치·행정의 힘이 불가결하다는 것은 한신·아와지대지진(효고 현, 고베 시)과 쥬에츠지진(나가오카 시)을 보면 명백하게 알 수 있다. 정치·행정 부분에 "어떻게든 해달라"로 시종일관하는 것이 아니라 "무엇을 할 수 있는가"를 생각하지 않으면 현실은 움직이지 않는 것이다. 특히 피해지역에서 NPO가 기능하지 않고 있는 지금, '이웃의 힘'으로 복구·부흥을 착수하는 것은 각 지역별 특성에 따라 대응해야 한다. 즉 독자적인 발상이나 창조적인 발상이 정치·행정에 요구된다.

그렇다면 지연조직이 부흥의 일익을 담당하는 정치·행정은 무엇이 가능한지 생각해 보고자 한다. 고려할 수 있는 하나의 방안은 지연조직에 그대로 조성(造成) 제도이다. 그러나 지연조직이 실제 조성을 받으려면 몇 가지 장애를 극복해야 한다. 특히 가장 큰 장애물은 "조성

는 가설주택 입주자의 대부분이 생활에 여력이 없다는 점을 감안하면 어려운 실정이다.

을 누가 어떤 형태로 실행하는가"이다. 현재 일본의 제도를 전제로 하면 피해지역에서 활동하는 단체에 대한 조성은 아무래도 국가와 지방지자체가 중심이며, 피해지 지자체에서는 아무래도 국가의 조성이 주가 된다.[21] 그러나 국가가 준비하고 있는 조성은 지연단체가 신청하기에는 부적합하다. 예를 들어 2013년도 예산안을 살펴보면 관련 조성으로[22] 내각부 소관의 "NPO 등의 운영력 강화를 통한 부흥지원사업"[23]과 총무성 소관의 "부흥지원자(員)제도" 등이 있다. 이것은 형식적으로는 넓은 의미의 NPO가 대상이 되지만 실질적으로는 좁은 의미의 NPO 밖에 손을 댈 수 없는 메뉴로 되어 있다. 열정은 있지만 관리운영체제가 느슨한 지연조직의 제안은 통할 리 만무하고, 처음부터 법인격이 없어서 조성의 주관처(텃밭)가 될 수 없다.

만일 지연조직이 사단법인 등의 법인격이 있다 하더라도 전담성이 높은 NPO 법인과 경쟁을 하여 조성을 차지할 수 있을 것이라는 보장

---

21 "민간기업이 주관해야 한다"라는 박상도 저혀 근거 없는 것은 아니지만 이윤을 목표로 하는 민간기업의 재해지 지원은 어디까지나 기업가치를 높이는 일환이라고 결론지어야 한다. 비영리단체도 처음에 언급한 바와 같이 현재 일본의 기부문화는 한계가 있어 중심이 되는 것은 어려울 것이다.

22 일본 부흥청 홈페이지를 참조하였다. http://www.reconstruction.go.jp/topics/20130206%20NPOyosan.pdf (검색일: 2013년 3월 29일)

23 이와 관련하여 미야기 현에서는 자금 부족으로 철수하는 지원단체가 적지 않기 때문에 그 단체를 위한 조성제도(미야기지역 부흥지원조성금)을 2013년도에 설립하였다. http://www.pref.miyagi.jp/site/hukkousien/miyagitiikihukkousienjyoseikin.html (검색일: 2013년 5월 23일) 보도에 따르면 미야기 현은 당초 1억 2000만 엔의 사업비를 확보해 4월 1일에 모집을 시작하였지만 151건, 신청 총액은 8억 7000만 엔이나 됐다. 이 결과는 복구·부흥이 진행되지 않는 한편 활동 재원의 확보가 점점 어려워지는 상황을 나타낸 것이라고 할 수 있다. 『가호쿠신포』 2013년 5월 23일.

은 없다. 평소에 조성신청을 하고 있는 단체나 서류작성에 익숙한 사람이 구성원에 없는 한 조성은 얻을 수 없다. 그것은 과거의 사례에서 알 수 있듯이, 이는 신청서류 작성가능 여부에 따라 복구·부흥 격차가 발생하는 것을 의미한다. 즉 현재 경쟁적 비용의 틀 안에서 '이웃의 힘'으로 복구·부흥이 어렵고, 별도의 방안을 마련하는 등 제도구축의 장기적인 전망도 시야에 넣어 정치·행정이 이루어질 필요가 있는 것이다.

사실 우리는 현행 틀에서 복구·부흥이 용이하지 않은 상황을 이미 경험하였다. 바로 한신·아와지대지진 때이다. 한신·아와지대지진에서는 NPO 법제의 필요성이 부각되어, NPO가 복구·부흥의 일익을 담당하는 환경이 갖추어졌다. 단 동일본대지진의 피해지는 센다이 시를 포함한 극히 일부를 제외하면 NPO는 그리 많지 않다. 또한 서일본만큼 활동재원을 모을 수 있는 환경이 아니다. 지연조직이 어느 정도 기능한 지역이 많기 때문에 NPO를 만들 동기가 부족하다. 동일본대지진은 그러한 취약 지역에서 일어 났기 때문에 지역 특성에 따른 제도를 정치·행정은 고려하지 않으면 안 된다.[24]

또 하나 정치·행정이 해야 할 일이 있다. 그것은 바로 미래를 향한 인재조성이다. 복구·부흥을 위한 예산이 적당히 사용되는 것은 바람직하지 않다. 그러나 정책평가를 엄밀하게 하고 행정이 세세하게 움직이는 복구·부흥으로는 인재가 성장하지 않는다. 정치는 행정에 대한 주도권을 발휘하여 NPO 법인이나 자원봉사, 지연조직에 도전하는 예

---

24 도호쿠의 행정에 의한 지역사회 지원은 이미 도호쿠개발연구센터 등을 통해 검토가 이루어지고 있다. 도호쿠개발연구센터(감수) 야마다 하루요시(편저), 『지역사회의 지원전략』, 교세이, 2007년.

산과 그렇지 않은 예산으로 나누어 미래를 향한 '파종(씨 뿌리기)'이 가능하도록 하는 것이 요구된다. 그러한 파종은 앞으로 일어날 것으로 알려져 있는 '난카이(南海) 트로프'를 진원으로 하는 지진(도카이·도난카이·난카이 대지진) 대책에도 이어질 것이다.

5. 결론-평상시 지역조성과 연속성

히가시마쓰시마 시의 사례에서 알 수 있듯이 평상시 지역조성계획의 유무가 복구·부흥의 일익을 지연조직이 담당할 수 있는가에 관련되어 있다는 점을 우리에게 일깨워 준다. 또한 복구·부흥속도에 차이가 나는 부흥격차의 요인 중 하나가 되는 것 또한 깨닫게 해 준다. 복구·부흥도 크게 보면 '지역조성'이며, 지역조성의 경험이 복구·부흥의 차이가 되는 것은 필연일지도 모른다.

필자는 호쿠리쿠건설 홍익회에 의한 "'호쿠리쿠지역의 활성화'에 판한 연구 조성사업 공동연구 프로젝트Ⅳ. 새로운 공공'에 의한 호쿠리쿠 지역조성의 조사연구"에 공동연구자로 참여한 바 있다. 쥬에츠지진의 복구·부흥과 관련된 공동연구 프로젝트였다.

쥬에츠지진 후 나가오카 시에서는 (그림 4)와 같은 개요로 부흥을 진행하고 있으며, 재원으로 니가타현쥬에츠대지진 부흥기금[25]을 설립

---

25 니가타현쥬에츠대지진 부흥기금은 기본재산 50억 엔, 운용자산 3000억 엔. 설치기간은 2005년 3월부터 2015년 2월까지 10년 간이다. 나가오카 시청 지역진흥전략부, 전게서. 또한 니가타현쥬에츠대지진 부흥기금은 운젠후겐산 분화재해, 한신·아와지대지진에 이어 창설된 부흥기금이다. 운용에 대해서는 다음 문헌 등

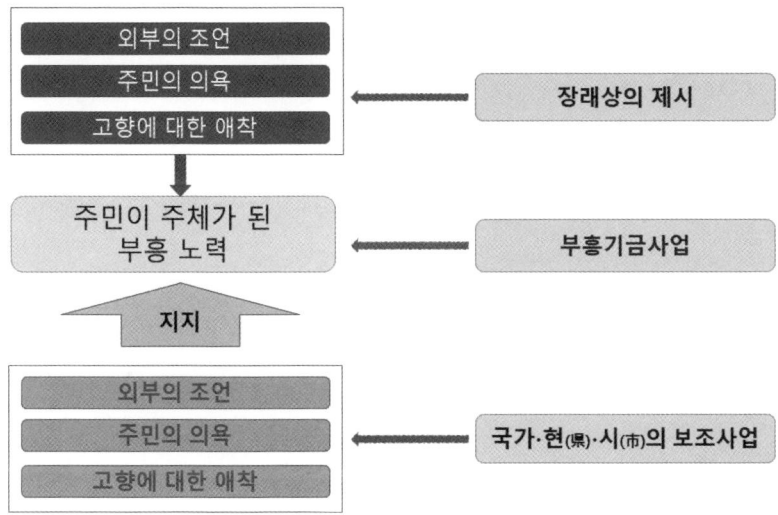

(그림 4) 나가오카 시의 부흥 개요
출처: 나가오카 시청 지역진흥전략부 편집 '니가타 현 쥬에츠대지진 나가오카 시의 창조적 부흥' 나가오카 시

하여 부흥대책을 장기적·안정적·기동적으로 대응할 수 있도록 노력해 왔다. 이러한 선진사례를 분석하여[26]

① 지역 차원에서 '외지인·젊은이·숙맥'의 의견을 들을 자세가 취해지고 있고[27]
② 준비한 주민과 주민조직이 지역의 특성을 충분히 이해하고, 관심이 거의 없는 주민을 끌어 들이는 방안을 취할 수 있으며

을 참조하였다. 우라노 마사키·오오야네 준·요시카와 타다히로(편), 『부흥 커뮤니티론 입문』, 고분도, 2007년.
26 호쿠리쿠 지역조성연구소, 『호쿠리쿠 지역조성 총서 '새로운 공공'에 의한 호쿠리쿠 지역조성』 No.3, 2009년.
27 "연공서열이나 굴레에서 벗어나지 못하는 전례주의(前例主義)에는 그다지 얽매이지 않는 관용적인 환경이 있다"고 바꾸어 말할 수 있을 것이다.

③ 행정과 적당한 거리감이 거리감을 유지한다.

이상의 조건이 갖추어지면, 행정에 모두 의지하는 '지역조성의 일임'에서 '지역의 일은 지역(자금)에서'라는 방향으로 지역을 움직이게 하는 것을 깨달았다.[28] 활동의 재원이 되는 부흥기금[29]의 설립도 중요하다.

또한 쥬에츠 등의 선행사례를 분석함으로써

① 국가와 지방지자체에서 조성금 획득
② 국가와 지방지자체, 공익법인, 기업가의 표창
③ 매스미디어에서 취재되어 널리 보도

상기 3가지 경우가 지역별로 자신감을 얻게 될 가능성이 높다는 점을 깨달았다. 인정받으면서 지역주민들은 자긍심을 갖고, 또한 고심하는 행정은 이러한 실적으로 안심(신뢰)를 얻는다. 그리고 활동이 폭넓게 알려지면서 그 활동에 대한 팔로워가 늘고,[30] 널리 퍼진 네트워크

28　이와테 현 도노시의 마을조성을 시도한 기쿠치 신이치는 도노에서 성공한 비결에 관해 ① 관공서가 민간이 하는 일에 비용은 내지만 '관여하지 않는' 것 ② 관리자는 프로이기 때문에 문제나 요청에 대해 '피하지 않았다'고 지적한다. 이는 "지자체 직원은 과소화와 무관한 존재"임과 동시에 "'관(官)'의 행동 규범과 제도를 충분히 이해한 존재"로 볼 수 있는 것을 지적하는 것이며, 지역조성에 강한 문제의식을 가진 행정직원은 "'공(公)'의 문제를 '나(私)'의 시점에서 검토할 수 있는 존재가 될 수 있다"는 것을 시사하고 있다. 지방공무원 등 라이프플랜협회, 『ALPS』 제70호, 2005년, pp.22~25.

29　다만 기금의 이용이나 활용을 행정부분만이 주도할 경우 아무런 효과(의미)가 없을 것이다. 주민들의 도전정신에 입각한 기획제안서를 수용하려는 프로세스 및 제도적 틀이 필요하다.

30　널리 알려짐으로써 지역에 "앞으로도 활동을 계속해야 한다"는 부담이 생기는 것도 사실이다.

에서 새로운 제안이 이루어진다. 그리고 새로운 노력에 주민이 도전한다. 복구·부흥과정은 그러한 '정(正)의 스파이럴'을 만들어 낼 것인가가 하나의 열쇠가 된다.

동일본대지진에서는 복구·부흥을 위해 많은 조성이 준비되어, 피해지역의 현재를 전하기 위해 많은 방송매체가 피해지역에 진입하였다. 알아서 해주기만을 바라는 행정에 일임하는 것은 정치·행정에 있어서도 주민에게도 불행한 일이다.[31] 지진은 불행을 초래하는 재난이기도 하지만 위와 같이 지역조성을 생각하면 절호의 기회이기도 한 것이다.

---

31 "복구 및 부흥에 열심히 노력(盡力)하는 '마을 커뮤니티'일수록 '마을과 지역을 유지하는 것이 부흥 활동의 동기 부여는 물론 목표가 되고 있다'"는 경향도 있다. 또한 "특정인이 노력하면 할수록 주변 사람들은 오히려 활동이 뜸해져(멀어져) 간다"는 역설도 있다. 호쿠리쿠 지역만들기 연구소(北陸地域づくり研究所), "地域指標 中越大震災の被災地における復興動向ーデータと報告書から中越の '復興感'を読む", 『北陸の視座』 제26호, 2012년, pp.26~32.

제9장

가설주택자치회는 유대관계로 형성된 것인가?
- 자치회 임원에 대한 청취 조사 결과에서

가와무라 가즈노리 · 기라 요스케

1. 가설주택자치회 형성과 공유(Commons)

1-1. '공유(共有)의 비극'

생물학자 하딘(Garrett J. Hardin) 교수는 '공유지의 비극(The Tragedy of the Commons)'[1] 에피소드를 알고 있는지에 관한 질문을 제시하곤 한다. 출입이 자유로운 '공유의 목초지'에 농민들은 소를 방목하고 있었다고 한다. 농민들은 방목하는 머릿수를 늘리면 많은 이익을 얻을 수 있지만 모두가 마리 수를 늘려버리면 공유지는 과잉 방목상태로 인해

---

1 G.Hardin. 1968, *The Tragedy of Commons*, Science 162: 1243~1248.

소가 자라지 않게 되고 결국 모든 농민이 손해를 입는다. 그러한 상태에도 불구하고 농민들은 눈앞의 이익을 추구하여 많은 소를 방목해 모두 손실을 입고 후회한다는 에피소드이다. 하딘(Hardin)이 제시한 '커먼즈의 비극'은 사람들이 각자 합리적인 판단과 사회로서의 최적의 선택에 괴리가 생기는 '사회적 딜레마'에 관한 좋은 예이며, '공공재 공급문제'도 '무임승차문제'도 사회적 딜레마의 성질을 지니고 있다.[2]

미증유의 피해를 입은 쓰나미 피해지역에서도 사회적 딜레마는 발생하고 있다. 예를 들어 가설주택환경[3]을 개선하고자 한다면 주민 모두가 행동해야 한다. 그러나 실제로는 "행정이 어떻게든 해 준다", "나 하나쯤은 협력하지 않아도 괜찮다"라는 생각을 가진 사람이 적지 않다. 가설주택을 창고 대신으로 사용하고 있는 사람도 있다고 한다. 자치활동에 드는 비용은 아까워하는 한편, 가설주택자치회의 임원에 불평만 쏟아 내는 사람도 있다.

하딘의 에피소드에 등장하는 '공유지'는 커먼즈이며, 공유지는 다수의 주체에 의해 공동으로 소유되는 토지와 자원을 말한다. 하딘의 사례에서는 목초지였지만 그 외에도 산림과 어장, 수자원 등이 '도결공유지'로 알려져 있다. 최근에는 문장·음악·영상·화상 등 저작물이 '크리에이티브 공유지'로 공유지 연구의 범주에 포함된다. 이산화

---

2 예를 들어 올슨(M. Olson)의 저작권 등을 참조하였다. M. Olson. 1965, *The Logic of Collective Action : Public Goods and the Theory of Groups*, Cambridge, MA : Harvard University Press(요다 히로시·모리와키 도시마사(역), 『집합행위론-공공재와 집단이론〈신판〉』, 미네르바, 1996년).

3 동일본대지진의 긴급(應急) 가설주택 건설과정과 그 환경에 대한 기록은 오쓰치초 부촌장이었던 오오미즈의 기록에 상세하게 나와 있다. 오오미즈 도시히로, 『실증(분석)·가설주택: 동일본대지진의 현장에서』, 가쿠게이출판사, 2013년.

탄소 배출문제와 같은 지구 규모의 환경문제도 일종의 공유지로 인식되고 있다.

1-2. '사회적 딜레마'의 극복

다만 "반드시 공유지에서 사회적 딜레마가 발생한다"는 의미가 아니기 때문에 주의가 필요하다. 공유지라도 사회적 딜레마가 실제 표출(현재화) 되지 않으면 비극은 일어나지 않는다. 예를 들어 2009년에 노벨경제학상을 수상한 오스트롬(E. Ostrom)을 중심으로 한 연구그룹은 세계 각지에 있는 수많은 로컬 공유지를 조사하여 비극이 회피되고 있는 사실을 밝히고 있다.[4] 그들 일련의 연구는 비극을 회피하기 위해서 "자발적 과정을 통해 제도와 규범이 형성되는 것이 중요하다"고 지적한다. 제도·규범이 존재함으로써 공유지를 과도하게 이용하는 행동이 억제된다는 것이다. 또한 정부나 행정이 강제적으로 규제하거나 사유화하는 것이 아니라 "자발적으로 형성되는 규칙이라는 점도 중요"하다고 지적한다. 자발적인 규칙이 그 공유지에 딱 맞는 내용으로 되면서 규제와 사유화보다도 더 좋은 결과를 가져오기 때문이다. 또한 구성원에 대해 규칙을 지키게 하는 방법에는 '자발적인 징벌'과 '제도의 구축'이라는 두 가지 형태가 있다는 것도 지적한다.

일본의 '공유림'이나 '공유지(入会地)'의 구조는 오스트롬의 말을 빌리면 "비극을 회피하는 구체적인 사례" 중 하나이다. 그녀의 저서

---

4 E. Ostrom. 1990, *Governing the Commons: The Evolution of Institutions for Collective Action,* Cambridge (England); New York: Cambridge University Press.

속에서 일본의 공유지(入会地)는 크게 다루어져 '조직(組)', '입산 허가', '토목공사(普請)', '위반자에 대한 처벌' 등 관리 규칙이 소개되어 있다. 오스트롬에 따르면 일본 입회지에 뿌리 내린 규칙은 에도(江戶)시대부터 메이지(明治)시대까지 장기에 걸쳐 임야를 계속 보호한 '성공사례'였다.

로컬 공유지 연구는 일본을 포함한 세계의 공유지 관리 사례에서 현지인들로 하여금 공유지의 공동관리가 잘 이뤄지기 위한 '조건'을 철저히 밝혀냈다. 가장 유명한 조건은 "공유지에 있어서 제도의 설계원리(Design Principle)"라고 불리는 것이다. 이것은 "공유지 이용자의 경계가 명확하게 정해져 있는 것", "이용자끼리 대화의 '장'이 존재하는 것", "규칙 위반자의 발견이 용이한 것", "위반자에 대해서는 의연하게 처벌(조치)을 행사할 것"이라고 하는 공유지 관리를 성공시키기 위해 필요 불가결한 조건을 열거한 것이다. 공유지 관리 성공의 조건은 이후에도 계속 연구되어 현재는 매우 상세한 리스트가 완성되어 있다.[5]

가설주택에서 만들어진 기설주택지치회는 가실구맥의 완성을 개선하는 자발적인 조직이며, 공유지로 간주하는 것이 가능해 보인다. 그러나 가설주택에서 만들어진 가설주택자치회는 지금까지의 공유지연구 지견과는 서로 용납되지 않는 측면도 가지고 있다는 점을 간과해서는 안 된다. 예를 들어 공유지 연구에서는 주민자치가 발생하기 위해서 사회관계자본(Social Capital)이 어느 정도 존재하는 것으로 상정하

---

5   E.Ostrom, 2009. "A General Framework for Analyzing Sustainability of Social-Ecological Systems," *Science* 325: 419~422.

(사진 1) 이시노마키 시 가설단지 풍경(가이세이 단지내)
출처: 필자 촬영(2013년 2월 16일)

고 있다. 그러나 추첨으로 입주한 사람이 다수를 차지하는 가설주택단지라도(이웃 대부분이 낯설어도) 이시노마키 시 등에서는 자치회가 형성되어 있다(사진 1). 또한 공유지 연구의 이론적 연구에서는 기한이 정해져 있는 경우에 조직은 형성되지 않는다고 가정하고 있지만 입주기간(기본은 2년이지만 3·11 지진은 4년으로 기간이 연장되어 있다) 규정이 있는 가설주택단지에서도 자치회가 형성되어 있다. 집단 규모가 너무 큰 경우도 협력이 잘 일어나지 않는 것으로 여겨지고 있지만 약 500명이 생활하는 이시노마키 시(石巻市) '가설주택 닛코리선파크(にっこりサンパーク: Smile Sun Park) 단지'에서도 가설주택자치회가 형성되어 있다.[6] 지금까지의 공유지 연구에서 안내된 예상과 달리 피해자들이

---

6 이에 관해서는 나일경 교수의 선행연구와 결부시켜 검토해 볼 필요가 있다. 나일경은 집합행위의 딜레마 문제의 폐해를 규모에 크기에서 찾는 것에 의문을 제기한다. … 대규모 조직에서 개인이 통제력을 갖지 않고, 프리 라이더(무임승차)의 유혹에

자주적으로 협력하여 자치를 실시하는 가설주택자치회의 모습은 공유지(入會地)와 크게 겹치고 있다.

재해로 큰 상처를 입은 피해자들로 생성된 상조 그대로 조직을 공유지 연구의 문맥으로 파악하여 연구하는 것은 의의가 있는 일이다. 다만 그 전 단계로서 가설주택단지에서 가설주택자치회가 형성된 경위 등의 사실 확인이 우선일 것이다.[7]

이에 본 장에서는 이시노마키 가설주택 자치연합추진위원회[8]가 "이시노마키 피해자 시민에 의한 자주자립 지원사업(미야기 현 새로운 공공장소조성을 위한 시범사업-5차 모집분)"에서 그들 스스로가 실시한 조사결과를 살펴보면서 재해지의 가설주택자치회에 대해 검토하기로 한다.

넘어가, 타인의 신뢰성에 대한 불안 등으로 인한 '고립자의 문제'(자발적인 참여에 대한 주저)에 직면하는 경우가 있다. 이는 조직 규모가 크기 때문이 아니라 대규모 조직의 작은 단위의 내부에서 자치의 기반을 배울 수 있는 기회가 없어 소규모 민주적인 조직 간의 네트워크와 거기에 감춰져 있는 사회관계자본을 활용할 수 있는 능력을 익힐 기회가 주어지지 않기 때문이다… 출처: 나일경, 『일본 시민사회의 NPO와 시민참여』, 게이오기주쿠대학 출판회, 2008년.

7 쥬에츠지진 야마고시 마을, 나가오카(長岡) 시와 합병 후는 야마고시 (山古志地區)과 같이 가설주택에 마을 단위로 입주 한 경우는 기존의 지연조직을 그대로 이용하게 되므로 가설주택자치회를 굳이 결성할 필요는 없다. 기존의 지연조직을 그대로 활용할 수 있다면 행정이 움직이지 않아도 '행정과 절충하는 사람', '자원봉사자의 창구가 되는 사람' 등의 역할이 바로 결정되고, 또한 일상의 대화 속에서 마을의 장래에 대해 논의가 이루어지게 된다. 또한 나가오카 시에 따르면 대화의 장·협동작업장으로의 '텃밭'이 매우 의미가 있었다고 한다(2013년 5월 2일 인터뷰).

8 이시노마키 가설주택 자치연합회, 이시노마키 시, 이시노마키 시 사회복지협의회, 일본카쉐어링협회와 이시노마키 재해부흥지원협의회에 의해 구성된 협의체.

2. 가설주택자치회 형성 배경

2-1. 조사 개요

'이시노마키 가설주택 자치연합추진위원회'가 '이시노마키 피해자 시민에 의한 자주자립 지원사업'에서 가설주택에 관한 조사를 실시한 바 있다. 조사 배경(목적)으로는 가설주택단지의 자치조직 현황과 가설주택단지의 생활을 둘러싼 자치조직임원의 인식을 파악하고, 향후 자치조직 운영의 과제를 검토한다는 목적이 있었다.[9] 가설주택에 관한 데이터를 거기에 사는 주민이 소유하지 않는 상태는 복구·부흥을 추진하는데 마이너스라는 의식이 있었던 것이다. 그래서 이시노마키 가설주택 자치연합추진위원회는 당시 감사 역할을 수행 중이던 다케나카 도오루 센슈대학 준교수의 세미나 등과 공동으로 이시노마키 시 내 가설주택단지 자치조직임원(자치회 임원, 관리인 등)에 대한 조사를 실시하였다.[10] 조사는 2012년 11월 말부터 이듬해 2013년 2월 말까지 약 3개월 동안 이뤄졌으며, 조사 방법으로는 현지 방문(訪問法)과 설문 사전배포 조사법(留置法),[11] 우편발송(郵送法)을 조합(활용)하여 실시하였

---

9 이시노마키 가설주택 자치연합추진위원회·다케나카 도오루·다케나카 도오루 세미나 유지, 『이시노마키 가설주택단지 임원 설문조사 결과보고』, 2013년.

10 필자는 조사 실시에 협력한 덕분에 데이터 공개에 관한 허가를 얻어 소개하고자 한다.

11 유치조사법(Placement Method)이란 설문지를 배포하고, 대상자에게 설문지를 일정 기간 동안 두고(유치) 기입하도록 한 뒤 방문하여 설문지를 회수하는 조사 방법을 말한다. 상품 사용 결과 조사, 일기식 시청률 조사 등에 쓰인다. 장점으로는 많은 내용의 조사를 한꺼번에 할 수 있고, 회수율이 양호하다는 점이다. 단점은 조사 대상자 자신이 직접 응답하였는지 여부가 불분명하며, 다른 사람들과 의

다.[12] 조사표를 배포한 가설주택단지는 총 134단지로,[13] 111단지에서 답변이 있었다. 회수율은 82.8%이다.

이하의 내용에서 조사 결과를 바탕으로 응답 내용을 살펴보기로 하자.

2-2. 가설주택자치회는 반드시 생겨나는 것은 아니다

(그림 1)은 가설주택단지에서 자치회를 결성하고 있는지에 대한 질문의 결과이다. 회답한 111단지 중 58.6%가 자치회를 결성하고 있다고 답하였다. "피해자가 모인 가설주택은 자치회가 결성된다"고 일반적으로 생각하는 경향이 있으나 실제로는 그렇게 단순하지 않다는 사실을 60% 정도 밖에 자치회가 결성되지 않은 현실에서 파악할 수 있다.

그렇다면 왜 가설주택자치회가 결성되지 않는 것일까? 원래 긴급 가설주택은 '마지막 보금자리'가 아니고 일시적으로 지내는 '임시 주거지'이다. 따라서 결성되는 가설주택자치회도 일시적 자치조직이며 재해공영주택이 완성되면 없어질 가능성이 높은 조직이다. 극단적으로 말하면 조직구성 기간이 짧기 때문에 "그렇게까지 비용을 들이

논하여 응답하는 경우가 있고, 참고서 등을 보는 경우도 있으며, 응답 누락이 잦다는 점이다. _역자 주

12 임원과 약속을 취하는 것이 쉽지 않고, 또한 가설주택단지가 넓은 시내에 흩어져 있기 때문에 이러한 형태를 취하고 있다.

13 긴급 가설주택단지(応急仮設住宅団地)의 목록은 다음 사이트(URL)을 참조하였다. http://www.city.ishinomaki.lg.jp/cont/10401200/7625/list_250401.pdf (검색일: 2013년 4월 29일)

고 싶지 않다"고 생각하는 사람도 있을 것이고, "기존 반상회에 임시로 가입하는 방식이 경제적이다"라고 생각하는 사람도 있을 것이다. 〈그림 2〉는 왜 자치회를 결성하지 않는가를 집계한 결과이다. 가장 비율이 많은 것은 "기존의 반상회에 참여"로 응답의 50%를 차지한다. "운영회 수준으로 충분"하다는 응답이 약 30% 정도 "필요 없다"는

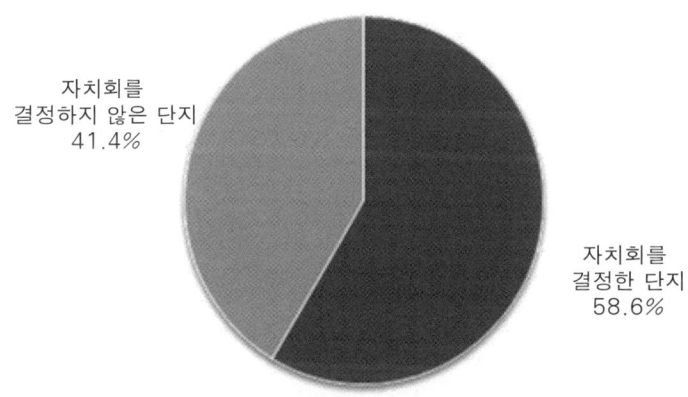

〈그림 1〉 가설주택자치회의 결성 상황

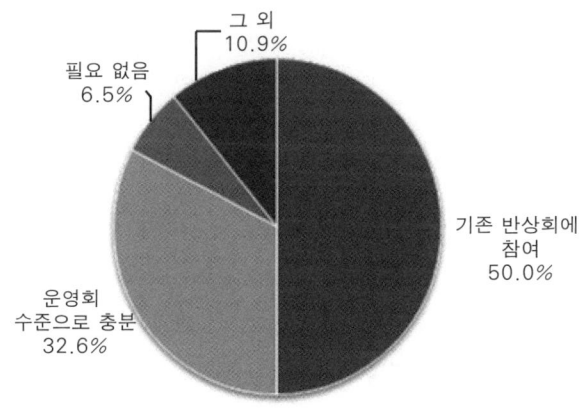

〈그림 2〉 자치회를 결성하지 않는 이유

응답은 압도적으로 소수였다. 자치조직 자체의 필요성을 부정하는 응답이 소수인 것은 자치단체의 유용성이 체감하기 때문일 것이다.

가설주택이 반드시 넓은 공터에 지어지는 것은 아니다. 자치회가 설립되지 않은 단지의 대부분은 50가구 이하의 소규모 단지였다. 이시노마키 시에서 보듯이 피해가 큰 경우 제대로 토지를 확보하지 못해 가설주택이 몇 가구인 단지도 다수 존재하였고, 그러한 단지에서 자치회는 만들어지지 않았던 것이다. 자치회를 결성하지 않는 이유(배경)로는 다음 두 가지를 들 수 있다. (그림 2)의 결과는 그 배경에 있는 두 사정을 반영하고 있다. 첫 번째 상황은 이시노마키 시 방침의 차이이다. 이시노마키 시는 "대규모 가설주택단지에 대해서만 자치회 설치를 촉구하였고 소규모 단지에 대해서는 기존 자치단체로의 편입을 권고"하였던 내력(경위)이 있다. 이시노마키 시의 정책은 주민들의 의사결정에 커다란 영향을 끼쳤다. 소규모 단지 중에는 자치회의 필요성을 검토하는 단계에 이르기 이전에 이 정책을 따른 곳도 적지 않다고 생각할 수 있다. "기존의 반상회에 편입"을 선호하는 단지의 대부분은 이시노마키 시의 권고 그대로 따른 장소로 간주될 것이다.

물론 이시노마키 시의 방침만이 자치회 설립을 좌우하는 것은 아니다. 두 번째로는 "소규모 단지에서는 자치회 설립의 필요성을 느끼기 어렵다"는 점을 들 수 있다. 소규모 가설주택단지가 근처의 큰 마을에서 반상회 조직이 기능하고 있는 곳이 있으면 그 반상회 장소를 빌리고, 반상회의 회람판을 받아서 행정 관련 정보를 얻으면 된다고 생각하게 된 심정은 충분히 가름(상상)할 수 있다. 또한 소규모 가설주택단지에서 그곳에 사는 대부분의 사람이 가설주택자치회 만큼 딱 맞는 조직을 만들 필요성을 느끼지 않을 경우 "운영회 정도로 해두면 행정과 네트워크는 유지되고, 비용도 줄어 저렴하다"라는 판단을 하게 될 것이다. 또한 소규모 자치회에서는 행정에 대한 요구와 불만을 품으면서도 "자신의 단지에서 이시노마키 시에 요구를 해도 이런 적은 인원으로는 상대해주지 않을 것이다"라는 체념의 소리를 듣기도 하였다. 이러한 상황은 많은 입주자의 불만을 집약하고, 행정과 교섭하고 있던 대규모 단지의 자치회와는 대조적이다. "운영회로도 충분", "필요 없다"는 답변은 그런 상황을 보여준다.

추첨으로 가설주택의 입주가 정해진 단지에서는 자치회 형성과 운영비용을 감안하면 "가설주택자치회는 생겨나기 어렵다"고 생각하는 것이 합리적이다. 그러나 일본인의 대부분은 "피해를 입었으니 가설주택단지에 자치회가 생기는 것은 당연하다"고 생각하는 것으로 보인다. (그림 2)는 우리의 감각이 부정확하다는 것을 보여주고 있다.

2-3. 가설주택자치회 형성의 경위

이시노마키의 가설주택자치회가 어떤 경위로 형성된 것인지, 그 상황을 살펴보기로 하자. (그림 3)은 자치회 결성이 누구의 주도로 이루어진 것인지 정리한 결과이다. 자칫 "가설주택자치회는 주민들의 복구·부흥을 향한 열정으로 결성되었다"라고 생각하기 쉽다. 그러한 형태로 자치회가 형성된 단지도 있지만 사실은 그렇지 않은 단지가 더 많다는 점을 (그림 3)에서 보여주고 있다. "주민주도"로 형성된 비율은 35.4%에 그쳤고, 비율이 가장 많았던 것은 사실 "행정 주도(46.2%)"인 것이다. 이것은 앞서 말한 이시노마키 시에 의한 촉구의 결과라고 여겨도 좋다.

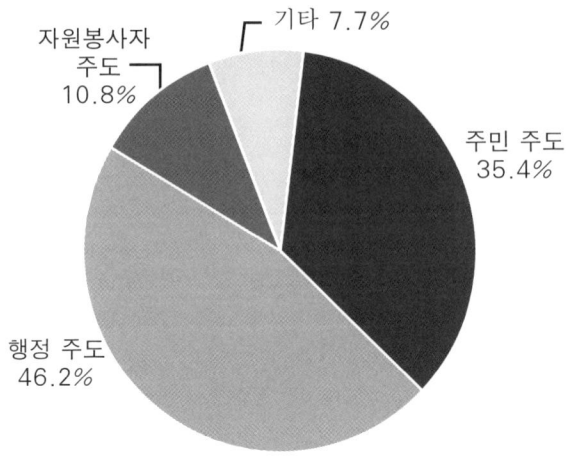

(그림 3) 자치회 결성은 누구의 주도인가

또한 자원봉사자 주도에 의해 가설주택자치회가 형성된 비율도 10.8% 이며, 사실은 가설주택단지 외부의 작용에 의해 자치회가 형성된 쪽이 다수였다.

일반적으로 "자치회의 형성은 피해자의 자립을 위해 필요"하다는 시점에 중심을 두는 경향이 있다. 이는 자치회와 대화의 장이 생기면 지역에 대한 정체성과 다른 피해자에 대한 애착이 생겨나 거기에서 지역전체를 발전시키고 싶다는 이타적인 감정이 일어나기 쉽다는 것을 경험을 통해 잘 알고 있기 때문이다. 또한 대화를 통해 "모두가 합심해야 한다"는 규범이 생겨나 협력하는 것을 자랑스럽게 생각하고 비협조에 죄책감을 느끼게 될 것이라고 생각하는 것도 하나의 요인으로 작용하고 있다.

행정에 있어서도 자치회가 형성되는 것은 의의가 있다. 왜냐하면 인력 부족 문제를 겪고 있는 재해지역 행정에 있어서 가설주택자치회에서 피해자 스스로에 의한 자치가 실시될 경우 행정 부담이 줄어 들기 때문이다. 또한 아무래도 가설주택에서는 행정 차원의 진재 대응에 관한 불만이 자주 발생(다발)하고 요구도 다양해진다.[14] 가설주택자치회가 생겨나면 "피해자의 요구가 집약된다", "이웃 문제 등에 대해 살피는 비용을 줄일 수 있다"라고 하는 이점이 행정에 초래된다. 행정에서 가설주택자치회 형성의 촉구가 실시된 것은 행정 측이 그러한 이점을 인지하고 있었기 때문임이 틀림없다.

가설주택의 자치회 구성원들과 행정 사이에서는 어떤 것을 주고 받을까. (표 1)을 보면 행정과 주고받은 안건에서 가장 많은 답변은 가설주택의 개선에 관한 행정적 요구를 한 것이었다.

이 안건을 주고 받은 임원 등은 40명에 이른다(복수 응답).[15]

---

[14] 관련하여 미야기 현 토목부 주택과의 보고자료에 가설주택건설에 관한 과제가 정리되어 있다. http://www.mlit.go.jp/common/000170082.pdf (검색일: 2013년 5월 23일)

[15] 가설주택자치회 임원 등은 행정(당국)을 대신해서 가설주택의 비판을 거의 정면으로 다 받아 내야 하는 셈이다. 따라서 임원들은 향후 가설주택의 방향성에 관해 고민해야 한다는 것이다. 필자가 실시한 청취조사에 따르면 "추운 날씨에도 불구하고 이중 유리와 두꺼운 단열재를 도입하는 등 방한 대책을 마련하지 않았다" "환기에 문제가 있어 옷장이 곰팡이 투성이가 되었다" 등의 불만이 종종 제기된 바 있다. 그때마다 임원들이 행정(당국)에 개선을 요청하여 업자와 주민들 사이에서 정말 열심히 노력(대응)하였지만 긴급가설주택에 좋은 인상을 가지고 있는 사람은 많지 않다는 것이었다. 실제 회답 결과를 보면 "이번 유형으로도 좋다"라는 사람은 불과 9명뿐으로, 72명이 "추가 공사를 없애기 위해서도 가설주택의 디자인(설계)을 통일해야 한다"는 선택지를 선택하였고, 또한 60명이 "이번 실패의 경험(반성)이 반영된 가설주택으로 해야 한다"는 선택지를 선택(복수 응답). 또한 개선점으로 꼽힌 것은, "넓이(93명)", "수납공간(75명)", "결로대책(65명)", "방음대책(63명)"이었다.

〈표 1〉 행정과 주고 받은 안건 　　　　　　　　　(단위: 명 / 복수회답)

항목	행정과 주고받은 안건
가설주택 등 개선	40
재해공영주택 등 문의	30
행사 등 문의	30
재해시 긴급통보	17
주민문제	10
기타	9
없음	2

재해공영주택[16] 등에 대한 문의를 올린 임원 등도 30명으로 비교적 많고, 행정 등의 질문을 올린 사람 역시 30명이었다. 그리고 재해 시의 긴급 통보(17명), 주민문제(10명) 순이었다.[17]

결과를 요약하자면 "가설주택자치회는 단지 내 자치 이상으로 행정과 주민 사이의 '정보전달회로'라는 성격이 강하다는 점"을 시사하고 있다.

16　재해공영주택(災害公營住宅)에 관해 살펴보자면, 2013년 4월부터 재해공영주택에 입주가 시작되기에 입주 관련 문의가 주로 이뤄지며 향후 증가할 것으로 보인다. 이에 따라 가설주택을 나가는 사람이 많아지면서 문의는 줄어 들게 될 것이다. 또한 2013년 4월 1일부터 센다이·이시노마키 시·야마모토초(仙台市·石巻市·山元町)에 완성된 재해공영주택의 입주(인도)가 시작되었다. 『가호쿠신포』 2013년 4월 2일.

17　또한 가설주택 자치연합회(仮設住宅自治連合会)는 주차문제에 관해 행정·경찰과의 상호작용 프로세스에서 논의해 왔지만 해결하기 어려운 것이었다. 지방에서는 자가용은 '한집에 한대'가 아니라 '성인 1인당 한대'라고 할 수 있다. 그러나 용지 확보가 여의치 않은 곳에서는 "한집 한 대 밖에 주차장을 준비할 수 없다"는 단지도 적지 않아 주차장을 확보하지 못한 단지 주변은 노상주차 차량이 넘쳐나게 되었다. 노상 주차가 넘치면 긴급 차량의 통행에 방해가 되지만 단지 내 도로는 구내 도로이다. 노상 주차를 어떻게 줄일 것인가, 가설주택자치연합회는 경찰과 연계하면서, 시행착오를 반복하였다고 한다.

2-4. 단지 내 발생하는 문제와 임원 선출

　이와 관련하여 조사 대상자인 자치회 임원과 단지 운영인(임원 등)이 그 역할을 맡게 된 계기에 대해서도 살펴보자. 회답한 107명의 임원 중 총회나 이사회는 절차를 밟고 그 자리에 오른 사람이 대략 절반이다. 그러나 그 중에는 본인을 추천해서 자리에 오른 사람이나 행정적 요청에 의해 자리에 오른 사람도 있고, 합하면 30%에 이른다. 가설주택자치회의 자리에 오르는 것은 엄청난 고생(일)을 떠맡게 된다. 자리에 오르는 것은 가설단지에 대한 엄청난 공공재를 지불하게 된다는 의미라 할 수 있다.

　많은 언론보도에서 보듯이 가설주택단지 내에서는 지진 후 스트레스 등으로 다양한 문제와 불행이 발생하였다. '고독사(孤立死)', '재해사' 등도 그 중 하나이다. 그러한 문제·불행이 일어나지 않도록 자치회 임원이나 자원봉사단체 등은 소위 '말걸기' 캠페인을 전개하거나 행사 등을 기획하여 대화의 장을 만들었다. 가마이시 등에서는 라디오 체조를 실시하는 등 다양한 노력(시도)이 이루어졌다. 단 행사를 하면 할수록 그에 따른 문제도 발생하고, 자원봉사단체와 협조하면 할수록 문제도 발생한다. (표 2)는 임원이 느낀 많은 문제점을 집계한 결과이다. 가설주택의 입주가 장기화되는 과정에서 자치회의 행사에 대한 참가자가 기존의 틀을 벗어나지 못하는 문제(고착화)를 걱정하는 임원이 많다는 것을 알 수 있다.[18]

18　이 질문 항목은 선택지에 들어있지 않지만 "애완동물을 마음대로 기르는 사람이 있으며, 그 울음소리가 시끄럽다", "자택을 재건하였는데도 불구하고 가설주택을 계속 빌려 빈집이 되고 있다"는 문제(과제)에 관해 많은 자치 회장이 지적하

〈표 2〉 가설주택단지의 자치에서 발생한 문제 (단위: 명 / 복수회답)

항목	행사를 둘러싼 문제	항목	자원봉사자와의 문제
참가자의 고정화	43	정리문제	15
쓰레기 관련	29	문단속 관련	5
주차 관련	22	열쇠 관리 문제	4
인간 관계	11	연락 없음	4
음주 관련	4	일정관리 문제	3
소음 관련	4		

또한 쓰레기 배출 및 주차 규칙의 준수 임원들로서는 현안 과제(문제)이다. 또한 〈표 2〉는 관리시 배려가 부족한 일부 자원봉사자가 있어 일부 자치회에 폐를 끼친 경우도 나타내고 있다.

3. 조사결과와 의의

가설주택 자치연합추진위원회에 실시된 학술적인 연구라는 점에서 보면 충분하다고 말하기 어려운 부분이 있지만 결과적으로 중요한 몇 가지 사실을 우리에게 일깨워 준다.

우선, 추첨이라는 사회관계자본이 없는 상태에서 시작하였음에도 불구하고 자치회가 형성된 배경에는 재해(지진)에 대한 단지주민에 대한 생각뿐만 아니라 행정이나 자원봉사자라는 외부의 촉구가 있었다는 점이다. 〈그림 2〉와 〈그림 3〉의 결과가 시사하고 있으며, 행정적 의

고 있다. 여기에 위반 주차를 더해 "가설주택의 3대 문제"라고 칭하는 자치회장도 있었다.

뢰(지원)를 받아 자치회에서 임원으로 취임한 사람이 많다는 점도 특징이다. 잠정적 성격(잠정성)을 띤 가설주택자치회는 결성의 비용효과가 낮다. 행정이나 자원봉사자가 방치하면 가설주택자치회가 생기기 어렵고, 가령 자치회가 생겨난다고 해도 치뤄야 할 비용 규모에 놀라 모두가 규모에 모두가 맡고 싶어하지 않는다.

행정입장에서 보면 가설주택자치회의 결성은 복구·부흥에 따른 인력 부족을 보완(보충)한다는 이점이 있다. 또한 자원봉사단체에게도 창구가 명확해져 협동이 용이하게 된다. 행정이나 자원봉사자에 인센티브가 있었던 것이 가설주택자치회의 형성에 영향을 미치고 있는 것이다. 그러나 행정이나 자원봉사자들이 원한다고 하더라도 가설주택자치회가 바로 결정되기는 쉽지 않다. 가설주택단지 인근의 반상회(町內会) 조직을 활용하거나 단지 규모가 작아서 운영회로도 충분하다고 판단하면 자치회 조직은 만들어지지 않는다. 자치회 결성을 촉구하는 외부(행위자)가 비용을 지불하거나 아니면 자치회를 만들고자 생각하도록 동기를 제시할 필요가 있다.[19]

자치회 결성을 위해 아마 "자치회가 있으면 행정에 대한 창구가 고정화되어 지원을 받기가 수월해진다"고 유도하였을 것이다. 가설주택자치회는 가설주택에 대한 불만의 창구가 되는 한편, 행정에서 정보 전달회로의 일부를 담당하고 있다(표 1 참조). 피해자 개개인이 행정에 불만을 제기하는 것은 노고가 필요하며, '불평자'라고 불릴 가능성도 있다. 자치회 결성에는 피해자에게도 불만 처리비용의 절감이라는 장

---

19   이는 반상회(町內会)가 연합반상회에 참여하지 않는 이유(배경)로도 응용할 수 있다. 물론 마을단위로 가설주택에 입주할 수 있으면 이러한 노력은 불필요하다.

점이 있었던 것이다. 또한 자원봉사자와 관계에 있어서도 개인이 각각 지원(支援)볼런티어와 네트워크를 형성하는 것은 비용이 든다. 그러나 자치회가 있으면 창구가 일원화된 형태로 지원을 받을 수 있다는 장점 등이 자치회 형성을 뒷받침한 것이다.

한편 〈표 1〉의 답변 결과를 보면 행정과 자치회가 연계하여 주민자치를 진행하자는 분위기는 파악할 수 없다.[20] 답변의 대부분은 "행정에 대한 요청"이다. 행정과 자치회간의 협동이 적극적이면 행정과 상호작용 프로세스에서 "행정으로부터 취재 대응의 의뢰를 받았다", "부흥 관련 예산 신청을 요청 받았다"라는 답변도 많이 나올법 하지만 그러한 언급은 거의 없다.

물론 이것만으로 이시노마키 시의 대응에 문제가 있었다고 결론을 내리는 것은 경솔한 생각이다.[21] 이시노마키 시에는 자치회가 너무 많아서 개개의 자치회와 협력할 수 있는 수준이 아니었다는 점에 유념(이해)할 필요가 있다. 이시노마키 시 '가설주택자치연합회'가 설립된 목적 중 하나가 행정과 협동 창구를 일원화하는 것이었다는 점은 이를 반영한 사실이다. 또한 행정은 주민에 대해 법령에 준거한 평등한 대응을 하지 않으면 안 된다. 하지만 그것이 주민들에게 이해를 구하기 어려운 경우도 있다. 예를 들어 질문지의 자유회답란에는 "이미

---

20 이시노마키 가설주택 자치연합추진위원회(石巻仮設住宅自治連合推進会) 외, 앞의 보고서.
21 공유지에 관한 연구에서도 행정과 주민의 연계는 어려운 문제로 지적되고 있다. 세계의 공유지에서 정부나 지방지자체가 주민자치조직과 연계하는 일이 실패하는 것은 드물지 않고, 그 중에는 자치조직이 적대적인 대응을 받는 경우마저 있다. 이러한 점을 고려한다면 대규모 단지에 한정된 사례이지만 이시노마키 시가 자치회 설립을 촉구하였다는 사실은 평가해야 할 사항으로 봐도 무방할 것이다.

자택을 재건한 사람이 가설주택을 창고나 헛간으로 사용하고 있어 행정이 어떻게든 해 주길 바란다"라고 기술된 부분도 많았다. 그 배경에는 "가설주택에 입주하고 싶어도 입주할 수 없는 사람이 있었다(현재도 있다)"라는 불공평이나 "수도전 물 빼기 등 유지관리가 되지 않기 때문에 주택의 파손이나 열화가 생긴다"라는 실질적인 문제가 있다. 그러나 "이미 계약 체결한 입주자를 퇴거시키는 것은 법적으로(공무원 윤리사항 관점에서도) 쉽지 않다"라는 행정 측의 입장(사정)도 있다. 이처럼 행정과 주민이 놓여 있는 사정이 달라 서로 간(쌍방 간) 의식의 차(갭)이 생기는 것도 적지 않다. 그리고 무엇보다도 가설주택단지의 자치회와 행정이 협동하는 것은 매우 드문 사례이며, 이시노마키 시도 지속적으로 대응을 모색해 왔다는 점은 상상하기 어렵지 않다. 그렇게 생각하면 이시노마키 시 가설주택 자치연합추진위원회 조사결과는 자치조직과 행정의 협동에 관한 노하우와 교훈을 후세에 전한다는 점에서 큰 의미가 있을 것이다.

　가설주택자치회의 향후 과제를 결론을 대신해서 제시하고자 한다. 공유지(入會地) 등에서도 마찬가지이지만 조직 형성이 성공한 후에는 그것을 '어떻게 유지하면 되는가?'라는 문제가 기다리고 있다. 가설주택자치회도 예외는 아니다. 가설주택자치회의 가장 큰 문제점 중 하나는 임원이 되려는 사람이 없다는 점이다. 특히 임원이 가설주택에서 퇴거할 때 누구를 후임으로 할지 다투게 된다. 엄청난 부담이 드는 임원이 되려고 적극적으로 손을 드는 사람은 원래 많지 않고, 실제 행정 측 의뢰를 받아 임원으로 취임하였다는 사람이 많다(그림 4). 가설주택 생활은 반드시 언젠가 끝나게 되지만 그 대부분의 주민들은 현재 건설이 진행되고 있는 재해공영주택에 입주하게 된다. 그리고 거기에서 가

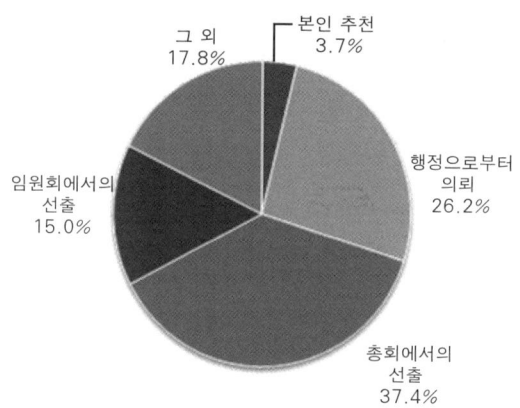

〈그림 4〉 임원 등에 종사하는 계기

설주택단지와 동일한 문제가 생길 수 있다. 재해공영주택의 완성으로 가설주택단지와 자치회를 어떻게 재편해 갈 것인가, 가설주택자치회가 어떻게 변화하는지 계속 살펴 볼 필요가 있다.

다른 하나는 '언제까지 주민지원을 계속하는가'라는 점이다. 자치회 결성의 대표적 인센티브로 지원창구가 일원화된다는 점을 감안하면 지원을 줄여 자치회에서 자립적으로 활동해 나가는 것은 용이하지 않다. 가설주택자치회 임원들 중에는 "받기만 하는 버릇이 배어 있다"고 경계하며, 자원봉사자에 의한 '무상'의 지원을 줄여 나가고자 하는 생각이 적지 않다.[22] 가설주택을 퇴거한 후를 고려한 생각이다. 그러나

---

22 예를 들어 자원봉사자가 가설주택의 '잡초 제거'를 하는 한편, 가설주택 주민은 아무 것도 하지 않는 사례도 있다. 자원봉사자를 안이하게 받아 들이면 지역사회를 파괴해 버리기 때문에 어떻게 하면 좋을지에 대한 모색이 이루어지고 있다. 다만 무상 지원에서 유상 지원으로 전환하는 타이밍은 매우 어렵다. 또한 일본 지자체 위기관리학회의 조사결과에 따르면 일본인은 자조(自助)를 중시하는 것처럼 보이지만 속내 부분에서 공조(公助)에 의존하고 싶어 하는 경향이 있다고 한다. 中邨章(나카무라 아키라)·牛山久仁彦(우시야마 구니히코)(編著), 『政治·行政へ

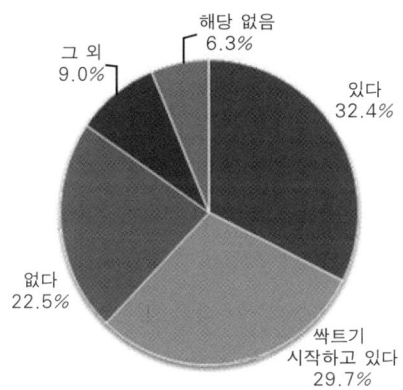

〈그림 5〉 임원이 살펴 본 단지 내 자립의 분위기

주민들 중에는 자립 의지(분위기)가 전혀 보이지 않는다는 단지(団地)도 있어 골치 아픈 문제가 되고 있다(그림 5).

"재해공영주택 입주 후의 자치회 활동에 가설주택자치회의 경험을 살려 나갈 것인가", "모처럼 생긴 가설주택 자치연합추진위원회 등의 조직을 어떻게 평상시 주민협동의 장으로 새 단장(탈바꿈)시켜 나갈 것인가" 등 가설주택자치회를 둘러싼 시점은 다양하다. 여기서 제시한 몇 가지 제언으로 모든 문제가 해결되는 것은 아니다. 좀 더 장기적인 관점하의 관찰이 필요할 것이다.[23]

の信頼と危機管理(정치・행정에 대한 신뢰와 위기관리)』, 芦書房, 2012년.

23 또한 과거에 형성된 가설단지, 예를 들어 나가오카 시(長岡市) 야마고시(山古志)지구와 와지마 시(輪島市) 몬젠(門前)지구, 구리하라 시(栗原市)와 비교 실시도 필요할 것으로 보인다. 대표적인 선행연구로는 다음을 참조 하면 된다. 시오자키 요시미츠(塩崎賢明), 『住宅復興とコミュニティ(주택부흥과 커뮤니티)』, 日本経済評論社, 2009년.

제10장

무엇이 복구·부흥을 지연시키는 것인가?
-주민참여의 역기능에 주목하자

가와무라 가즈노리

1. 서론

3·11 동일본대지진으로 인해 발생된 거대 쓰나미는 산리쿠(三陸) 연안을 중심으로 동일본 연안부에 막대한 피해를 초래하였다. 수많은 사람들이 목숨을 잃었고, 생활의 전부가 휩쓸려간 사람도 적지 않다. 그러나 지진발생 후 1년 이상 경과하였어도 쓰나미 침수지역처럼 거의 손대지 않은 곳도 있고, 센다이 시 중심부와 같이 대지진(震災)의 기억이 풍화(風化)되고 있는 곳도 있다. 즉 피해지역 내 복구·부흥격차는 시간이 경과하면서 분명한 형태로 현재화 되어 피해지역에 사는 사람들의 의식과 행동에 영향을 끼치게 되었다.

필자의 직접적인 경험과 지금까지 실시한 청취조사 등의 피해지역

조사 결과를 종합하면 지자체 규모와 피해 상황 이외의 복구·부흥을 지연시키고 있는 요인(바꿔 말하면 복구·부흥격차를 만들어 내는 요인)에는 크게 다음 4가지로 유형화할 수 있다.[1]

① 공무원의 행동 원리
② 재해(震災)에 대한 관심저하(풍화)
③ 공공사업 개혁의 여파
④ 주민참여에 의한 합의 형성

1-1. 복구·부흥 지연과 공무원 행동 원리

행정학 교과서의 관점으로 보자면 관료제의 '역기능'에 관해 주목하곤 한다. 예를 들어, 공무원이 규칙에 의한 운영을 제대로 지키려고 하면 실수는 줄어들지만 융통성이 없어진다. 본인의 업무를 금욕적으로 수행할 경우 '본인의 업무가 아니다'라고 책임을 전가하는 간접적인 원인이 된다. 피해지역 내에는 이러한 역기능이 분명히 복구·부흥 속도에 영향을 준 것으로 보이는 사례가 산더미처럼 있다. 예를 들어 경승지(유명 관광지)인 마쓰시마(松島) 주변에서 일어난 사례를 소개하고자 한다. A씨는 마쓰시마 주변에서 상업을 영위하는 자가 피해를 입은 점포를 수리(재건)하여 장사를 재개하려고 상점의 점포 재건을 신

---

[1] 창조적 부흥론과 참사(慘事) 편승형 부흥정책이 부흥격차를 초래하고 있다는 지적도 있다. 다시로 요이치(田代洋一)·오카다 토모히로(岡田知弘)(編著), 『復興の息吹―人間の復興·農林漁業の再生(부흥의 숨결: 인간의 부흥·농림어업의 재생)』, 農文協, 2012년.

고하였다. 마쓰시마는 경승지이기 때문에 건설규제가 엄격하지만 그는 피해를 입었으니 조기에 허가될 것이라고 낙관적으로 생각하며 행정의 답변을 기다리고 있었다. 그러나 행정은 평상시에도 그랬던 것처럼 신속한 대응이 아니였다고 한다.[2] 피해지역이라고 하더라도 공무원이 평상시의 규칙을 엄밀하게 지킨 결과, 그는 업무(장사)재개를 신속하게 할 수 없었던 것이다.

다른 예를 들면 게센누마 시와 이시노마키 시 등에서는 항만시설뿐만 아니라 보냉창고나 수산가공공장 등 여러 관련시설도 쓰나미에 의해 피해를 입었다. 항구도시는 어항뿐만 아니라 그 관련시설도 복구하지 않으면 정상적인 활동은 어렵다. 그러나 실제 복구를 살펴보면 각 부처의 연계 부족이 매우 두드러졌다. 예를 들어 어항은 수산청, 수산가공공장은 경제산업성, 항구로 이어지는 도로 등의 인프라는 국토교통성 등 '수직적' 대응에 그침으로써 항만 주변의 복구 · 부흥의 부조화가 느껴졌다. 특히 어항 기능을 회복하기 위해 필요한 '제빙시설'과 '냉동냉장시설'의 복구가 엉망진창이 되어버렸다. 도로 등의 복구는 신속하였지만 이러한 시설의 복구에 시간이 걸렸기 때문에 게센누마시와 이시노마키 시의 어획량은 좀처럼 회복되지 않았다.[3] 수직적 대응 역시 공무원 제도가 안고 있는 역기능의 하나이며 복구 · 부흥을 원활하게 할 수 없게 만들었다.

이러한 공무원과 관련된 문제에 대해서는 다음 장에서 검토한다.

---

[2] 지자체 직원에 따르면, 신청이 많았기 때문에 오히려 늦어졌다고 한다.
[3] 그 결과 거대 소비지인 센다이에 가깝고, 피해가 상대적으로 덜한 시오가마 어항이 우선 어획대상으로 선정됐다. 『가호쿠신포』 2012년 3월 1일.

1-2. 복구·부흥 지연과 재해에 대한 관심 저하

재해(震災)에 대한 관심의 저하도 피해지역의 복구·부흥의 발목을 잡는 요인이 되었다고 할 수 있다. 일반 유권자의 관심저하는 자원봉사자 수의 급격한 감소 등 피해자에 대한 지원의 감소로 나타나고 있다. 과거 한신·아와지대지진(阪神淡路大震災)이나 쥬에츠지진(中越地震), 이와테미야기내륙지진(岩手宮城内陸地震)과 달리 동일본대지진(東日本大震災)의 피해지역은 광범위하며, 복구·부흥에 대한 자원집중이 용이하지 않다.

따라서 과거의 지진보다 3·11 재해 복구와 부흥에 시간이 걸리는 것은 쉽게 예상할 수 있었지만 지연되면 될수록 오히려 관심이 오래가지 못한다는 점도 현실로 다가오고 있었다. 특히 지진에 대한 정치가의 관심 저하는 1년 후 2012년에 벌어진 정국에서 경험할 수 있었다. 피해지역은 복구에 대한 첫 걸음을 내디딜 수 없기 때문에 정치에 기대하는 피해자들이 많이 있다. 그럼에도 불구하고 2012년 12월에는 중의원이 해산되고 총선거가 실시됨으로써 정치(서버넌스)의 단절을 경험하였을 것이다.

기억은 풍화되기 쉽고, 또한 정치가는 매우 근시안적인 대응을 취하는 경향이 있다. 연기된 지방선거(統一地方選擧)가 피해지역에서 치러질 수 있게 되었다. 이로 인해 국회해산(解散)을 우려하였던 요인이 해소되었다고 판단한 정치가들이 더 이상 재해지역에서 관심을 두려고 하지 않게 된 것이다. 정치가가 정국 변화를 중심으로 행동하게 된 배경에는 민주당 정권이 제대로 리더십을 발휘하지 못한다는 점이 큰 요인으로 작용한 것으로 보인다. 또한 "부흥청(復興庁)이 도쿄에 설치되어 재해지역의 정보가 전해지기 어려운 구도였다"라든지 "자민당이 (민주당의) 정계 복귀를 초조하게 만들었다" 등 여러 이유로 말미암아 재해지역을 중시하는 시선(관심도)이 사라져 가는 상황으로 이어진 것으로 보인다.[4]

1-3. 공공사업 개혁의 여파

고이즈미(小泉) 구조개혁으로 상징되는 공공사업개혁의 여파도 신속한 복구·부흥을 방해하는 요인의 하나가 되고 있다. 3·11 이전까지는 도호쿠(東北) 지역에서는 업체 간의 경쟁이 치열하고 입찰개혁의 성과[5]도 있어서 예정가격 이하의 입찰은 흔치 않았다. 최근 일본 공공사업의 쇠퇴는 곧 지방 건설업체의 경쟁 격화와 수많은 폐업을 초래한 결과로 이어졌으며, 관련 업계가 계속 위축되고 있는 가운데 동일본대

---

4 재해지에 대한 관심이 사라진 대표적 사례로는 자민당 다니가키(谷垣) 의원이 취한 '특례공채법안(特例公債法案)'의 심의거부를 들 수 있다. 당시 국회의 논의를 중지시켰던 자민당의 선택지는 '피해지역을 저버렸다'고 받아들여도 어쩔 수 없는 프로세스(대응)라 할 수 있다. 뿐만 아니라 국정을 담당하는 입장에서 볼 때 피해지의 유권자는 극히 일부라는 인식조차도 재해지 관심도의 소멸(風化)을 재촉하였을 것이다. 일본의 경우 "예산 연도마다 특별입법(공채특례법)을 제정하여 의회에서의 결의를 거쳐야하기 때문에 이를 적자공채 혹은 특례공채라고도 부른다."_역자 주

5 예를 들어 재해지 3현의 하나인 이와테 현(岩手県)에서 지진 발생 전에 공공사업 개혁을 분석 검토한 대표적 논의로는 다음 책을 참조하면 된다. 미타 히로카(三田妃路佳), 『公共事業改革の政治過程—自民党政権下の公共事業と改革アクター(공공사업 개혁의 정치과정: 자민당 정권하 공공사업과 개혁주체)』, 게이오기주쿠대학출판회(慶應義塾大学出版会), 2010년.

지진이 발생하였다. 재해지에서는 '재해특수(震災特需)'[6]가 발생한 것이다.

많은 업체가 폐업한 상황에서 업계가 응하기는 쉽지 않았다. 또한 복구·부흥 과정에서 건설토목사업자들은 재해(피해)지역에서 공공사업은 향후 쇠퇴의 길로 접어 들 것으로 예상한다. 결국 '특수(特需)'로 결론짓고, 부흥 이후를 내다보고 사업규모의 확대에 신중한 태도를 보였다. 그들 가운데에는 "무리하게 사업을 앞당기는 것이 아니라 보다 더 조건이 좋은 입찰을 선택한다"[7]는 사람도 나타났다. 그 결과 각지에서 복구·부흥계획이 세워져도 입찰이 성립되지 않아 진척되지 않는 상황이 생겨난 것이었다.[8] 또한 부흥수요가 있어도 기술자가 부족한 현상도 지대한 영향을 미쳤다. "건설업의 구인이 증가하면 피해지역에서 고용을 창출(확보)할 수 있다"는 단순한 견해도 있다. 한편, 실제 작업 현장은 단순 노동자만으로 움직이지 않는다. 현장에서는 기술자의 배치 조건이 있기 때문에 기술자를 확보하지 못하면 작업의 진행이 어렵기 때문이다.

광범위한 지역에서 복구·부흥이 진행되었기 때문에 자재가격이 상승하고, 그것이 입찰 부진으로 이어졌다. 입찰 부진은 복구·부흥의 지연과 동일한 의미이다. 2012년도 미야기 현에서는 입찰 부진(2011

---

6 '진재(震災) 특수'란 지진으로 인한 피해가 발생하여 가설주택이나 인프라스트럭쳐, 건설설비, (비상)식량, 의약품 등 복구와 부흥 과정에서 사용하는 필수품의 사용이 증가함에 따라 발생하는 특별 수요(特需)를 말한다. _역자 주
7 한 피해지 지역(地方) 시군 의원은 "해안보다 내륙, 연안의 어촌보다도 숙박시설을 갖춘 도시부"라는 경향이 현저하다고 지적한다.
8 예를 들어 '이와테일보 岩手日報' 2011년 12월 4일이나 『가호쿠신포(河北新報)』 2012년 10월 23일 기사를 참조하였다.

년도 대비 6% 증가)의 약 30%의 문제점을 안고 있다(그림 1).

県工事入札不調29%

12年度 人手、資材不足影響

県が発注した建設工事の一般競争入札で、2012年度に落札者が決まらず不調となった割合は前年度比6ポイント増の29%に上ることが25日、県のまとめで分かった。東日本大震災後、建設業の人手不足や資材単価の高騰で受注できない業者が増えたのが原因。県は本年度、入札方法を一部見直し、業者の応札を促す。

12年度に県が実施した一般競争入札の件数と不調の割合の推移はグラフの通り。不調の割合が30%を超えた月は7カ月に上り、11年度の2カ月より大幅に増加。入札不調が深刻さを増した。年度末期に震災が起きた10年度の割合は3%だった。

12年度に不調となった入札工事を発注額別に見ると、1000万～1億円が33%を占め、比較的小規模な工事で目立った。1億～3億円は29%、3億円以上は19%だった。県内7地区別では、

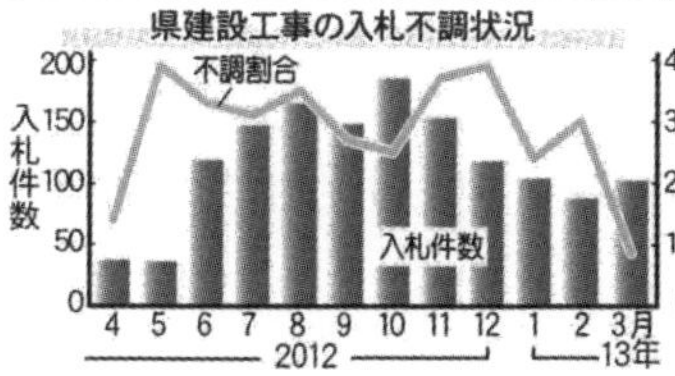

気仙沼が38%で最高。登米が36%、大河原が33%、石巻が32%で続いた。

入札1件当たりの参加業者数も減っている。10年度は平均5・8社だったが、11年度は3・1社、12年度（昨年4～11月）は2・9社となった。応札が1社のみの入札の割合は10年度が10%だったのに対し、11年度は37%、12年度（同）は43%に急増した。

県は本年度、一部の指名競争入札を除く1億円未満の工事で、従来必要だった下請け企業や下請け金額の事前申告を不要とした。入札前に下請け企業が決まらない例が増えているためで、条件を緩和して応札を促す。

県は11年度から、技術者の配置基準を緩和するなど、制度の見直しに継続的に取り組んできたが不調入札は減っていない。契約課は「復興事業を円滑に進めるためにも、できる対策は取っていきたい」と話している。

(그림 1) 재해 복구 공사 입찰의 부진을 보도하는 신문기사, "일손 및 재원 부족이 원인"

출처 : 『가호쿠신포』(2013년 4월 26일)

1-4. 복구·부흥과정 주민참여의 이상과 현실

지진발생 후 설치된 '동일본대지진 부흥구상회의'는 '부흥에 대한 제언: 비참함 속의 희망'[9]에서 "지역주민의 요구를 존중한다는 차원(목적)에서 주민들의 의견을 모아 행정에 반영하는 시스템 구축이 불가결하다 (중략) 또한 주민의견의 집약에 있어서는 여성, 어린이, 고령자, 장애인, 외국인 등 다양한 의견을 적절히 반영시키고, 또한 '미래세대(將来世代)'에 대해서도 충분히 배려해야 한다. …"라고 주장한다.

"이는 부흥의 참여를 통해 이 나라에 계속 살면서 나라를 발전시키고자하는 어떠한 기대감(희망의 새싹)이 젊은 세대의 마음속에서 우러나는 것이다. 이 나라가 좋다, 이 나라와 '공생(共生)'하고 싶은 생각이 들지 어떨지 모른다. 부흥에 앞서 젊은 세대가 주체가 되어 전개 될 이 나라의 진정한 모습을 꿈꿔본다. …"라고 덧붙인다. 이 문장을 읽어 보면 대부분의 사람이 "지진재해 부흥구상회의는 주민참여에 의한 복구·부흥을 장려하고 있다"고 생각할 것이다. 분명히 주민들이 현황을 파악하고 피해지역의 복구·부흥을 생각하는 것은 지방자치의 취지에 따른 것으로 훌륭한 일이다. 토론을 통해 민주주의적 과정에 대한 피해자의 이해가 촉진되기 때문이다. 또한 이러한 과정을 통해 만들어진 부흥계획은 주민참여에 따른 정통성이 담보된다.

복구·부흥계획에 대해 "최대한 이재민들과 의견조율(납득)"도 도

---

9 http://www.cas.go.jp/jp/fukkou/pdf/fukkouhenoteigen.pdf (검색일: 2012년 2월 1일)

모할 수 있을 것이다.¹⁰ 그러나 이는 어디까지나 이상론이고, 현실은 그렇지 않다.¹¹ 부흥구상회의(復興構想会議)에 '주민참여'를 장려하는 것이야말로 장소에 따라서는 자신의 자아를 주장하고 싶은 사람의 '대의명분'이 되는 현실성 있는 대안도 될 것이다.

복구·부흥을 지연시키는 4번째 요인으로 필자가 생각하는 것이 부흥계획 책정에 있어서 주민참여가 미치는 영향이다. 부흥계획 책정에 있어서 주민참여, 즉 합의 형성이 부흥의 걸림돌이 되고 있다는 주장에 반발하는 사람도 있을지 모른다. 원래 합의 형성에 참여하는 사람이 많으면 많을수록 이해 조정에 시간이 걸리는 것은 현실적으로 기업 활동 등을 보면 일목요연하고, 실제로 부흥계획책정 회의장에 가서 참가자와 대화해 보면 쉽게 알 수 있다.

이하 몇 가지의 복구·부흥을 늦추는 요인 중에서 주민참여 문제를 중심으로 통계(데이터) 분석을 통해 재검토해 보기로 하자.

---

10 지진 직후에 출판된 서적에서도 주민참여의 의의에 관해 높이 평가(강조)하고 있다. 한편 현실적인 과제를 극복하는 구체적 방안에 대한 언급은 적다. 사토 시게루(佐藤滋)(編), 『東日本大震災からの復興まちづくり―見えてきた住民主体·地域協働の方法(동일본대지진과 '부흥 마을만들기': 주민주체 및 지역협동 방안)』, 大月書店, 2011년.

11 예를 들어 『가호쿠신포』 2012년 7월 4일 등을 참조하였다.

2. 주민참여를 둘러싼 혼란

2-1. 주민참여 정도

주민참여라고 한마디로 말해도 주민참여는 여러 단계가 있다. 물론 우리는 주민참여에 관해 경시하는(잊어 버리는) 경향이 있다. 안스타인 (S. Arnstein)이 제시한 '주민참여의 사다리'[12]에서는 주민참여의 단계 는 '비참여', '형식참여의 단계', '시민권력의 단계'의 대략 3단계로 나타낼 수 있다고 설명한다. 또한 그 단계는 '정보제공'이나 '위무(慰撫)', '협력' 등으로 세분화된다고 한다(그림 2).

통상적으로 부흥계획 책정에 있어서 주민참여를 어느 정도로 설정하느냐에 따라 주민참여에 드는 시간과 참여주민 대상으로 요구되는 지식수준은 달라진다. 형식참여의 단계를 상정한 경우 거기에서 열리는 주민참여는 "행정이 기안하는 계획안을 주민 등이 검토하고, 행정은 주민의 의견을 참고로 계획하고 수정한다"라는 형태가 될 것이다. 결과적으로 대국적인 견지에서 계획에 대해 의견을 내는 주민들이 적어지고, 본인의 이해관계를 중심에 놓고 의견을 내는 사람이 많아질 것으로 예상된다. 다만 고도의 지식을 주민들에게 요구하는 경우는 별로 없다. 한편 시민권력의 단계를 상정한 경우 고도의 판단능력이 주민에게 요구된다. 주민들은 현행 행정의 여러 제도와 재정환경의 실태 파악 등을 이해(숙지)하고 있어야 한다. 행정 등에 관하여 전문적인 지

---

12   S. Arnstein. 1969. "A Ladder of Citizen Participation." *Journal of the American Institute of Planers* 35: pp.216-224. 시노하라 하지메(篠原一), 『市民参加(시민참여)'』岩波書店, 1977년.

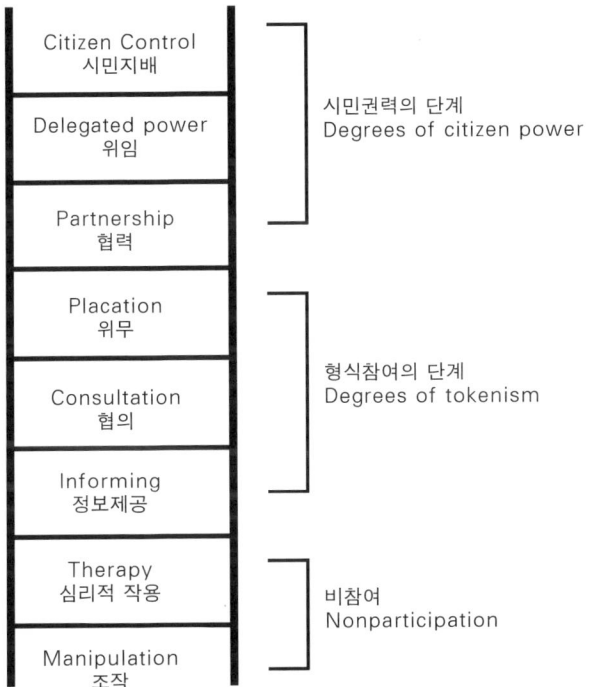

(그림 2) 주민참여의 사다리

출처 : 시노하라 하지메 '시민참여' 이와나미서점, 1977년

식을 가진 주민은 압도적으로 소수이며, 이 단계를 주민 전원이 실시하려 하는 것은 곤란하다. 특정 정책분야 등 제한적인 시책(혹은 사업) 수준에서 실시하는 것이 현실적이다.

즉 주민참여의 수준을 어느 정도로 설정할 것인가에 대한 문제는 "계획수립에 참여하는 주민 수를 어느 정도로 할 것인가", "가령 제한한다면 참여자를 어떻게 결정할 것인가(예를 들어 추첨 혹은 지명 등)"라는 문제와도 밀접하게 관련 된다.[13]

---

13 다오 마사오(田尾雅夫), 『市民参加の行政学(시민참여의 행정학)』, 法律文化社,

재해지 현장의 점검과 분석을 통해 얻은 결론은 어떤 수준의 참여를 해야 할지 행정과 주민간의 합의를 한 곳은 적었던 것 같다. 동일본대지진이라는 대재해의 결과 주민의 손으로 하나부터 복구·부흥을 생각하려는 열정을 지닌 이재민도 있는 반면 "복구·부흥의 계획을 세우려면 전문적인 지식이 필요하기 때문에 아마추어인 주민들이 직접 관여하지 않는 것이 좋다"는 주민도 있다. 주민의 자아 분출을 우려하여 어디까지 참여시킬지 머뭇거린 지자체 직원도 많았다.

결국 재난지역 지자체별 대응은 각각 다른 양상을 보였다. 예를 들어 주민참여는 발의·아이디어 제안 수준에 그칠 것으로 설정한 지자체가 있는 한편 최초의 초안에서 최종 결정까지 주민을 참여시키려고 생각한 지자체도 있었다. 전자의 소극적 제안은 현실성에 얽매이지 않는 자유로운 발상이 되기 쉽다. 한편 후자의 적극적 제안은 실현 가능성을 전제(요구)로 하는 것이기에 도전적인 제안이 되기 어렵다.[14] 또한 지역에 따라 절충된 기안 내용과 방법론에 관해 한정된 주민이 검토를 실시하여 마지막으로 주민의 총의를 얻어내는 방법이 채택된 사례도 있었다.

2011년.

14 예를 들어, 전자에 해당하는 주민회의로는 게센누마気仙沼 시의 사례가 있다. 게센누마 시에서 임의로 선정된 11명에 의한 '진재부흥시민위원회(震災復興市民委員会)'가 F1(Formula 1)의 개최 등 지역(시 당국)이나 실현가능성에 얽매이지 않는 제안을 하였다. 『아사히신문』 2012년 1월 5일.

2-2. '의제 혼란'과 '거부권 발동'

쓰나미의 피해를 입어 연안부에는 고지대 이전이나 내륙 이전을 논해야 하는 여러 지역이 있다. 이러한 토론의 장 일부를 방청하고, 또 거기에 참여한 공무원 등과 논의 과정에서 다양한 교훈을 얻은 바 있다. 토론회에 참가하여 참가자들과 대화를 통해 "피해지역에서 보인 주민참여, 특히 재해 현장의 목소리(선호)는 거주지 이전을 둘러싼 부흥계획의 의제에 관해 합의점을 찾기란 쉽지 않다"는 사실을 깨달았다.

쓰나미 침수지 문제를 둘러싼 주민집회(방청회)를 예를 들어 살펴보자. 이 집회는 고지대 이전을 포함한 재건 계획의 절차를 논의하는 모임이었다. 서로 미래에 대해 다양한 의견을 내는 중에 갑자기 중년의 남성이 일어서서 의사 진행을 막았다. "그런데 결국 내 땅을 얼마에 사줄 것인가, 시세(가격) 정보가 없다면 의견을 낼 수가 없다"는 취지의 발언을 갑자기 한 것이다. 그러자 회장에서는 미래지향적 논의를 위한 의제는 방치된 채 토지 매입가격에 대한 논의로 비중이 옮겨졌다. 결국 건설적이라고 볼 수 없는 논의가 계속된 후 한 주민이 "그럼 시간이 됐으니, 다음에 또 다시 논의 하는 것이 어떻겠습니까?"라고 마무리를 해 그 부흥계획의 논의는 '또 다음'으로 미뤄졌다.[15]

피해지역의 복구·부흥계획을 수립(책정)하기 위해서는 "피해자의 부동산 처리" 등 매우 민감한 문제에 발을 들이지 않으면 안 된다. 피

---

15 지적조사가 좀처럼 진행되지 않는 것도 문제를 복잡하게 만들고 있는 것이다. 가호쿠신포사(河北新報社), 『東日本大震災全記録(동일본대지진의 기록)』, 河北新報社, 2011년.

해자가 지역 전체의 계획보다도 본인 부동산의 취급에 관심을 쏟는 것은 당연하고, 마을에 남을지 아니면 도시로 주거를 이전할지를 결정하는 문제(결단)와 밀접하게 연동되어 있다. 따라서 토지의 매입 가격 등의 발언을 삼가하라는 것은 쉽지 않지만 코디네이터를 하는 사람이 논의의 틀을 지키도록 노력하면 논의가 지연(정체)되는 일은 최소화 할 수 있다. 의제의 혼란이 자주 일어나는 장소에는 자기중심적인 발언을 하는 이른바 '목소리 큰 사람'이 있는 경우도 적지 않지만 자치회장이 쓰나미로 사망하여 회의를 이끌어 갈 인재가 부족한 결과 의제 혼란이 일어난 곳도 있었다.

또한 다수결에 의한 의사결정을 배제하고, 만장일치를 지향하는 지역일수록 합의 형성에 시간이 소요되는 경향이 있었다. 만장일치로 부흥계획이 승인되는 것이 바람직하지만 모두 의견을 같이하기란 쉽지 않다. 예를 들어 만장일치를 합의 형성의 규칙으로 삼으면 100명 중 99명이 집단 이전에 찬성해도 "선조 대대로 살아 온 땅이니 처분하고 싶지 않다"고 하는 사람이 한 명이라도 있으면 부흥계획 합의 형성이 진행되지 않는다. 즉 거부권이 발동되는 상황으로 치닫는 것이다. 말하자면 소수에 다수가 따르지 않으면 안 되는 상황이다.[16] 앞에서 지적하였듯이 '부동산 처분'이라는 민감한 문제를 만장일치로 처리하는 방식이 갖는 어려움에 대해 전혀 감안(인식)하지 못하고 접근한 불행한 결과라 할 수 있다.

이상과 같이 동일본 부흥구상회의 '부흥에 대한 제언: 비참함 속의

---

16 알기쉬운 논의(이해)를 위해서는 '거부권 플레이어'의 논의 등이 참고가 된다. 조지 체벨리스·마가라 히데코·이도 마사노부 감역, 『거부권 플레이어-정치제도는 어떻게 작동하는지』, 와세다대학출판부, 2009년.

희망'에서 거론되고 있는 주민의 의견집약 모습은 이상적이지만 순조롭게는 진행되지 않는다고 하는 현실이 재해지에 있었던 것이다.

2-3. 논의의 시작적 제약 문제

이념적으로 볼 때 '주민참여'에 의한 복구·부흥이 바람직하겠지만 사람들에게는 합리적인 판단에서 거주지에 남아 있을 것인가, 아니면 이주를 결정할 것인가라는 시점도 필요하다. 피해자는 복구·부흥에 드는 비용과 거기에서 이주하는 비용 등을 감안하여 행동을 하는 존재라고 가정할 하자. 복구·부흥을 스스로의 손으로 이루고자 하는 피해자는

① 애착심이 높은 사람. 다만 주된 의사결정이 비용 측면을 우선하지 않는 자
② 이주(転居)하는 것이 오히려 기회비용이 더 커지는 경우(人)이다.

허쉬만(A. O. Hirschman)의 '퇴출·항의 접근법'[17]의 논의와 마찬가지이다.

그리고

③ 시간이 걸리면 걸릴수록 소득이 없는, 혹은 저축이 없는 사람부터 이주한다.[18]

---

17 A. O.Hirschman, *Exit, Voice and Loyalty : Responses to Decline in Firms, Organizations and States. Cambridge*, Mass.: Harvard University Press, 1970.
18 사회학자 중에는 복구·부흥을 서두르는 것이 재해지의 꾸준한 회복을 저해하고, 지역이 가지는 기반까지를 파괴하는 것은 아닌가 의심을 보이는 사람도 있다. 마쓰이 가쓰히로, 『진재·부흥의 사회학-두개의 '쥬에츠'에서 '동일본'으로』, 리

즉 피해자는 "지역에 대한 애착과 생활비 사이에서 고민하는 존재"라고 생각할 필요가 있는 것이다. 그리고 거기에는 "회의에 여럿이 참여할수록 합의 형성에 많은 시간이 소요되고, 시간이 걸려 계획이 결정되지 않으면 인구는 유출된다"라고 하는 프로세스가 작동한다. 피해지역에서 육아 세대의 인구 유출이 계속되는 것은 "복구·부흥을 기다리기"보다 "아이들을 생각해서 일자리가 있고, 안정된 생활을 영위할 수 있는 장소로 이전"을 희망하고 있는 사람이 적지 않기 때문이다. 이러한 계층에게 심사숙고의 중요성을 설명해도 냉정하게 무시당할 것이다. 실제로 지진 직후 "심사숙고가 중요하다"는 주장을 한 연구자가 많은 피해지역을 방문하였다. 그러나 재해에 따른 급격한 과소화에 노출된 피해자 중에는 "과소화가 진행되고 있는 재해지에서는 그런 느긋한 말을 해서는 결과적으로 아무도 남아 있지 않게 될 것이다"라며 그들의 주장에 혐오감을 나타내는 사람이 적지 않았다.

또한 과거의 정치참여에 관한 연구에서는 정치참여를 하기 쉬운 사람은 '자산이 있는 사람', '한가로운 사람', '기술이 있는 사람'이라고 불리고 있다.[19] 이 기준에 비추어 보면 재해지 부흥계획의 회의에 가장 참여하기 쉬운 것은 '연금수급자'이다. 그들은 시간 면에서 회의에 참여하기 쉬운 환경에 있으며, 또한 연금이라는 생활의 재원이

베르타 출판, 2011년; 야마시타 유스케, 『東北発の震災論―周辺から広域システムを考える』, 치쿠마신쇼, 2013년.

19 L. W. Milbrath, *Political Participation: How and Why Do People Get Involved in Politics?*, Chicago : Rand McNally, 1965. 정치참여에 관한 일어 문헌으로는 다음을 참조. 가바시마 이쿠오, 『정치참여』, 도쿄대학출판회, 1988년; 미후네 츠요시, 『현대 일본의 정치참여 의식의 구조와 변동』, 게이오기주쿠대학출판회, 2008년.

있다. 또한 그들은 지역에 대한 애착이 크다.[20] 주민참여에 의한 부흥계획은 잠재적으로 고령자 중심이 되기 쉽고, 시간이 걸리면 걸릴수록 그 경향은 강해지는 것이다.

따라서 일부 지자체에서는 "고령자의 참여가 어느 정도 제한이 있어야 할 것이다"라는 입장을 내놓았다. "앞으로 계속 살 사람들에게 바람직한 부흥계획이 아니면 과소화가 진행된다"라고 생각한 것이다. 예를 들어 마쓰시마마치의 재건 후 미래를 제안하는 마쓰시마마치 지진재해부흥계획 검토회의 위원은 육아 세대가 중심이 되도록 노력하였다고 한다.[21]

3. 기본조사 데이터 검토

합의 형성에 참여하는 인원을 가능하다면 줄이는 것이 신속한 결정을 가능케 할 것이라고 기대하는 것은 사실(자명)이다. 왜냐하면 많은 사람이 의사 결정에 개입하게 되면 배려해야 할 사항이 많아 조절에 시간이 소요되기 때문이다. 그러나 극소수만이 의사 결정에 참여하고 다른 사람에게 그 결정을 강요하는 방식을 민주적이라고는 말하기 어려우며, 구성원이 최대한 참여할 수 있는 체제를 만드는 노력도 필요

20　"다른 지역에 이주하자는 인센티브에 궁핍한 사람"이라고 할 수 있다.
21　필자가 실시한 인터뷰의 답변이다. 또한 이 회의에 제출된 "마쓰시마 부흥에 대한 제언"은 다음을 참조하였다. http://www.town.miyagi-matsushima.lg.jp/index.cfm/7,7777,c,html/7777/20110831-085824.pdf (검색일: 2012년 11월 20일).

하다. 즉 '합의 형성의 속도'와 '많은 사람의 참여'는 트레이드 오프의 관계에 있으며, 일률적으로 어느 쪽이 좋다고는 단언할 수 없는 문제이다. 이것을 복구계획의 책정에 적용하여 신속한 복구·부흥을 고려해 보면 "행정이 대강의 계획을 준비하고 주민이 그 계획안을 수정해 나가는 편이 효율적"이다. 하지만 보다 주민의 목소리를 반영시키고자 한다면 "행정이 대강의 계획을 만드는 것이 아니라 복구·부흥계획의 책정에 하나부터 주민이 참여할 수 있도록 한다"는 것이 바람직하다.

그렇다면 실제 재해지에 있는 주민들은 복구·부흥계획에 관련된 주민참여에 대해 어떻게 생각하고 있는 것일까. 피해지역의 주민참여에 관해서는 다양한 견해와 입장이 있지만 여기에서는 필자가 실시한 센다이 시민의식조사 2011와 센다이북부 조사 2012(조사 개요는 APPENDIX 참조)의 답변 결과를 소개한다. 조사의 질문 항목 및 선택지는 다음과 같다.

〈질문 20〉

진재부흥에 관한 두 가지 의견이 있습니다. 다음 중 당신은 A와 B, 어느 쪽 의견에 가깝습니까? 당신의 생각과 가장 가까운 것을 1~4 중에서 하나 선택하여 번호에 ○표를 해 주십시오.

A: 진재부흥 계획은 스피드 중시의 시점에서 우선 행정이 기안을 만들고 주민이 검토하는 형태가 바람직하다.

B: 진재부흥 계획은 주민의 납득이 필요하다는 시점에서 계획단계부터 주민이 참여하는 형태가 바람직하다

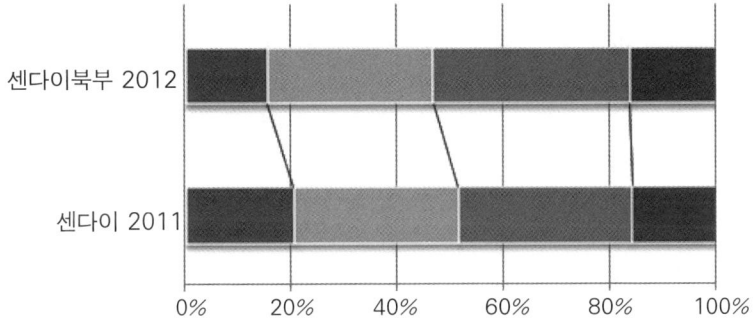

〈그림 3〉 부흥계획 책정의 바람직한 모습에 대한 질문의 답변 결과

〈그림 3〉은 앞서 말한 설문에 대한 답변을 집계한 것이다. 부흥계획에 관해 행정조직이 기안하고 주민이 검토하는 방식으로 책정하는 것이 바람직한 것인가, 아니면 책정단계부터 주민이 참여하는 것이 바람직한 것인가에 대한 설문에 센다이 시민의식조사 2011에서는 전자 약 50.7%, 후자 48.1%로 그 비율이 거의 대등하다. 센다이북부 조사 2012에서도 전자는 46.7%, 후자는 53.3%로 큰 차이가 있다고는 말할 수 없다.

그렇다면 어떤 사람이 계획단계부터의 참여, 즉 B의 선택지를 택하는 것일까. 여기에는 몇 가지 가능성이 있다. 첫째는 주민 속성의 영향이다. 동일본대지진 부흥구상회의가 지적한 바와 같이, 평상시 주민참여는 '남성', '고령자'가 주를 이룬다. 또한 과거의 선행연구에서는 '고학력자'도 그 능력에서 정치참여하는 사람으로 간주하고 있다. 그들은 자신의 경험과 능력으로 기안단계에서 참여를 원하는 경향이 있는 것으로 해석할 수 있다.

따라서 이 가설을 검증하기 위해 주민참여에 관한 질문 항목과 성별, 연령대 삼중 크로스 집계를 실시해 보았다. 그 결과가 (그림 4)이다. 그래프의 모양이 남성은 L자형, 여성은 V(내지 U)자형으로 되어 있다. 이 그림은 ① 상대적으로 여성이 B선택지를 선택하는 경향이 있는 것 ② 30대·40대는 B선택자가 상대적으로 적은 것 ③ 여성 고령자도 상대적으로 B의 선택지를 선택하는 경향이 있는 것을 나타내고 있다. 즉 평소 정치참여의 주체인 '남성', '고령자'는 B가 아니라 A를 선택하는 경향이 있다는 것을 보여주고 있는 것이다.

정치에 대한 태도도 참여방식에 영향을 미치는 요인으로 생각된다. 예를 들어 "정치란 원하는 사람이 하면 된다"라는 정치위임을 지향하는 사람은 가능한 한 정치와는 연관되고 싶지 않다고 생각할 것이다. 이것은 정치위임의 경향이 강한 사람일수록 A선택지를 선택한다는 가설로 이어진다. 그래서 "정치는 원하는 사람에게 맡기면 된다"라는 정치위임의 질문에 대한 답변과 이 부흥계획 책정의 자세에 대한 질문의 답변 사이에서 크로스 집계를 실시해 보았다.

그것을 나타낸 것이 (그림 5)이다. 예상하였던 대로 정치는 원하는 사람에게 맡기면 된다고 생각하는 사람이 A를 선택하고, 그렇지 않다고 생각하는 사람일수록 B를 선택하는 경향이 있다. 지진으로 인해 정치에 참여해야 하는 사람은 늘었을지도 모른다. 그러나 정치는 원하는 사람에게 맡겨두면 된다는 사람도 많이 있고, 그것은 복구·부흥에 있어서 주민참여의 방식에 대한 생각과 일정한 관련성을 가지고 있는 것이다.

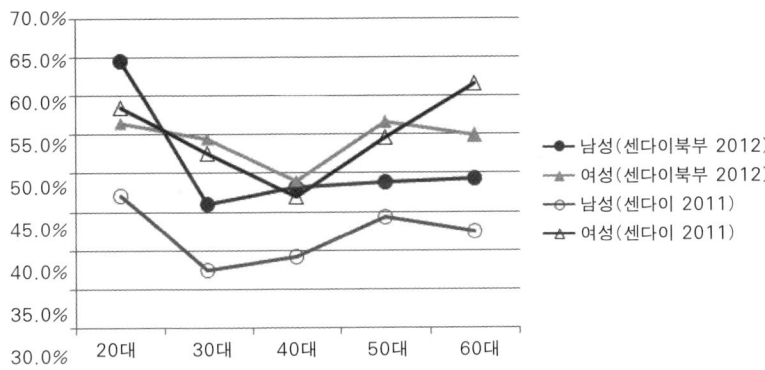

(그림 4) B선택지를 선택한 사람의 답변 패턴(성별·나이)

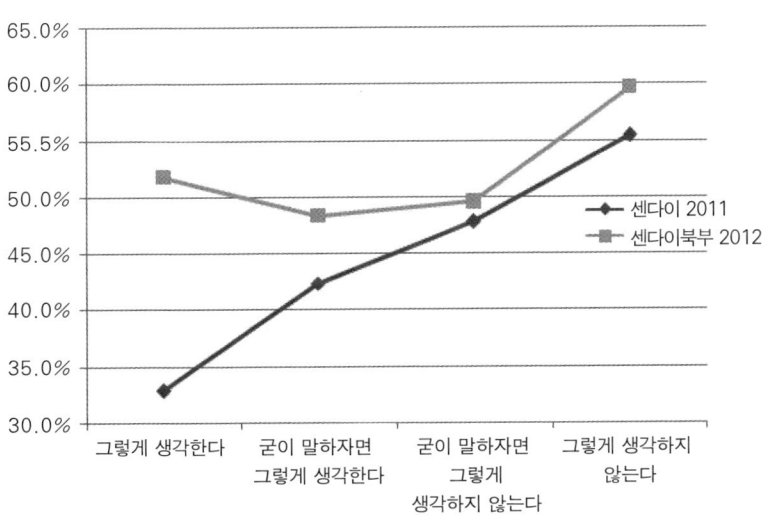

(그림 5) B의 선택지를 선택한 사람의 답변 패턴(정치위임)

4. 결론

　부흥계획 책정의 합의 형성에 주민참여는 뜻 깊은 일이다. 하지만 "실제 현장은 그리 낙관적이지 않다"는 것이 이 책의 주장이다. 또한 "큰 피해를 경험하였기 때문에 부흥계획에 처음부터 참여해야 한다고 생각하게 된 주민이 많다"고 일반적으로 생각하기 쉬우나 그만큼 단순하지 않아 주민참여에 대한 의식의 온도차가 발생한다는 사실이 데이터로 보여졌다.

　끝으로 주민참여와 과소화의 관련성을 지적하겠다. 복구·부흥의 지연으로 가장 고민하는 세대는 육아 세대이다. 지역에 대한 애착과 자신의 직장 및 자녀의 미래가 딜레마가 되기 때문이다. 고민하는 그들이 선호(지향)하는 우선 순위가 높은 도시가 센다이 시이다. 그리고 많은 피해자가 유입되면서 센다이 시도 고민에 빠진다. 센다이 시는 피해지인 동시에 복구·부흥의 도호쿠 전체의 거점이라는 성격을 가지고 있다. 센다이 시가 거점도시로서 신속하게 복구·부흥 계획을 추진히는 것은 도호쿠 진체에 큰 의섬이 있다. 그러나 센다이 시의 한 부장은 센다이 시가 노력하지 않으면 안 된다는 것은 충분히 인식하면서도 노력하면 할수록 센다이 시는 어려운 입장에 처하게 된다고 말한다. 센다이의 복구가 신속하면 할수록 피해를 입은 주변 지자체에서 쓰나미로 인해 일자리를 잃은 육아 세대는 생활비를 버는 관점에서 일자리가 있는 센다이로 유입된다. 복구·부흥에 시간이 걸리는 고향을 단념하고, 도시로 거주지를 옮기는 것이다.[22] 이 상황이 계속되면 피해

22　어느 재해피해자는 "연금 생활하고 있었던 어느 고령자가 고향에 남아 있고자 하

지자체가 가령 훌륭한 복구계획을 세우려고 해도 그림의 떡이 된다. 인프라를 복구해도 "그 인프라는 아무도 사용하지 않게 되는" 상황이 되기 때문이다.

주민참여에 얼마나 시간을 소요할 것인가? 이것은 피해지역 지방정치의 리더십과도 결부되는 중요한 문제이다. 어디까지 정치인들이 의사결정을 하고, 어떤 부분에 주민참여를 시킬지에 대한 대답은 간단히 낼 수 없다.[23] 우리는 현실적으로 주민참여를 관찰함으로써 이상적인 주민참여와의 격차를 어떻게 극복할지 생각해야 한다.

였으나 자식들이 일자리 혹은 교육적 차원에서 재해지역에 잔류하는 것에 반대하여 가정불화가 생겼다"는 답변도 있었다. 필자와 피해자(익명) 인터뷰 내용이다.

23 본 장과 관련된 내용을 구체적인 사례로 검토한 것으로서 나가미네의 고찰이 있다. 나가미네 준이치, "방조제의 법제도, 비용대 편익 합의형성을 생각한다", 『공공선택』 제 59호, 2013년, pp.143~161. 또한 주민참여에 의해 계획을 너무 피해자위주로 하면 "비용이 지나치게 많이 든다"고 행정이 꺼리는 경우도 있다. 그러한 면에서 타협점도 고려할 필요도 있다. 『가호쿠신포』 2013년 5월 20일.

제11장

공무원 제도가 초래한 재해 복구 · 부흥의 지연
― 수장의 리더십과 관계를 의식하며

가와무라 가즈노리

1. 재해에서 드러난 '공평'의 어려움

2011년 초봄, 초·중학교의 체육관을 대피소로 이용하고 있던 산리쿠연안부에서는 수업에 지장을 주고, 피난민들도 피난생활에 부담이 커져 긴급 가설주택에 속히 피해자를 입주시켜야 한다는 목소리가 힘을 얻고 있었다. 그러나 동일본대지진 정도의 대규모 재해는 가설주택의 건설에도 시간이 걸렸다. 동일본대지진의 피해지역이 넓은 데다가 피해자도 다수 발생하였기 때문에 필요한 가설주택의 수는 방대하였고, 산리쿠연안은 리아스식 해안이라 임시주택을 건설할 용지 확보도 용이하지 않았기 때문이다.[1] 이러한 제약 조건으로 가설주택의 완성은

---

1 게센누마 시의 경우 시내로 통하는 가설주택용지 확보에 어려움이 있었기 때문에

언제 끝낼 수 있을지 알 수 없었으며, 행정은 가설주택에 입주할 수 있는 피해자를 선별해야 할 상황(필요)에 직면한 것이었다.

그런데 여기에서 문제가 발생하였다. 그것은 "가설주택에 입주하는 순서를 어떻게 결정할 것인가"하는 문제였다. 가설주택의 완성을 기다리고 있다가는 언제 입주할 수 있을지 모른다. 피난민이 겪는 가능한 빨리 피로감을 완전(전체)를 줄이기 위해서는 방법으로든 가설주택의 입주 순서를 빨리 결정할 필요가 있다. 그래서 피해 시정촌은 순서를 추첨으로 '공평'하게 결정할 지, 복구·부흥을 앞당길 수 있는 시점부터 역산하여 '효과'를 중시한 결정 방법을 취할 지를 고민하였던 것이다.[2]

가설주택에 입주하는 순서를 결정하는 방법은 다양하지만 그 대응을 유형화하자면

① 대피소 생활이 몸에 벅찬 고령자 등의 예외를 제외하고, 추첨으로 입주자를 결정한 곳
② 지역사회를 파괴하지 않도록 마을 이전을 기본방침으로 한 곳으로 나뉜다.

"공무원은 특정 주민을 편애해서는 안 된다"는 평등주의를 고수한 곳의 대부분은 ①의 조치를 취한 경향이 있었다. 또한 피해자가 너무 많아 희망에 따른 대응을 취할 수 없는 곳은 ①의 대응을 취하지 않을 수 없었다(그림 1).

인접하고는 있으나 이와테 현인 이치노세키시 센마지구에 가설주택용지를 확보한 것이었다.

2 부흥주택의 입주 과정에서도 동일한 문제가 발생하는 사례도 있다.

(그림 1) 가설주택 입주를 둘러싼 현황 및 과제를 전하는 기사
출처: 『가호쿠신포』(2011년 6월 24일)

언뜻 보면 추첨으로 입주 순서를 결정하는 것이 공평하고 바람직한 것으로 보인다. 그러나 입주 순서를 '추첨'으로 결정한 것은 이후 복구·부흥의 걸림돌이 되어 장기적으로 보면 오히려 바람직하지 않을

가능성도 있다. 또한 가설주택의 입주 순서를 추첨으로 결정한 지자체에서는 추첨에서 떨어진 사람으로부터 "당첨된 사람이 가설주택에 입주하지 않았다"고 하는 비난도 있었다.[3] 공평이 아니라 '공정'의 관점에서 보호자가 필요한 세대에 대해서 별도의 대응을 하지 않았던 점을 비판하는 이야기가 들린다는 것이 사실이다.

추첨에 의한 가설주택의 입주는 일부 지자체에서 지역사회 재생을 생각하는 주민회의에서 결정하는 속도에 영향을 미쳤다. 가설주택으로 마을 전체가 피난하고 있는 곳에서는 가설주택의 집회소 등을 이용하여 논의를 할 수 있다. 또한 직장으로 인해 회의에 참가할 수 없어도 일상대화를 통해 논의된 내용을 공유하는 것은 쉽다. 한편 추첨에 의해 피난민을 따로따로 가설주택에 입주시킨 지자체에서는 원래 살고 있던 마을 별로 지역재생을 논의하는 자리를 만드는 것이 어려웠다. 지역주민의 중개가 없어지고 있는 가운데 가설주택 사이를 오가야 하는 주민이 다수 발생한 것이었다.[4] 실제로 이 판단의 차이는 지진부흥계획책정 속도의 차이로 나타났다. 마을마다 입주를 결정한 이와누

---

[3] 피난민 가운데는 가설주택에 입주할 수 있는 권리를 얻으면서 거리낌 없이 관동지방과 현청 소재지로 "타처로 돈을 벌러" 가는 사람도 나타나고, 또한 권리를 얻어도 "지인과 떨어져 사는 것이 불안", "생활비 확보의 계획을 세우지 않았다"고 입주를 주저하는 사람도 있었던 것이었다. 예를 들어 이시노마키 시는 2011년 6월 시점에서 가설주택 입주포기가 잇달아 심각한 상태였다고 한다. 가호쿠신포 보도에 따르면 이 시점에서 추첨을 마친 13개소, 약 1,200가구 중 250가구가 당첨 후 사퇴하였다고 한다. 『가호쿠신포』 2011년 6월 10일.

[4] 인터넷을 통한 온라인을 이용한 회의를 실시하면 좋겠다라는 의견이 있을 수도 있지만 쓰나미 침수구역과 가설주택의 인터넷 회선은 매우 빈약한 상태(혹은 없는 상태)이고, "쓰나미로 PC를 사용할 수 없게 되었다", "피해지역의 노인 대부분이 인터넷을 사용할 수 없다"라는 조건을 감안할 때 마을재생의 온라인을 이용한 회의는 불가능이라고 할 수 있다.

마 시에서는 센난의 해안 시정촌 중에서 가장 빨리 방향성이 확정되었다.[5]

가설주택 입주가 추첨이 된 배경에 "공무원은 심부름꾼이며, 편애 없이 대응해야 한다"는 발상이 존재하는 것은 부정하기 어렵다. 그러나 그 발상에 얽매여 결과적으로 복구·부흥에 시간이 걸리는 환경을 선택하게 된 것이다.

2. 공무원 제도가 초래한 복구·부흥의 지연

전전 시대에 자주 보인 '공무원은 특권 계급'이라는 인식을 불식하는 한편, 주권자인 국민에 봉사하는 '공복(Civil Servant)'이라는 의식을 정착시키는 것은 전후의 공무원 제도개혁 중에서 중요한 중심 중 하나였다. "공무원은 공적으로 봉사한다"는 발상은 지방정치가의 집표상의 의도와 겹치면서 '행정의 일임화'를 촉구하였다. "뭐든지 담당하는 부서"[6]가 되어서는 안 된다는 것을 알면서도 주민의 요구에 응

---

5 그러나 "추첨 자체가 올바르지 않다"라는 것은 아니다. 필자가 이시노마키 시 가설주택 자치회연합회에서 청취조사를 하였을 당시 "처음부터 지역사회를 만들어야 하는 비용은 들지도 모르지만 주민의 커뮤니케이션을 촉진하는 계기가 되었다", "본인들의 마을을 재검토하는 기회가 됐다" 등의 지적이 있었다. 또한 마을 입주자와 개별적으로 추첨을 통한 입주자가 혼재하는 가설주택 자치회에서는 마을 입주자 중심의 자치회 운영을 한 결과 추첨 입주자의 불만이 쌓여갔다고 한다.
6 마쓰도 시 '신속대응과'는 "빈틈없는 행정을 상징하는 존재"라고 종종 오해 받고 있다. 마쓰도 시 사이트에는 신속대응과는 '뭐든지 하는 과'가 아니며 요청에는 공익성이 요구된다는 취지가 적혀 있다. 또한 신속대응과는 1969년 10월 6일, 마쓰모토 기요시 창업자이기도 한 마쓰모토 기요시 시장(당시)에 의해 신속함이 요

하고자 해왔던 것이다. 그러나 "우리들이 하지 않으면 누가 하나"라는 지역 엘리트적 발상은 이전에 비해 감소하는 듯하다. 필자의 제자들 중에서도 단순히 학력에 어울리는 자리를 지망하는 사람, 안정된 직장이라서 공무원을 선택하는 사람이 꽤 많다. 최근에는 "위를 보고, 뒤를 보고, 옆을 본다"[7]고 하는 지방공무원도 적지 않다.

공무원이 주위를 신경 쓰면서 일을 하는 것은 어쩔 수 없는 당연할지도 모르지만 전례 없는 대지진의 복구·부흥을 추진하려면 과거의 경험을 근원으로 도전할 필요가 있다. 그러나 전술한 바와 같이 피해지역의 복구·부흥과정에서 공무원이 성실하게 일을 하면 할수록 이러한 병리가 얼굴을 내밀고, 긴급 대응이나 복구계획책정에 걸림돌이 될 가능성이 있다. 이외에 일본 특유의 상향식 의사결정 과정(품의제)은 이러한 시스템의 발전을 막기도 한다.

관료주의 비판을 비판하는 연구에 따르면 관료제(공무원 제도)에는 거기에 포함된 원칙을 지키면 지킬수록 문제가 생긴다는 병리, 즉 '관료제의 역기능'이 있다고 한다. '관공서 업무'상에서의 '회피'는 많은 국민들이 경험하였기에 관료제(공무원 제도)의 폐해로서 바로 떠올리는 것들인데 실은 의외로 여러 가지가 있다. 공무원 행동원칙과 그

구되는 시민의 요구에 대응하는 시장 직속 부서로 탄생하였다. http://www.city.matsudo.chiba.jp/index/kurashi/seikatsukankyou/suguyaru/QA.html (검색일: 2013월 4월 16일).

7 "위를 바라 본다"는 국가나 상사로부터 "지시(指示) 대기"의 자세, "뒤를 경계(살펴본다)"는 과거를 걱정하는 "전례(前例) 중심(主義)"의 자세, "옆을 바라 본다"는 비슷한 규모의 지차체들의 정책적 대응(동향)에 준거한 "일률적 행동(橫並び) 주의(主義)"의 자세이다. 히라노 히로시·고노 마사루(편집), 『액세스 일본 정치론』, 일본경제평론사, 2003년.

폐해와 관계를 재해지의 실례와 비교하면서 살펴보겠다.

2-1. 지진 복구·부흥의 역기능

우선, 공무원의 행동원칙으로서 들 수 있는 것은 "규칙에 따른 운영의 원칙"이다. 공무원의 임무는 권력과 밀접한 관련이 있으며, 이 원칙은 법치국가로서 기본 중의 기본이다. 공무원이 제멋대로 판단하여 규칙이 운영되는 것은 부패 등을 발생시키는 원인이 되어 바람직하지 않다. 그러나 이 규칙에 의한 운영을 공무원이 과도하게 지키려 하면 융통성이 없는 법 해석과 대응이 생기게 된다. 즉 '법률 만능주의'에 빠지는 것이다. "법률이 없기 때문에 움직일 수 없다",[8] "권한이 명확하지 않기 때문에 지자체는 움직일 수 없다"라는 재해지에서 변명은 규칙만으로 운영의 원칙을 과도하게 지킨 결과인 것이다. 또한 피해를 입지 않은 2층 부분에서 생활하는 쓰나미 피해자에게 물자가 전달되지 않는 사례가 있었다고 한다. 이것이 발생한 원인 중 하나는 행정이 "피해를 입은 자는 대피소[9]에서 피난 생활을 하고 있다"는 전제를 하였기 때문이라고 추측된다.

한 지자체에서 필자는 다음과 같은 장면(상황)과 맞닥뜨린 적이 있다. 지자체 직원이 신고 서류에 실수가 많은 것을 탄식하면서 무심코 "실수하지 마세요, 좀"이라고 말해 버린 것이다. 그 순간 신청자

---

8 법령 자체의 과제에 대해서도 검토할 필요가 있다. 부흥마을조성연구회(편저), 『부흥마을조성 실천 핸드북』, 교세이, 2011년.
9 피난소는 피난생활을 하는 장소이며, 몸을 보호하기 위해 일시적으로 모이는 장소는 '피난장소(일시 피난소·광역 피난소)'이다.

가 "그 태도는 도대체 뭐야, 우리는 피해를 입어 일자리도 잃었는데" 라고 소리치며 불 붙은 것처럼 격앙된 두 사람의 주위가 일순간이지만 얼어붙었다. 그것을 지금도 기억하고 있다. 지진으로 많은 사무작업을 떠안게 된 공무원에게 동정심이 든다. 그러나 무심코 내뱉는 걸로는 끝나지 않는다. 아마도 그 공무원의 마음 어딘가에 문서를 제대로 제출하지 않으면 수리할 수 없다는 문서주의 의식은 있었을 것이다.[10] 어쩌면 이 실언은 '신분보장의 원칙'에서 이끄는 '관존민비 무의식의 발로'였는지도 모른다.[11] 이상은 필자가 우연히 맞닥뜨린 이야기이지만 그런 장면은 피해지 곳곳에서 일어났을 것임이 틀림없다.[12]

공무원에게는 공평무사의 자세가 요구된다. 대피소에서 공무원이 물자를 배분하는 것은 이 원칙이 있기 때문이다. 그러나 이것을 지나치게 지키면 "대피소에 있는 피해자 수와 다르기 때문에 여러분들이 물자는 받을 수 없습니다"라는 상황이 발생한다. 그러면 공무원이 아닌 지원 자원봉사자가 물품을 나눠주면 괜찮을까라고 하면 반드시 그렇지는 않다. 지원 자원봉사자에게 구호물자를 여분으로 받은 사람을 질투하여 "공평하지 않은 것은 이상하다"고 지탄받기 때문이다. 가설

---

10 '번문욕례'라고도 표현된다.
11 주민 측 앙금 속에는 공무원에 대한 무례에 대한 반발뿐만 아니라 "공무원은 해고되기 어렵다"라는 질투와 지역 엘리트인 공무원에 대한 기대 등이 포함되어 복잡하다.
12 히가시노 마사카즈 '주재 기자발 오쓰치초 지진으로부터 365일' 이와나미서점, 2012년에서는 주민과 행정의 사이에 불협화음이 있었음을 엿볼 수 있는 묘사가 있다. 이러한 창구 대응은 행정과 주민의 감정적인 앙금을 초래하는 요인이 되기 쉽고, 필자가 듣기로는 그런 일로 생긴 작은 앙금은 부흥계획수립 과정에서 행정 불신의 형태로 의사결정을 지연시키는 요인이 되었다.

주택의 입주에서 추첨방식이 대표하는 바와 같이 피해자에게 우선 순위가 매겨지지 않는 것은 공무원이 이 원칙에 얽매이기 때문이라고 할 수 있다.[13]

공무원의 업무는 각각의 계통으로 이루어지고 있다. 그리고 상위 정부조직이나 상사의 지시에 따라 업무를 하는 것이 기본이다. 그러나 지휘명령 계통의 일원화를 의식하여 상명하복을 제대로 지키면 이른바 "섹셔널리즘·종적 행정"[14]적인 대응이 늘어 지시 대기가 늘어날 가능성이 있다. 이른바 '책임 전가'가 그 전형이다. 동일본대지진의 재해지에서는 재해에 의해 지자체의 창구에 방문자가 많고, 또한 담당 창구를 알 수 없었던 탓도 있어 평상시 이상의 '책임 전가'가 발생하였다. "그 부흥사업은 제 담당이 아닙니다", "피해자에 대한 대응은 국가의 매뉴얼에 따라 진행해야 하므로 대응할 수 없습니다"라는 문구가 피해지 곳곳에서 들리게 된 것이다. 어쩌면 그것은 공무원이 직무에 지나치게 충실히 대응한 결과인지도 모른다. 책임 전가로 대기하게 된 시간은 피해자에게 소중한 시간인데, 그것을 관료 시스템에 존

---

13 "창구 직원이 무뚝뚝하다", "대응에 진심이 담겨 있지 않다"는 비판이 자주 들리는데, 창구의 대응에 따뜻함이 없는 것은 평등하게 대응하려는 자세가 드러나 있는 것이다. "어느 햄버거 체인점과 같이 미소로 대응하면 된다"는 의견이 있을 수 있지만, 지자체의 신고에 기쁜 일만 있는 것은 아니다. 특히 지진 직후처럼 사회 전체가 침통한 분위기에 싸여 있을 때에 미소로 대응하면 상당한 비난을 받는 것이 눈에 보인다. 비판 받지 않기 위한 수단이 '무뚝뚝한 얼굴'인 것이다.

14 종적 관계의 폐해에는 본인 부서의 업무를 늘리려고 하는 폐해와 책임을 강요하여 업무에 지장이 생기는 폐해가 있다. 뿐만 아니라 피해지에서는 부국(部局)과 이들 경계선(틈)에 위치하기 때문에 대응(신경)하지 못하는 경우(폐해)도 있었다. 행정의 종적주의에 관한 관련 문헌으로 이마무라 쓰나오, 『관청 섹셔널리즘』, 도쿄대학출판회, 2006년.

재하는 '철창'[15]이 낭비시켰다고 볼 수도 있다.

2-2. 공무원 유형과 복구·부흥 자세

그러나 이러한 역기능은 관료제(공무원 제도)가 안고 있는 병리라고 간주되는 것으로 그것이 반드시 일어 난다는 의미가 아니다. 어디까지나 구조적으로 발생할 수 있다는 상황(요소)이다. 또한 공무원은 반드시 단결하는 것이 아니라 다양한 유형의 공무원이 있으며 각각의 의식 속에서 업무에 종사하고 있다. 예를 들어, 동일본대지진의 재해지를 비교해 보면 막대한 피해를 입은 고향의 복구·부흥에 노력하고 있는 공무원은 많다. 평일은 공무로 복구·부흥에 종사하고, 휴일은 자원봉사자로서 복구·부흥에 종사하고 있는 공무원도 적지 않다. 한편 엄청난 일을 어떻게 회피하는가라는 관점에서 약삭빠르게 행동하는 공무원도 있다.

다운스(A. Downs)는 그의 저서[16]에서 관료(공무원)를 '야심가(Climber)', '보수파(Conservers)', '열정가(zealots)', '주창자(advocates)', '정치인(statesmen)'으로 유형화하고, 그들의 행동을 정식화하려고 시도하였다. 야심가는 자신의 권력이나 명성 등을 높이려고 행동하는 사람이며, 보수파는 리스크 회피 경향을 가지고 있지만 스스로의 권력과 명성 등의 유지를 도모하려고 하는 사람이다. 열정가는 자신이 공명하는 정책분야에 결속하려고 하지만 전체 예산 확대 부분에는 거의 관심

---

15 오모리 와타루, 『관(官)의 시스템』, 도쿄대학출판회, 2006년.
16 A. Downs. 1967, *Inside Bureaucracy*. Boston: Little, Brown(와타나베 야스오 옮김, 『관료제의 해부: 관료기구의 행동양식』, 사이마루출판회, 1975년)

이 없다. 주창자(대변인)은 본인에게 가까운 조직의 이익 확대를 도모하는 사람으로 본인들 부국의 힘의 확대를 도모하고자 한다. 정치인은 주위를 두루 살피는 사람으로서 "행정학 교과서에 등장하는 이타적인 공복"[17]에 가까운 사람으로 간주되고 있다.

피해지역의 공무원 행동에 관해 한 걸음 물러서서 보면 다운스가 지적하였듯이 공무원은 다양한 유형이 있다는 것을 알게 된다. 중앙정부에서 재해 지자체에 들어가 복구·부흥의 진두지휘를 맡은 커리어 관료는 성과를 내어 자신의 평가를 높이고 싶어 하는 야심가 유형에 해당하는 사람이 많다. 중앙정부와 중개 입장을 살리면서 결과를 내는 데 매진하는 것이다. 피해를 입은 지자체를 새로운 형태로 재생하고자 하는 열정가 유형의 현지 직원 가운데는 야심가 같은 관료와 짜고 복구·부흥에 최선을 다하고자 하는 사람도 나타나고 있어 협조하면서 활동하고 있는 모습이 보인다. 또한 공동참여 부문의 공무원 중에는 지진을 계기로 NPO 등에 대한 이해를 깊게 하고자 주창(대변)하는 입장에서 복구·부흥에 관련하는 사람도 있다.

그러나 이러한 유형과는 거리를 두고 복구·부흥의 현장에서 일하고 있는 사람도 있다. 보수파 유형의 지역출신 직원이다. 그들은 업무를 가능한 한 늘리고 싶지 않은 선호를 가지고 있으며, 야심가적인 입장에서 새로운 방책을 제안하는 파견 커리어 관료는 바람직한 존재가 아니다. 그들에게 손을 빌려 주면 자신의 업무가 늘어나기 때문이다. 또한 향후 커리어 관료는 본청으로 복귀할 예정이기에 "그렇게까지

---

17 구로카와 카즈요시(저), 관료 행동의 공공선택분석 편집위원회(편), 『관료 행동의 공공선택분석』, 게이소쇼보, 2013년, p.77.

어울리고 싶지 않다"고 생각하기 때문이다. 커리어 관료와 현지 직원 사이에 갈등이 생기는 하나의 요인은 이러한 양자의 선호차이다. 피해 지자체로 파견된 관료 중에는 현지 직원의 의욕에 대해 한탄하는 목소리도 있지만 그것은 재해 지자체 직원 전체를 가리키는 것이 아니라 일부에 있는 보수파 유형의 직원을 가리키는 것으로 해석 할 수 있다.

다양한 유형의 공무원이 있다는 전제에서 복구·부흥의 진두지휘를 맡는 수장에게 그들을 컨트롤하는 능력이 요구되는 것은 필연적이다.

3. 요구되는 수장의 리더십

그렇다면 공무원 제도가 가진 역기능을 억제하고, 의식이 굳건하다고 할 수 없는 공무원의 방향성을 갖추려면 어떻게 하면 될까. 구사노는 공무원 조직의 역기능(병리)에 대한 처방전으로 중요한 것은

① 공무원 개개의 의식을 바꾸는 노력
② 그러한 것을 일으키게 하지 않는 체제의 구축
③ 수장의 리더십 발휘라고 말한다.[18]

개개인의 의식 개혁, 체제 구축, 그리고 리더십 모두 중요하다. 다만 공무원 개개인의 의식을 바꾸는 데는 시간이 소요되며, 또한 체제를 구축하기까지는 시간이 걸린다. 공무원을 감시하기 위해서 주민참여를 추진하는 방법도 있지만 주민참여는 속도감이 요구되는 복구·

---

18 구사노 아쓰시, 『관료조직의 병리학』, 치쿠마신서, 2001년.

부흥과정에 걸림돌이 될 가능성이 높다.

정치가의 리더십은 공무원 제도가 가지는 역기능이 표출되는 것(현재화)을 억누르는 데 중요하다. 특히 속도감이 필요한 복구·부흥과정에서 법률 만능주의 등으로 인한 지연을 방지하기 위해서는 리더의 결단력이 필요하다.[19] 또한 결단에 대한 책임을 지는 자세도 중요하다. 그러므로 여기에서는 재해의 복구 및 부흥과정에서 정치가의 대해 생각해보고자 한다.

3-1. 부흥예산 유용문제

2012년 9월 9일 방송된 '스페셜: 동일본대지진 추적·부흥예산 19조 엔'이라는 프로그램을 통해 부흥예산이 오키나와의 시설정비와 반포경단체 대책 등에 이용되었던 점을 지적하였다. 이 보도에 의해 부흥예산이 피해지역과 무관한 곳에 사용된 사실이 밝혀져 부흥예산에 대한 자세가 시민(국민)들의 인식과는 괴리(차이)가 있다는 점에 '가스미가세키'는 비난을 받았다. 분명 부흥예산의 심의(사정)하거나 사용처(용도)에 관해서는 전문성을 띠지 못하는 경우도 있었을 것이다.[20] 그러나 이 문제를 보고 "가스미가세키(관료)가 나쁘다"라는 부분에만 논의가 수렴되어 버리면 보이는 범위가 좁아지는 것 같다는 생각이 드는 것은 필자만의 생각은 아닐 것이다.

필자는 '복구'와 '부흥'을 정의하는 데 국민과 공무원 사이에 차이

---

19 니카와 다쓰로, "부흥계획의 거버넌스-히가시마쓰시마 시의 대처에서", 『거버넌스』 2012년 3월호, 2012년, pp.33~35.
20 하라다 유타카, 『진재부흥 기만의 구도』, 신쵸신서, 2012년.

가 있으며, 그러한 정의의 차이가 이 사건의 배경에 있다고 생각한다. 국민의 대부분은 "부흥예산은 피해지역을 위한 예산"으로 간주하고 있을 것이다. 따라서 피해지역에서 멀리 떨어진 오키나와에 부흥예산이 사용되는 것이 이상하다는 논리이다. 그러나 동일본대지진 부흥구상회의 보고서 중 "부흥에 대한 제언~비참함 속의 희망~"을 읽어보면 "부흥"이 가리키는 범위는 피해지역 만의 논의에 머물러 있지 않으며 미래에 대한 방재대책과 해외에 대한 정보발신 등이 그 범위에 포함된다. '부흥에 대한 제언'에 근거해 보면 상당히 넓은 범위가 '부흥정책'의 대상이 되므로 문제가 된 예산을 '부흥에 대한 제언'에 입각하여 신청된 것으로 볼 수도 있다(확대 해석하는 면은 있지만).

원래 부흥청은 피해지가 아닌 수도인 도쿄에 위치해 있다. 또한 부흥예산의 재원은 국민 전체가 모은 세금이 기본이다. 그리고 '부흥에 대한 제언'이라는 근거도 있다. 그런 상황이라면 '천하국가(天下国家)'[21]의 관점에서 피해지역 이외에도 예산을 배분하여 미래의 방재대책에 도움이 된다는 발상이 나올 것이며, 애초에 "관료는 예산의 최대화를 도모한다"[22]는 원칙이 있다고 알려져 있기 때문에 어떠한 정치적 컨트롤이 없는 한 이러한 사태가 일어나는 것은 필연적이었던 것은 아닐까. 필자는 2011년 4월 1일 '아사히신문'에 부흥청을 도호쿠에 둘 것을 요구하는 수기를 기고한 바 있다. 피해지가 보이는 장소에 부흥을 위한 본부가 있으면 부흥에 소요되는 예산은 피해지역을 위한 것이

---

21 천하국가란 천하와 국가 또는 정치와 사회와 관련 있는 사건(큰일)을 뜻한다._역자 주

22 W. A.Niskanen, *Bureaucracy and Representative Government*, Chicago: Aldine-Atherton, 1971.

라고 공무원이 강력하게 의식하도록 할 수 있으며 피해자의 입장(눈)에서 보는 감시 기능도 있다.

부흥예산 유용의 문제에 대해서 단순히 '가스미가세키'만의 문제가 아니라 부흥을 위한 제도설계에 대한 정치인의 의식 저하, 그리고 감시의 안일함도 논의하지 않으면 불공평하다는 생각이 든다. 이 문제는 복구·부흥과정에서 정치가가 공무원의 컨트롤을 어떻게 할 것인가가 매우 중요하다는 것을 보여주는 사례라고 생각된다.

3-2. 쥬에츠지진에서 본 리더십

재해지에서 진두지휘를 맡은 지사와 시구정촌장은 정치가이자 국가로부터 지시를 받아 복구·부흥에 종사해야 하는 존재이다. 수장에게는 국가의 방침(국가 공무원의 대응)과 지방 공무원 쌍방에 대응하는 것이 필요하며, 그들을 움직이는 힘이 요구된다. 동일본대지진의 복구·부흥과정에서 그 리더십에 관해 이미 높이 평가받고 있는 수장도 있다. 무라이 요시히로(村井嘉浩) 미야기 현지사가 대표적일 것이다. 그러나 동일본대지진 피해지역의 복구·부흥은 현재 진행형이며, 그들을 예로 복구·부흥과정의 리더십을 논하는 것은 신중할 필요가 있다. 실제 쥬에츠지진에서 진두지휘한 모리 타미오(森民夫) 나가오카 시장(전국 시장회 회장) 등의 사례를 참고하여 논의하고자 한다.

피해지 수장의 리더십에 대해 우선 쥬에츠지진의 사례에서 생각해 보겠다. 나가오카 시 재해대책본부가 편집한 '쥬에츠대지진-지자체의 위기관리는 기능 하였는가'라는 논의를 살펴보면 모리 시장 스스로가 몇 부분 집필한 것이 있다. 그 중 흥미로운 에피소드는 다음과 같은 내용이다.

> … 산사태에 의해 전원이 피난한 오타지구에 현의 도로(県道)가 긴급 복구됐기 때문에 주민의 일시 귀가를 계획하였지만 현도의 관리자인 현의 허가가 좀처럼 나지 않는다. 나가오카 시에 있는 지역진흥국 주변에서는 허가할 의향이었다고 하지만 본청의 불허 방침이나 현도의 안전성이 확보(확인)된 것은 아니라는 이유에서였다.
>
> 확실히 안전을 책임지는 입장에서 허용하기 어려운 사정도 잘 알고 있었다. 그러나 일시 귀가는 주민들의 간절한 바람이다. 현장의 이야기를 있는 그대로 설명하고, 끈질기게 협상한 결과 나가오카 시장의 책임으로 통행허가를 한다면 괜찮다는 답변이 있었다. …
>
> 출처: 나가오카 시 재해대책본부(편집), 『쥬에츠대지진 - 지자체의 위기관리는 기능하였는가』, 교세이, 2005년.

이 논쟁은 현장 나가오카 시 주민의 요구를 이어받아 일시 귀가를 허가하려고 생각하였음에도 불구하고, 현장에서 먼 현이 긴급 복구된 현도(県道)의 이용에 신중하였다고 하는 것이다. 여기에서 포인트는 현도(県道) 문제를 시가 꺼내는 것은 '본래는 어긋남'[23]이긴 하지만 시장의 책임으로 허가하였다는 점이다. 모리 시장이 지휘명령계통의 일원화를 의식하여 상명하복을 고수하였다면 허가는 얻을 수 없었을 것이다. 현장을 책임지는 사람으로서 '책임을 지는 의식'이야말로 진두지휘를 맡은 리더에게 필수불가결한 것임을 여기에서 엿볼 수 있다. 또한 어긋나도 "피해자의 시선에서 해야 할 일을 역산하여 (구체적으

---

23 나가오카 시 재해대책본부(편집), 『쥬에츠대지진 - 지자체의 위기관리는 기능하였는가』, 교세이, 2005년.

로) 피력(주장)하는 의지나 능력"도 리더에게는 필요하다.

앞서 설명하였듯이 보수파 유형의 공무원은 주민들의 비난을 원치 않기 때문에 모든 일에 신중히 응대하려고 한다. 그러나 수장이 보수파 타입이면 오히려 공무원 제도의 폐해를 초래하기 쉬워진다.[24] 수장 스스로가 그렇게 되지 않도록 노력하는 자세를 보이는 것도 필요하다.[25] 모리 시장에 따르면 피해지역의 수장은 5년이 걸릴 경우 사실대로 5년이 소요될 것이라고 밝힐[26] 필요가 있다고 지적한다. 피해지역에서는 여러 불만이 소용돌이친다. "마냥 좋은 사람일 수도 없고, 주위를 신경 쓰면 아무것도 할 수 없다",[27] 수장(首長)에게는 그러한 확고함이 필요하며, 동시에 "공무원·주민에게 부흥비전(목표 및 방향)을 명시 할 것"이 요구된다.

---

24 비전은 '공상하지 않는 범위'에 넣을 필요가 있다고 한다. 거버넌스 편집부, "부흥의 추진력이 되는 것은 수장의 강력한 리더십이다-전국 시장회 회장·니가타현 나가오카 시 나가모리 타미오씨에게 듣는다", 『거버넌스』 2012년 3월호, 2012년, pp.14~16.

25 관련하여 도쿄대 교수에서 지사가 되어 2012년 규슈 북부 수해 복구과정에서 진두지휘에 나선 가바시마 이쿠오 구마모토현 지사의 사례를 소개하고자 한다. 가바시마 지사는 "공무원은 굉장히 성실해야 하고, 돌다리를 두드려도 건너지 않는 곳이 현청"이며, 그러한 현청을 바꾸기 위하여 "국가에 의존하지 마라. 다른 현과 비교하지 마라. 구마모토가 생각하고 구마모토 스스로 한다"는 것을 항상 말한다고 한다. 그리고 그러한 지사의 자세가 전국이 주목하는 구마몽 프로젝트를 지탱하고 있다. 가바시마 지사가 실시하고 있는 것은 바로 '훈련된 무능력'이라는 병리의 극복이며, 최고의 리더십에 따라 그것이 극복 가능하다는 것을 보여주고 있다. 구마모토 현청팀 쿠마몽, 『구마몽의 비밀-지방 공무원 집단이 일으킨 서프라이즈』, 겐토샤신쇼, 2013년.

26 거버넌스 편집부, 전게 기사.

27 2013년 5월 2일 청취조사이다. 무라이 요시히로 미야기 현지사도 2013년 5월 13일에 열린 동일본대지진 학술조사의 청취조사에서 같은 취지의 발언을 하였다.

모리 시장의 리더십에 관한 담론을 쫓다 보면 깨닫는 점이 있다. 그것은 "'수장은 누가 해도 마찬가지'가 아니다"라는 점이다. 평상시는 업무가 진부하여 수장의 자질에 따른 차이를 보기 어렵다(차이가 없는 것은 아니다). 그러나 비상시에서는 수장의 인격이나 수장의 지식과 사회적 자본[28]이 매우 중요하다. 동일본대지진의 피해 지자체 중에는 수장 개인의 인간관계로 지원을 모은 곳도 있었다.

주민선거에 의해 뽑힌 수장은 '주민의 대리인'이며 공무원은 '주민, 그리고 수장의 대리인'으로서 복구·부흥에 종사하고 있다. 동일본대지진은 공무원의 행동원리·원칙을 재고하는 하나의 기회였고, 위기관리와 수장의 관계를 생각하는 하나의 기회이기도 한 것이 아닐까.

---

28 재해 발생 시 수장의 판단과 행동을 지원하는 구조가 고려되어야 한다는 도미노의 지적은 타당하지만 수장 개인이 가지는 인맥에 의존할 수밖에 없는 구조적 한계(현상)도 안고 있다. 도미노 기이치로, "지자체의 수장과 대지진",『거버넌스』 2012년 3월호, 2012년. pp.27~29.

제12장

시정촌은 위기관리 · 부흥의 단위가 될 수 있을까?
― 시정촌 합병 효과를 중심으로

가와무라 가즈노리

1. 지진대응 평가에 투영된 시정촌 합병

1-1. 재해지 보도

이시노마키 시와 게센누마 시 등 '헤이세이 대합병'으로 합병되어 규모가 확대된 피해지역 지자체에서는 지진발생 직후의 초동 지연을 합병의 탓으로 돌리는 비판이 많았다. 시정촌 합병에 따라 사회복지협의회도 통합되어 자원봉사자의 거점이 없었다는 비판도 있었다.[1] 실제 필자가 지진발생 후에 재해지역을 합병한 지자체에서 실시한 피해자

---

1   엔도 카오루(편저), 『대지진 후의 사회학』, 고단샤 현대 신서, 2011년.

(그림 1) 지진 대응에 합병이 영향을 끼쳤다는 점을 시사하는 보도
출처:『가호쿠신포』(2011년 10월 16일)

의 인터뷰 조사에서도 "지역에 대해 최소한의 지리도 파악하지 못한 직원이 온 탓에 대응이 늦었다", "주민 얼굴을 모르니 공정한 배급을 하지 못했다"는 취지의 답변이 많았던 것 같다. 그 중에는 "합병한 덕에 합병하지 않은 지자체보다도 (부흥) 계획수립 속도가 느리다"는 주장도 있었다. (그림 1)의 기사는 그러한 요청을 받아 취재된 것일 것이다.

그들의 비판을 그대로 받아 들이면 "'헤이세이 대합병'은 지진 대응에 부정적이었다"는 결론에 이른다.[2] 정말 그들의 이야기만으로 그런 평가를 내려도 좋은가? "합병 탓에 우리 지역은 쇠퇴해 버렸다"는 불만은 일본 전국에 퍼져 있고, "만약 합병하지 않았더라면"이라는 시점은 결여되는 경향이 있다. 예를 들어 이시노마키 시와 합병한 구오가치마치와 구기타가미마치가 원래 지자체 단독으로 있었다면 지진 대응과 그 이후가 잘 되었으리라고는 생각되지 않는다. 왜냐하면 오가치·기타가미 양쪽 종합지소는 전부 파괴되었기 때문이다. 오히려 합병하지 않았다면 미나미산리쿠초 이상의 피해지역이 됐을 가능성이 높다. 시정촌 합병은 행정에도 주민에게도 큰 변화를 강요당하기 때문에 불안과 불만이 속출하는 것이다. 그들의 답변을 통해 필자는 지진 발생 시 합병이라는 수단(수법)이 지나치게 과거의 경험에 투영되어 있다는 점을 알 수 있었다.

1-2. 가호쿠신포에 의한 미야기 합병 4개 시 주민 의식 조사

필자는 지진발생 전 가호쿠신포에 협력하여 합병 지자체의 의식조사를 실시하고 있었다. 그 결과 분석(소개)을 통해 교훈을 얻고자 한다. 지진 발생 전인 2009년 3월, 가호쿠신포는 이시노마키 시·도메 시·구리하라 시·오사키 시 합병 4개 시의 주민을 대상으로 전화 의식조사를 실시하였다. 여기에서는 "합병 4개 시 주민의식조사"라고

---

[2] 시정촌 합병이 동일본대지진의 재해에 부정적인 영향을 초래하였다고 지적한 문헌이다. 예를 들어 무로사키 요시테루(室崎 益輝)·고다 마사하루(幸田雅治)(편저), 『시정촌 합병에 의한 방재력 공동화－동일본대지진에서 드러난 폐해』, 미네루바쇼보, 2013년이 있다.

하겠다. 이 조사의 총 응답수는 4개 시 주민 754명이며, 각 시의 내역은 이시노마키 시 200명, 도메 시 182명, 구리하라 시 186명, 오사키 시 186명이었다.[3]

(그림 2)는 2009년 단계에서의 합병 4개 시 주민의 합병에 관한 평가 내역[4]이다. '헤이세이 대합병'시에 이루어진 합병을 긍정적으로 평가하는 주민은 전체에서 51.9%, 각 시(市) 별로 살펴보면 합병을 긍정하는 주민의 비율이 가장 높은 곳은 구리하라 시로 55.4%, 가장 낮은 곳은 이시노마키 시 46.0%이다.[5] 그러나 많은 주민들이 합병을 '적극적'으로 평가한 것은 아니고 데이터는 "굳이 말하자면 합병해서 좋았던 것은 아닌지"라고 생각한 주민이 다수였음을 보여주고 있다.

도메 시의 합병협의회에 학자 자격으로 참석한 한 주민은 2009년 8월 중순에 실시한 필자의 인터뷰에서 "합병 자체가 원래 '(유바리 같은)

---

3 본 데이터에 관한 세부 검토에 대해서는 졸저를 참조할 것. 가와무라 가즈노리, 『시정촌 합병을 둘러싼 정치의식과 지방선거』, 木鐸社, 2010년. 또한 피해지역과 『헤이세이 대합병』의 영향을 고려하는데 있어서 이마이의 연구도 참고가 된다. 이마이 아키라(今井照), 『'헤이세이 대합병'의 정치학』, 公人社, 2008년.

4 합병을 평가하는 것은 쉽지 않다. '헤이세이 대합병'의 선두에 선 사사야마시의 합병을 평가함에 있어서 효고 현은 다음 사항이 평가의 포인트라고 지적한다.
① 행정·의회운영의 변화(예를 들어 합병을 계기로 행정개혁이나 국회개혁)
② 재정운영(예를 들어 재정규율에 대한 의식향상 등)
③ 행정서비스의 변화(예를 들어 교통정책과 인프라의 변화)
④ 주민의 의식변화(예를 들어 주민의 행정에 대한 신뢰와 친근감)
⑤ 주민생활의 변화(예를 들어 커뮤니티 활동의 변화)
⑥ 합병에 관한 의식의 현상(예를 들어 지자체 이미지 등의 공유)
효고 현 시정진흥과 '사사야마 시의 합병의 효과·영향에 관한 조사연구' 2004년.

5 종종 지방의회의 자리에서 "합병을 평가하지 않는 주민은 많다"는 발언이 들리지만 구체적인 수치는 대체로 절반이 긍정적인 평가를 하였다는 것을 여기에서 파악할 수 있다.

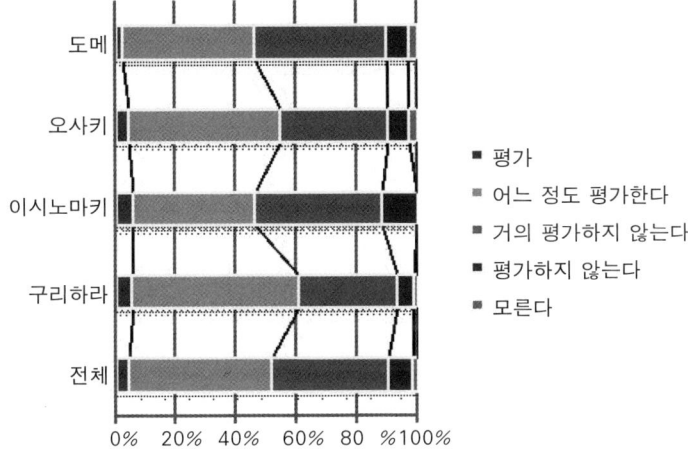

〈그림 2〉 2009년 시점에서 주민의 합병 평가
출처: 가와무라 가즈노리, 『시정촌 합병을 둘러싼 정치의식과 지방선거』, 木鐸社, 2010년.

최악의 상태를 피하고 싶다'라는 생각 속에서 진행되었기 때문에 최악의 상황은 피할 수 있었다는 평가가 다수의 긍정으로 이어진 것은 아닌지"라고 말하였다. 아마 합병 지자체 주민의 대부분이 "합병은 어쩔 수 없다"고 생각하고 있었을 것이다.

합병을 평가하지 않는 주민이 평가하지 않는 이유는 〈표 1〉과 같은 결과였다. 합병을 평가하지 않는 사람이 드는 이유 중 응답수가 많았던 것은 "면적이 너무 넓다" 또는 "서비스가 저하되었다" 중 하나였다. 특히 시다군(志田郡)·다마쓰쿠리군(玉造郡)·도오다군(遠田郡)의 3군에 걸쳐 합병을 한 오사키 시는 합병을 평가하지 않는 이유로 "면적이 너무 넓다"라고 하는 주민들이 많았고, 한편 원래 몇몇 군(郡)을 합병하여 탄생한 도메 시와 구리하라 시에서는 '서비스 저하'를 염려하는 사람이 많았다. 또한 구리하라 시와 도메 시, 이시노마키 시 중에는 모르는 직원이 늘어난 것을 평가하지 않는 이유로 든 사람이 상대

〈표 1〉 4개 시 주민 중에서 합병에 관해 긍정적으로 평가하지 않는다고 답변한 이유

	수장, 의원이 근처에 없다	모르는 직원 뿐이다	공공시설에 불만	특색을 잃었다	면적이 너무 넓다	주변 서비스 저하	그 외 DKNA	합계
전체	2.0%	8.0%	9.1%	12.6%	26.9%	37.4%	4.0%	100%
구리하라	0.0%	14.1%	5.6%	11.3%	18.3%	45.1%	5.6%	100%
이시노마키	2.8%	8.4%	11.2%	19.6%	27.1%	27.1%	3.7%	100%
오사키	1.3%	1.3%	13.9%	13.9%	41.8%	25.3%	2.5%	100%
도메	3.2%	8.6%	5.4%	4.3%	20.4%	53.8%	4.3%	100%

출처: 가와무라 가즈노리, "시정촌 합병을 둘러싼 정치의식과 지방선거", 木鐸社, 2010년.

적으로 많았다.

지진 발생 전에 열린 가호쿠신포의 조사 결과는 합병에 대한 부정적인 평가, 특히 막 합병된 초창기의 평가 내역은 행정 서비스의 저하라는 구체적인 고민만으로 형성되는 것이 아니라 자신의 생활권보다 지자체 면적이 커진 데에 따른 불안·걱정이 강한 영향을 받고 있음을 시사하고 있다. '같은 지자체이다'라는 공간 인식이 형성되지 않은 것과 합병의 평가는 연동하는 듯하다. 이러한 데이터를 전제로 하면 피해지역에서 진재 대응에 대해 주민들의 높은 지지(평가)는 '이행기' 라는 부분을 의식하고 어느 정도 감안해서 해석해야 할 것이다.

2. 합병과 위기관리-이와테미야기내륙지진의 구리하라 시 사례

사실 〈그림 1〉의 기사가 게재된 2011년 10월 16일자 가호쿠신포에는 지진 대응에 합병이 지진 대응에 미치는 영향에 대한 필자의 의견도 소개(반영)되어 있다. 이 코멘트를 읽으면 필자가 이시노마키 시 등

의 합병 지자체 직원에 대해 비교적 동정하는 입장을 취하고 있다는 점을 파악할 수 있을 것이다.

> 합병 지자체는 지금까지의 지역 조성을 재편해 나가는 도중에서도 피해를 입었다. 느리다는 핀잔을 듣는 의사결정이지만 딱 맞는 호흡으로 정해져 있던 시절부터 절차를 중시하는 행정으로 탈피하고 있는 과정이라는 점도 고려되어야 할 것이다. 직원의 인사교류도 막 시작하여 구 시정촌의 혼성군(混成軍)이 되어 있는 상황, 불만이 나오기 쉬운 환경이라고 할 수 있다. …(중략)… 국가의 시책에 따른 복구는 합병한 지자체이든 소규모의 지자체든 간에 큰 차이가 없지만 부흥에서는 차이가 나는 것은 아닐까. 큰 지자체일수록 재원·인적자원을 집중적으로 투자가 가능하기 때문에 적어도 5년 후부터는 차이가 발생할 것이다. 특히 기업유치와 광역행정에서 실시하고 있는 소방·의료분야에서 나타날 가능성이 높다. …

왜 필자가 이러한 입장을 취하였는가. 하나의 이유는 일본 공무원의 고용형태로 볼 때 합병으로부터 10년도 경과하지 않은 시점에서 미증유의 재해를 입은 것은 불운이었다고 생각하기 때문이다. 지상 디지털파 방송으로 TV 운영체제를 지상파디지털 형식으로 전환하는 과정에서 볼 수 있듯이 행정이 시스템을 변경할 때 이행 기간을 설정하는 것이 보통이다. 이 기간은 제도의 주지와 적정 인원의 파악 등이 이루어지고 또한 매뉴얼이 작성되는 기간이다. 이러한 이행 기간에는 설명서 등의 전환이 철저히 되어 있지 않거나 인사교류가 충분히 진행되지 않은 데에 따른 문제가 생겨날 가능성이 높다. 따라서 평가에 관해서는 (피해자에게는 실례되는 표현이지만) 어느 정도 감안하여 고려해야 한다고 생각하는 부분이 있다.

그러나 그뿐만이 아니다. 필자가 동일본대지진이 일어난 2011년도, 미야기 현 수탁연구 '시정촌 광역행정에 관한 조사연구'[6]청취조사로 합병 직후에 이와테 · 미야기 내륙지진에 휩쓸린 구리하라 시의 "합병에 따른 진재 대응에 대한 긍정적인 효과"는 매우 유용한 결과이다.

2-1. 이와테·미야기 내륙지진

2008년 6월 14일 오전 8시 43분, 이와테 현 남부를 진원으로 하는 강한 진동이 이와테 미야기 현 경계지역을 덮쳤다. 이와테 · 미야기 내륙지진이다. 규모 7레벨의 큰 지진으로 최대 그대로 이와테 현 오슈시와 미야기 현 구리하라 시에서 기록한 진도 6강, 미야기 현 오사키 시에서 진도 6을 기록하였다. 소방청 조사에 따르면[7] 이와테 · 미야기 내륙지진의 피해는 인적 피해 사망자 17명 · 실종자 6명으로 비교적 적었지만 구리코마산 주변에서는 산체(山體)붕괴와 하천을 낀 도로 폐쇄 등의 재해를 입어 여기저기서 발생하여 여기저기서 도로의 통행이 금지되어 고립되는 마을이 발생하였다(사진 1).[8]

구리하라군 10정촌 쓰키다테초(築館町) · 와카야나기초(若柳町) · 구리코마마치(栗駒町) · 다카시미즈마치(高清水町) · 이치하사마초(一迫町) · 세미네초(瀬峰町) · 우구이스자와초(鶯沢町) · 간나리초(金成町) ·

---

6 연구 대표자는 가와무라(필자) 교수. 보고서는 링크를 참조하면 된다. http://www.page.sannet.ne.jp/kwmr/research/MIYAGIreport.pdf

7 이와테·미야기 내륙지진 제 78보 2009년 7월 2일 13시 현재. http://www.fdma.go.jp/data/010906061520038874.pdf (검색일: 2013년 4월 14일)

8 『가호쿠신포』 2008년 6월 20일 외.

(사진 1) 이와테·미야기 내륙지진 피해지(마쓰루베대교·이와테 현 이치노세키 시)
출처: 필자 촬영(2013년 4월 14일)

시와히메초(志波姫町)·사나야마무라(花山村)의 신설합병에 의해 구리하라 시가 발족한 것이 2005년 4월 1일이었으므로, 이와테·미야기 내륙지진은 합병한지 3년 밖에 지나지 않은 신도시를 덮친 것이 된다.

이와테·미야기 내륙지진의 피해를 입은 구리하라 시는 2007년 3월에 '구리하라 시 종합계획', '구리하라 시 지역방재계획'을 책정하고, 합병 첫해부터 '위기관리감'의 배치, '자주방재조직'의 설립을 추진해 왔다. 또한 재해 시 상호응원협정을 타 지자체와 맺고, 민간사

〈사진 2〉 구리하라 시 소방본부 청사
출처: 필자 촬영(2013년 4월 14일)

업자와 재해지원협정을 맺어 왔다.[9] 그러한 미리 준비된(事前) 소프트웨어 측면의 노력이 지진대응에 매우 긍정적이었던 것은 틀림없지만 합병에 동반되는 하드웨어의 변화도 중요한 요소였다고 생각할 수 있다.

2005년 4월 1일에 구리하라 시가 출범함에 따라 합병한 10개 정촌이 구성한 구리하라지역 광역행정사무조합은 합병 전날에 해산하였고, 1970년 8월 8일에 발족한 구리하라지역 광역행정사무조합의 업무[10](소방이나 쓰레기 처리 등)는 구리하라 시로 승계되었다. 조합소방

---

9 구리하라 시 직원인 이토 후미야 씨의 기고 내용도 참조하였다(소방방재박물관 홈페이지). http://www.bousaihaku.com/cgibin/hp/index2.cgi?ac1=B414&ac2=B41407&ac3=5967&Page=hpd2_view (검색일: 2013년 4월 14일).

10 구리하라 지역 광역행정사무조합에 대해서는 총무성의 합병 아카이브 자료를 참

(구리하라지역 광역행정사무조합 소방본부)이 시 소방으로 전환된 것이다. 시소방에 따라 헤세이 2006년도까지 지령센터·방재센터를 갖춘 구리하라 시 소방본부청사(사진 2)의 정비를[11] 완료시킨 것이었다. 방재거점으로 내진성이 높은 시소방본부청사가 지진 직전에 정비된 것이 진재대응에 유용했다는 점은 의심의 여지가 없지만 여기에서의 포인트는 합병 후 (즉시 시소방로 이행 후)에 본부청사의 정비가 이루어진 점이다.

2-2. 시정촌 합병 효과

'헤이세이 대합병' 시 합병을 계기로 소방본부청사를 새롭게 정비한 합병 지자체가 적지 않다. 구리하라 시에 인접한 도메 시(구리하라 시 동일한 날에 발족)도 합병을 계기로 소방본부청사(도메 시 소방방재센터)를 정비하였다.[12] 합병을 계기로 소방본부청사를 새롭게 정비하는 합병 지자체가 많은 것은 기능적인 관점에서 정비되는 경우도 있다. 하지만 조합소방시대에 좀처럼 설비 등을 갱신할 수 없었던 점도 중요한 요인(배경)이었다. 설비 등의 갱신이 곤란한 이유는 조합의 재원이 기

조할 것. http://www.gappei-archive.soumu.go.jp/db/04miya/0403awahara/PDF/koumoku/teian/itikumi 1.pdf

11 또한 구리하라 시는 소방본부청사의 정비뿐만 아니라 남부출장소청사(세미네지구) 동부분서청사(와카야기지구) 서부출장소청사 (이치하사마지구), 북부분서청사(구리코마지구)를 정비하고 소방본부를 중심으로 동서남북 각 1개소씩 배치하는 소방체제의 재편사업을 진행하고 있는 중이다(2013년 4월 현재).

12 합병의 배경에는 노후화된 소방시설의 갱신에 대한 기대감도 작동한 것으로 전해지고 있다. 『가호쿠신포』 2005년 3월 31일.

본적으로 구성 지자체가 갹출하는 '부담금' 등으로 조달되기 때문이다.[13] 구성 지자체가 설비 갱신에 드는 비용갹출에 대한 합의를 꺼리기 때문이다. 특히 재원이 부족한 지자체와 관심이 낮은 지자체가 "갱신비용은 지불하고 싶지 않다"며 거부권을 발동할 경우 갱신은 이루어질 수 없게 된다. 소방설비는 주민의 생명재산을 보호하는데 중요한 시설이며, 위기관리의 관점에서 소방본부청사의 내진성은 확보되어 있어야 한다.[14] 그러나 조합에서 운영하고 있는 경우 구성 지자체의 의도가 반영되는 과정에서[15] 그것들이 소홀해 질 가능성도 있다. 바꾸어 말하면 조합소방은 소수결의 문제를 안고 있는 것이다.

다른 관점에서 지적하자면 이와테·미야기 내륙지진 발생 시, 그 규모에서 미야기 현과 구리하라 시의 연락체제 확립은 필수였다. 구리하라군의 합병에 의해 10곳이었던 창구가 하나로 집약되었다. 그것은 여러 면에서 발생하는 현과의 정보를 주고받는 간소화로 이어졌다. 위기관리에서 문제 시 되는 것은 정보계통의 혼란이다. 국가·현의 지시를 적절하게 피해 지자체에 연락하려면 창구는 적으면 적을수록 좋다. 또한 국가·현에 대한 요구는 어느 정도 피해지역에서 집약되는 것이

---

13 http://www.soumu.go.jp/main_content/000196080.pdf (검색일: 2013년 4월 15일)

14 쥬에츠지진 피해 지자체인 나가오카 시는 방재용 건물의 내진성 확보를 "비상재해대책의 첫 걸음"이라고 지적한다. 나가오카 시 재해대책본부(편집), 『쥬에츠대지진: 지자체의 위기관리는 제대로 작동(機能)했는가?』, 교세이, 2005년.

15 그러나 조합을 형성하는 각 지자체 중에 인구적으로도 산업적으로도 자타 공히 중심으로 인정하는 지자체(일반적으로 구군청이 소재한 시)가 있다면 얘기가 다르다. 그 중심 지자체가 나머지 비용을 부담하는 것이 가능하기 때문에 갱신이 진행되기 쉽다.

바람직하다. 미야기 현은 이와테·미야기 내륙지진이 발생하였을 때, 구리하라 시장의 연락을 즉시 현(縣)에서 받을 수 있도록 현의 직원을 파견하였다고 한다. 합병하지 않았더라면 "그러한 핫라인을 만드는 것은 쉽지 않았을"[16]수도 있고, 또한 구리하라 시가 부흥을 추진하는 과정에서도 진정창구가 일원화 되었다는 장점이 있었던 것이다.

여담이지만 2008년도 구리하라 시는 지역조성 총무대신이 주관하는 지방지자체 표창(노력하는 지방응원상)을 수상하였다. 구리하라 시의 수상이유는 "관광자원의 조사 및 활용을 위한 관광행정과 일체적인 조사연구를 실시함과 동시에 다양한 시민이나 단체가 참여하면서 인재육성에 중점을 두고 합병 후의 새로운 도시 조성에도 이어지고 있다[17](구리하라 시)"는 것이며, 이와테·미야기 내륙지진 발생 후에 시민참여형 자원봉사조직 '구리하라 연마대'와 시민 이외의 사람들로 '고향응원단·구리하라를 빛내는 모임'을 조직화한 것이 수상의 배경에 있다. 합병을 하였기 때문에 지진 후에 이러한 조직을 설립할 여력을 얻은 것이다.[18]

---

16 미야기 현 수탁연구에서 필자 청취조사 당시 사토 이사무 구리하라 시장의 발언.
17 http://www.soumu.go.jp/main_sosiki/jichi_gyousei/c-gyousei/2008/pdf/081222_1_2g.pdf (검색일: 2011년 1월 21일)
18 또한 이러한 조직은 동일본대지진 이후 연안지원 시 자원봉사자의 수락 등에서 중요한 역할을 하게 된다.

3. 위기관리를 위한 적당한 단위(규모)란

3-1. 합병이 가져온 효과

그러나 '헤이세이 대합병'을 거쳐 조합소방이 시소방으로 되었을 뿐만 아니라 조합병원이 시립병원으로 바뀐 곳도 많다. 시립병원화도 위기관리의 관점에서 보면 긍정적으로 운용될 것으로 생각된다. 왜냐하면 재해 후 재건계획의 검토 및 방재계획의 재검토 시 계획의 상정역(지자체역)과 소방·의료권역이 일치하는 경우가 차질이 생기지 않기 때문이다.

또한 방재무선의 설치비용 등을 생각해도 보다 규모가 큰 지자체에 '규모의 경제'가 작용하기 때문에 설치하기 쉬워지고, 여러 업무를 겸직하는 직원이 줄어 들기 때문에 위기관리의 전담 직원을 둘 수 있다.[19] 중간 규모의 산간지에서 방재무선 등의 설치가 진행되지 않는 것은 설치 비용뿐만 아니라 유지 비용의 부담 때문이다.[20] 대규모로 효율화를 꾀하고 예산 규모를 확대함으로써 무슨 일이 발생하였을 때 대비를 할 수 있다.

또한 합병에 따라 인적자원의 여유가 생기는 만큼 재해지 응급구호 직원을 파견할 수 있다. 필자가 마쓰시마마치에서 들은 이야기인데,

---

19 지방지자체 위기관리조직에 관한 대표적인 고찰(분석)은 다음을 참조하면 된다. 예를 들어 나카무라 아키라·우시야마 구니히코(편저), 『정치·행정에 대한 신뢰와 위기관리』, 芦書房, 2012년이 있다.
20 예를 들어 『요미우리신문』이나 『마이니치신문』은 이와테·미야기 내륙지진 관련 기사로 방재의 '비용 효과' 및 긴급상황 시 부담을 어떻게 할 것인가에 대한 특집 기사를 2008년 6월 16일자 지면 (양쪽 모두)에 전하고 있다.

동일본대지진 발생 당시 마쓰시마마치와 마찬가지로 경승지로 유명하고 인연을 맺고 있었던 태평양 반대 측에 위치한 니카호 시에서 응원단이 찾아왔다.[21] 그 때 구조하러 온 지자체 관계자 중 한 명이 "합병하지 않았다면 응원하러 올 수 있었을 지의 여부는…"이라고 말하였다고 한다. 니카호 시는 2005년 10월 1일에 유리군 니카호마치(由利郡仁賀保町)·고노우라마치(金浦町)·기사가타마치(象潟町)가 합병하여 발족한 시로 합병 전의 기사가타마치의 규모로는 일상 업무가 밀려 직원 파견이 쉽지 않았다고 한다.

합병을 통해 직원의 전임제도(專從化)가 확립(진행)되어 보다 고도의 대응이 가능해진다. 그러나 효율화에 의해 세심한 부분까지 손길이 닿지 않는다는 부정적인 부분도 시정촌 합병에는 존재한다. "세밀한 대응을 할 수 없게 된다", "주변부가 버려진다"는 불안을 동반하는 단점도 있는 것은 사실이다. 서두의 기사는 동일본대지진으로 괴멸적인 피해를 입은 이시노마키 시의 오시카지구나 가호쿠지구의 주장을 전하고 있으므로 우리는 직접 불이익을 당한 피해자의 불만을 어떻게 해소할 것인가 하는 점도 생각하지 않으면 안 된다.

3-2. 위기관리 단위 및 인구 규모

현재 일본의 지방자치는 도도부현(都道府縣)과 시구정촌의 2층제를

---

21 마쓰오 바쇼는 '오쿠노 호소미치' "기사가타의 자취는 마쓰시마와 닮아있지만 또 다르다. 마쓰시마는 웃고 있는 듯하고, 기사가타는 근심하는 듯 하다"고 적고 있다. http://www.town.miyagi-matsushima.lg.jp/index.cfm/9,10253,51,139,html (2013년 4월 15일)

채용하고 있다. 그리고 시구정촌(市区町村)에 기초적 지자체의 성격이 부여되고, 도도부현에 광역 지자체로서의 역할이 기대되고 있다. 자연재해는 인간이 정한 '경계'와는 관계없이 일어나기 때문에 위기관리와 부흥의 단위로서 시구정촌을 대등한 존재로서 제도적으로 자리매김하는 것에는 한계가 있다. 왜냐하면 중앙에 재원을 크게 의존하는 소규모 지자체에서는 중앙의 대응에 따라 복구·부흥이 크게 좌우되고, 본 장에서 살펴 보았듯이 소방 등의 시설갱신 등도 용이하지 않기 때문이다.

평시의 지역조성을 상정하면 'Small is Beautiful'이라는 개념은 매우 바람직한 생각처럼 보인다. '헤이세이 대합병' 때 합병하지 않았던 마을의 대부분은 이러한 의견이 많았을 것이다. 그러나 위기관리와 부흥촉진이라는 점에서 이러한 생각은 나중에 족쇄가 된다. 어느 정도 규모의 재원과 인적자원을 집약한 편이 복구·부흥속도는 빨라지며, 광역 지자체들의 위기관리능력이 높다는 것은 엄연한 사실이다.

시구정촌을 위기관리·부흥추진의 단위로 보는 데 있어서는 적어도 두 조건을 갖추고 있을 필요가 있다. 하나는 권한이나 재원 문제에 부딪혔을 때 상황에 따라 재빠르게 대처(행동)할 수 있는 환경이 갖추어져 있는지, 다른 하나는 거기에 대응할 수 있을 만큼의 인력이 확보되어 있는지에 관한 점이다. 전자와 후자를 충족한다는 관점에서 이번 피해지역을 살펴보면 자립적으로 위기에 대응하여 부흥책을 검토할 수 있는 지자체는 센다이 시 등 극히 제한적이었다. 정촌 수준에서 위기관리를 하는 것은 재원으로도 인력으로도 너무 적으며, 국가의 복구·부흥에 대한 자세가 기획제안형인 이상 직원의 전종성이 낮은 소규모 지자체는 불리해질 수 밖에 없다. 특히 경험이 풍부한 기술계 직원의 유무는 위기관리를 생각하는데 있어서 주목해야 할 것이다. 소규모 지자체 중에는 기술계 직원이 전혀 없는 곳도 적지 않고, 또한 기술계 직원이 있다고 해도 대규모 공공사업의 경험이 부족하다는 한계(경향)도 있다. 지진 직후는 위험도의 판정과 부흥을 담당하는 업자의 감독, 회계검사에 대한 대응 등 기술계 직원의 업무는 많다. 실제로 쥬에츠지진 복구·부흥의 진두 지휘를 잡은 모리 타미오 전국시장회 회장·나가오카 시장은 "복구 속도를 앞당기기 위해서는 기술계 직원의 존재와 파악하는 힘이 필요하며, 경험의 차이는 크다"고 지적한다.[22]

그렇다면 어느 정도의 규모가 바람직한 것일까. 첫 번째 견해로서 최적 인구 규모라는 개념이 있다. '최적 인구 규모'의 논의는 재정학 분야에 등장하는 논의로 인구 규모(면적)와 정책출력의 관계가 대체로 2차 함수적 형상(U자형)이 되는 것에 착목하여, 거기에서 지방지자체의 최적 인구를 산출하려고 하는 것이다. 예를 들어 요시무라 니시카와는 실제 데이터에서 구체적인 숫자를 나타내고 있다.[23] 니시카와의 논문에 따르면 '헤이세이 대합병' 이전 데이터를 바탕으로 추계된 수치는 시 레벨(정령 지정도시를 제외)에서 약 17만 명이다. 또한 요시무라는 정책 유형별로 최적 인구 규모를 산출하고 있는데, 그 결과는 경제정책과 복지정책의 관점에서 보면 10만 명을 초과하는 규모가 요구됨을 나타내고 있다.

---

22 2013년 5월 2일 나가오카 시 의 청취조사에서 최근 기술계 행정직원 감소하는 경향도 무시할 수 없을 것이다. 후지타 유키코, 『공무원 제도와 전문성: 일본과 영국의 기술계 행정관 비교』, 센슈대학출판부, 2008년.

23 요시무라 히로시, 『최적 도시규모와 시정촌 합병』, 동양경제신보사, 1999년; 니시카와 마사시, "시정촌 합병의 정책평가: 최적 도시규모·합병협의회의 설치 확률", 『일본경제 연구』 제46호, 2002년, pp.61~79.

그러나 최적 인구 규모의 논의는 어디까지나 현재의 정책지출 수준에서 규모를 역산하는 것이며 그것이 주민들에게 최고의 선택이라고는 할 수 없다.[24] 특히 위기관리나 복구·부흥을 생각하는 데 있어서 "재무행정 효율이 효과적인 규모(최적 인구)"와 "주민이 동일한 생활공간과 공유 가능한 범위"의 양립이 바람직하다. 그렇게 생각하면 통근권과 옛 군 영역을 기초로 10만 명 정도에서 20여 만 명으로 위기관리·방재의 단위가 구성되는 것이 바람직하게 될 것이다. 이것은 현재의 광역행정권(소방·병원경영 단위) 및 내각이 정하는 행정명령(政令) 지정도시 구역의 규모이며 현재의 제도운용은 이치에 맞는다.[25]

쥬에츠지진이나 노토반도(能登半島) 지진, 이와테·미야기 내륙지진, 그리고 동일본대지진과 일부 대규모 지진에 조우한 피해 지자체의 조사를 해 온 필자는 그 경험에서 방재계획과 부흥계획의 단위는 "시 혹은 광역연합에서 책정되는 것이 바람직한 것은 아닌가"라고 생각한다. 이유는 소방이나 병원경영과 적합성을 가지기 쉬우며, 인력의 관점에서 보더라도 어느 정도의 규모는 필요하다고 생각하기 때문이다. 주민의 생명과 재산을 지킬 수 있는 존재를 '지방정부'로 규정할 경우 "어느 일정한 규모 이상의 시는 지방정부라고 말할 수 있을지도 모르지만 정촌은 지방정부라기보다는 지역사회라고 칭하는 것이 무난하다"는 것이 필자의 인식이다. 평상시 마을 조성의 단위로 정촌을 상정

---

24 실제로 '헤이세이 대합병'의 사례를 데이터베이스화하여 철처히 분석한 결과를 살펴보면 최적 인구규모를 목표로 하여 합병한 사례는 그리 많지 않다는 것을 알 수 있다. 가와무라, 앞의 책.

25 현재 진행되고 있는 소방의 광역화에 대해서도 검토가 이루어질 필요가 있다. 소방의 광역화에 관한 대표적 논의는 나가타를 들 수 있다. 나가타 쇼우조,『소방의 광역재편의 연구: 광역행정 및 소방행정』, 무사시노대학출판회, 2009년.

하는 것은 용이하지만 비상 시의 단위로 생각하면 위기관리와 복구를 단독으로 다루는 것은 어렵다고 생각한다.

4. 결론

필자는 일본의 합병정책은 위기관리라는 관점이 누락된 채 너무도 조속히 진행되어 왔다고 생각한다. 그 탓에 합병 찬성파와 합병 반대파의 논의가 어긋난 것이 아닐까하는 생각도 든다. 특히 '헤이세이 대합병'은 자발적 합병을 표방한 결과 논의가 혼란스러워진 것이라고 생각한다. '헤이세이 대합병'은 '지역 자아'나 '지방 정치인의 의도'로 합병이 파담된 합병 협의회가 많았지만 방재·위기관리의 관점까지 언급한 합병 협의회도 거의 없었을 것이다. 합병을 선택하지 않은 소규모 지자체도 방재와 위기관리를 어떻게 생각할지에 관한 부분은 생각하지 않았던 것으로 보인다.

'헤이세이 대합병'시 화제가 된 통칭 '니시오 사안(西尾私案)'[26]은 현재 존재하는 정촌을 전제로 하고 있지 않아 위기관리 측면에서 기초적 지자체의 바람직한 자세를 생각하는데 있어서 타당한 제안이었다고 여겨진다. '니시오 사안'에 따르면 작은 정촌은 지역사회, 즉 지역 자치조직으로 지역방재를 맡고, 광역연합 내지는 일부 사무조합이 위

---

26 그러나 합병에 반대하고 있던 당시의 소규모 지자체를 자극하는 내용이나 보도된 방식이 선풍적이었기 때문에 그 본질이 충분히 국민에게 전달되지 않았던 것 같다. 또한 니시오 사안에 대한 논고로는 다음 URL을 참조하였다. http://www.ndl.go.jp/jp/data/publication/issue/0417.pdf (검색일: 2011년 1월 2일)

기관리의 단위로서 지역방재를 담당한다. 일정 규모 이상의 도시는 단독으로 위기관리의 단위가 되는데, 지역자치조직을 활용한 지역 방재를 운영시키는 것으로 한다.[27] 필자는 그러한 구조가 바람직하다고 생각한다(그림 3).[28]

바꾸어 말하면 광역연합 내지는 일부 사무처리조합을 형성하고 있는 지역은 평상시 지역 조성은 개개의 지자체의 특징을 살린 실천을 실시하여 일단 재해가 발생하면 하나의 지자체로서 기능을 하는 광역행정적인 체계를 만들어 두어야 하며 광역합병으로 시가 된 지자체는 효율적이지 않다고 해서 출장소(구 동사무소)를 즉시 폐지해 버리는 것이 아니라 방재거점으로서의 기능을 고려하여 평상 시 마을 조성에 활용하는 것이 필요하다. 그리고 지소를 평상시는 마을조성, 유사시에는 지역방재의 거점으로 하여 학구 또는 연합 반상회의 범위를 평상시는 자치의 단위, 유사시는 자주방재조직의 단위로 하면 통일된 체제가 된다.

필자는 "합병은 '반드시 해야 한다(Must)'"라고는 생각하지 않는다. 단 한정된 재원을 효율적으로 사용하면서 위기관리와 방재를 이루기 위해서는 인근 지자체 간 상호협력이 필수불가결하며, 정주 자립권 구상 등을 활용하면서 위기관리와 방재를 진행해야 한다. 부흥 거버넌스를 논의할 때에도 그러한 관점이야말로 필수불가결한 요건이라 할

---

27 지역자치의 대처에 관해서는 조에쓰 시의 다양한 노력들은 바람직한 참고 사례이다. 야마자키 기미아키·무네노 다카토시(편집), 『지역자치의 최전선: 니가타현 조에쓰시의 도전』, 나카니시야출판, 2013년.
28 다음 문헌을 참고하면 된다. 도쿄 시정촌 자치조사회(감수)·우시야마 구니히코(편저), 『광역행정과 지자체경영』, 교세이 2003년.

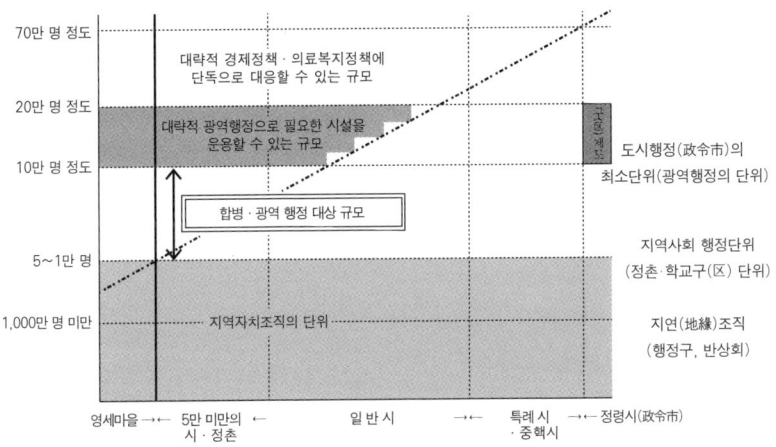

〈그림 3〉 위기관리 단위를 고려하는 관점

출처: 가와무라 가즈노리, 『미야기 현 수탁연구보고서: 미야기 현의 합병지자체의 사례를 중심으로 포스트 합병시대의 '광역행정'과 '주민자치'에 대해 고려한다』

수 있다.[29] 또한 가능하다면 소방의 운용이나 병원경영은 일부 사무조합 방식이 아닌 광역연합 방식이 바람직하다고 생각한다. "어느 쪽도 마찬가지"라는 의견이 있을지도 모르지만 광역연합은 "구성하는 지방지자체에 약관을 변경하도록 요청할 수 있다"거나 "광역계획을 책정하고 그 실시에 대해 구성단체에 대해 권고할 수 있다. 그래서 일부 사무조합 방식에 비해 구성 지자체의 거부권 발동을 상대적으로 억제할 수 있다". 또한 "보통 지방공공단체로 인정되는 직접 청구와 동일한 제도가 마련되고", "의회 의원과 집행기관의 선출은 직접 선거(公

---

29 관련된 논의로 사토 이와오, "〈부흥 거버넌스〉의 시각과 과제", 도쿄대학 사회과학연구소(편), 『부흥의 거버넌스: 도쿄대학 사회과학 연구소 프로젝트연구 '거버넌스를 되묻다' 제2회 임시 세미나 기록』, 도쿄대 사회과학연구소 연구시리즈 제51호, pp.5~20; 이마이 아키라, "'임시 마을' 구상과 자치의 원점", 『거버넌스』 2012년 9월호, 2012년, pp.22~25 등이 있다.

選) 또는 간접 선거에 따름"으로 되어 있기 때문에 상대적으로 주민들이 보다 더 관여할 수 있는 구조로 되어 있다.[30]

"합병으로 인해 위기관리·방재가 잘 이루어지지 않았다"고 단락적으로 파악해서는 안 된다. 가나이(金井)는 '거버넌스'에서 지난 10년을 "기초적 지자체 파괴의 10년"이라고 평가하고, "'헤세이 대합병'을 기민책의 하나"로 간주하고 있지만[31] 좀 더 다방면에서 합병을 분석하고 논할 필요가 있다고 생각한다. 필자는 본 장의 서두에서 소개한 것과 같이 다양한 선호(목소리)를 전제로 한 지자체의 위기관리 및 방재면에서 심도 있게 고려해야 한다. 또한 기술관련 직원의 유무 등은 행정학적 합병평가에서 간과되는 경향이 있으므로 이 부분에 대해서도 검토해야 할 것이다.[32]

그런데 지방지자체의 규모와 방재·위기관리정책이 잘 진행되지 않는 상황은 총무성이 보급 촉진에 노력하고 있는 '안심 안전 공공 커먼즈'[33]에서도 엿볼 수 있다. '안전 안심 공공 커먼즈'의 일환으로서 재난정보를 신속하고 효율적으로 정보 발신자로부터 주민에게 알리는

---

30 광역연합의 의의와 과제를 생각하는 데 있어서는 야마나시가쿠인대학 행정연구센터(편), 『광역행정의 제상』, 중앙법규, 2001년 등을 참조하였다.
31 가나이 도시유키, "지자체 제도(행정체제)의 10년", 『거버넌스』 2011년 4월호, 2011년, pp.32~34.
32 또한 가나이는 주변부가 된 지역이 합병에 의해 버려진다고 하지만 오히려 중심부 쪽이 지방의원의 배출에 고전하고 있는 곳도 적지 않다. 만만찮은 주변부도 있는 것이다.
33 http://www.soumu.go.jp/menu_seisaku/ictseisaku/ictriyou/02ryutsu06_03000032.html (검색일: 2013년7 6월 13일).

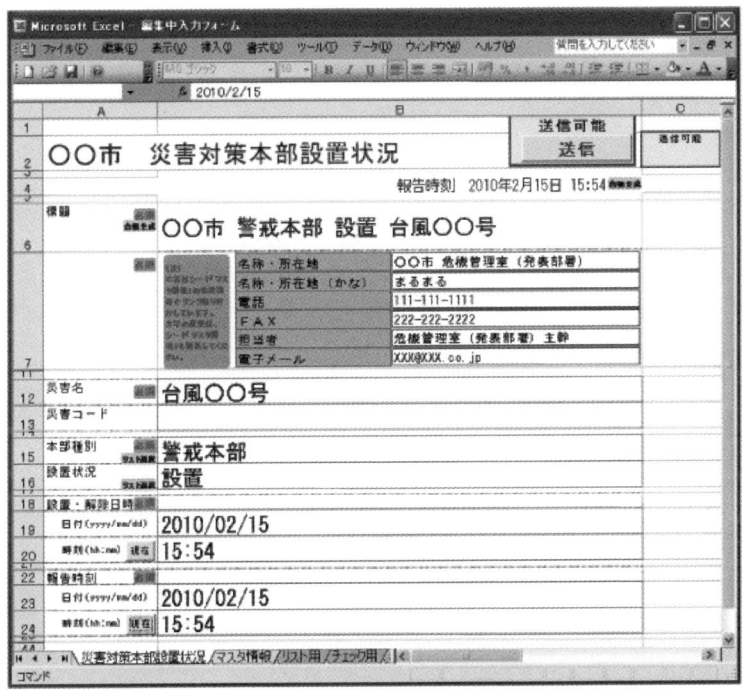

コモンズビューワ

(그림 4) 공공정보커먼즈 입력 화면
출처: http://www.fmmc.or.jp/commons/merit/2-1.html (검색일: 2013년 6월 13일)

정보기반인 '공공정보커먼즈'의 운용이 시작되고 있다.[34] 2013년 6월 12일에는 그 합동훈련도 진행됐다. 공공 정보 커먼즈 활용은 다양한 장점이 있는 것으로 알려져 있다. 지방지자체에 있어서 재해정보를 발신하는 조직의 입력비용 절감이라는 장점(그림 4)이나 인접 지자체 등의 정보를 입수하기 쉬워진다는 장점이 있다고 한다. 그러나 재해정보를 입력하는 데 있어서 가장 중요한 것(요점)은 '인력'이다. 이러한 시

---

34 http://www.fmmc.or.jp/commons/ (검색일: 2013년 6월 13일).

스템을 살리기 위해서는 결국 입력하는 측 인원의 여유가 필요한 것이다.

우리들은 합병에 따른 규모의 확대가 이러한 공공정보커먼즈 입력과도 연결되어 있다는 점을 인식해야 한다.

제13장

지자체 간 클라우드의 가능성에 대한 고찰
- 재해시 상호응원협정과 비교에서

가와무라 가즈노리

1. 서론

1-1. 쓰나미 피해지역에 대한 내륙부 지원

동일본대지진 발생 후 도메 시는 시내의 지진 대응뿐만 아니라 인접한 미나미산리쿠초 피해자까지도 고려(대처)해야 하는 상황까지 몰리게 되었다. 청사가 유출된 옆 마을(東隣) 마을에 대하여도 도메 시는 미나미가타지구(구미나미가타마치)와 쓰야마지구(구쓰야마초)의 토지를 가설주택 건설용지로 제공하고, 합병 시 병원재편[1]으로 재검토가 이

---

[1] 도메 시의 병원개혁 과정 등에 대해서는 도메 시 의료협회의 사이트를 참조하였다. http://www.city.tome.miyagi.jp/iryou/iryou/keikaku.html (검색일: 2013년 4월

루어진 요네야마초의 구시립 요네야마병원(요네야마지구) 시설을 개방하여, 피해 입은 공립 시즈가와병원의 입원병동으로 빌려주기 시작하였다.[2] 또한 도메 시는 옆 마을(西隣)의 구리하라 시에 미나미산리쿠초 지원에 대한 조력을 요청, 구리하라 시도 "피해지가 이재민을 받아들이는 프로젝트" 일환으로 다카하시 마사아키(高橋正明) 부시장을 본부장으로 하고, 시장이나 JA조합장, 상공회 회장, 의사 회장 등으로 조직하는 대책 본부를 만들어 연안부 지원을 실시하였다.[3]

이와테 현에서도 내륙 지자체가 연안부를 지원한다는 형태를 살펴볼 수 있었다. 예를 들어 기타카미시는 시내의 인재파견회사에 업무를 위탁하는 형태로 2011년 9월 이후 오오후나토 시(大船渡市) 전체 37개소의 가설주택운영지원사업을 실시하였다. 오오후나토 시 최대 규모의 가설단지에 있는 콜센터에서 지원물자와 정보를 집약하고, 지원을 통해 안부 확인이나 지원정보를 제공하였던 것이다.[4] 도오노 시(遠野市)도 NPO 법인에 위탁 등을 통해 연안부에 대한 지원과 거점화를 시도하였다. 도오노 시에서 연안부의 지원을 한 것은 한세이(藩政)기부터 메이지·다이쇼·쇼와를 통한 역사 속에서 길러진 것이다.[5] 그러나 내륙에서의 지원이 모두 원활히 진행된 것은 아니다. 왜냐하면 동

17일).

2 『가호쿠신포』 2012년 6월 26일.

3 『오사키 타임즈』 2011년 3월 22일.

4 『가호쿠신포』 2012년 1월 3일.

5 도오노 시를 거점으로 활동하는 NPO인 도오노 진심 네트워크의 타다 가즈히코 이사장의 지적. 도오노 진심 네트워크 홈페이지의 URL은 다음과 같다. http://tonomagokoro.net (검색일: 2013년 4월 17일).

일본대지진의 영향을 받은 지역이 광범위하고 연안부에 인접한 내륙부 지자체 역시 피해를 입은 지자체였기 때문이다.[6]

대규모 자연재해는 피해를 입은 최전선 지역에 대해서, 비록 재해지역이기는 하지만 내륙에 소재한 지자체가 지원하는 구도로 빠지기 쉽다. 이러한 상황을 가능한 한 줄이기 위해서는 원거리의 지방지자체와 재해 시 상호응원협정 등을 체결해 둘 필요가 있다. 실제로 동일본대지진 후 시정촌끼리 재해 시 상호응원협정을 맺은 곳도 적지 않아 그러한 곳에서는 효과적인 일대일 지원이 이루어졌다.[7] 따라서 지진 후 '난카이트로프'에 의한 쓰나미 재해가 예상되는 태평양 연안에 위치한 지자체 중에는 태평양연안 반대측의 지자체와 새롭게 재해 시 상호응원협정을 맺고자 하는 지자체나 기존의 협정을 검토하려는 지자체도 있었다.[8] 또한 피해 지자체 중에서는 그때까지 자매도시 관계 등과 같

---

6   도메 시와 도오노 시 등은 쓰나미 피해의 첫 번째는 아니지만 완전한 후방(두 번째)라고도 말하기 어렵다.
7   거버넌스 편집부, "부흥의 추진력이 되는 것은 수장의 강력한 리더십이다-전국시장회 회장·니가타현 나가오카 시 나가모리 타미오 씨에게 듣는다", 『거버넌스』 2012년 3월호, 2012년 pp.14~16; 이치카와 요시다카, "지진 부흥과 지자체 간 협력-상호응원협정·'일대일 지원'", 『지방자치 직원연수 임시 증간호 동일본대지진과 지자체-3·11후 지자체 정책이란!?』 제44권 통권 610호, 2011년, pp.96~105.
8   안죠우 시와 상호응원협정을 맺고 있는 도나미 시와 가가 시는 2011년 6월 상호응원협정을 체결하여 재해 시 응원체제를 3시 체제로 확대하고 있지만 이것은 일본해 측 지자체 중에도 방재체제의 강화를 추진하려는 움직임이 있었다는 것을 보여주고 있다. 『호쿠리쿠주니치신문』 2011년 6월 14일. 다카오카 시에서도 도카이 지방 시에서 협력·제휴의 움직임이 있었다고 하며, 한 다카오카 시 관계자는 "현(縣)이나 도읍(都)에 버금가는 도시라는 평가가 움직임의 배경에 있는 것은 아닌지"라고 필자에게 말하였다.

은 평상 시의 교류에 그치고 있던 관계에 대해서 재결합을 시도함으로써의 재해 시 상호응원협정을 체결함으로써 강화하려는 움직임도 있었다.[9]

1-2. 개인정보에 관한 위기관리

개인정보 관리 문제를 논하기 위해 청사가 유출된 산리쿠 연안 지자체의 한 직원과의 인터뷰 내용을 소개하고자 한다.

동일본대지진에 의해 휩쓸린 청사 주변에서 자원봉사자들과 잔해 정리를 함께하고 있을 때 한 자원봉사자가 쓰나미가 물러간 후에 생긴 물웅덩이 속에서 여러 장의 종이를 발견하였다. 그 젊은 자원봉사자는 어떤 종이인지 잘 몰랐기 때문에 여러 장의 종이가 웅덩이에 있는 것을 직원에게 보고하고 물에 젖어 있으니 말릴 필요가 있는지 물었던 것이다. 직원은 잔해 정리를 하던 손을 멈춘 후 그 종이를 보고 놀랐다. 중요한 개인정보를 기록한 서류(대장)의 일부였기 때문이다. 그 대장의 내용물을 발견한 자원봉사자는 기억 못할지도 모르지만 일반적으로 보여서는 안 되는 정보가 적혀 있었던 대장을 기록이라는 점을 간파한 것이다. 그와 그의 동료는 당황해서 잔해를 치우는 자원봉사자들을 불러 모아 잔해 정리 때 보았던 종이(공문서)의 내용은 외부에 누설하지 않도록 자원봉사자들에게 각서를 쓰게 하였다.

한신·아와지대지진이 발생한 1990년대 중반과 비교하여 오늘

---

9 예를 들어 나토리 시와 가미노야마 시는 2013년 4월 20일 재해 시 상호응원협정을 맺고 있다. 『가호쿠신포』 2013년 4월 21일.

날 지자체의 개인정보 관리는 상당히 엄격해지고 있다. 당시 직원은 3·11 지진을 통해 "종이 매체로 개인정보를 관리 보존할 경우, 청사가 휩쓸리거나 했을 때 위험하다"라는 교훈을 얻은 것이었다.

한신·아와지대지진 발생 당시에 비해 지자체의 개인정보관리 환경은 크게 변화하고 있다. 개인정보 보호법이 성립되고 개인정보에 대한 관리가 더욱 엄격하게 요구되는 한편, 인터넷 보급이 진행되어 종이가 아니라 정보기기에 의한 주민의 개인정보 관리가 기본으로 되어 있다. NPO나 자원봉사자가 가설주택의 안부확인을 위해 주민의 등록데이터(목록)을 행정에 요구하더라도 개인정보 보호를 방패로 목록을 건네지 않은 것은 행정이 개인정보 보호에 신중하게 (혹은 과잉) 대응한 결과이다.

개인정보를 효율적으로 보다 안전하게 관리하는 것은 쉽지 않다. 특히 대규모 자연재해 시에는 안부 확인이나 각종 증명서 발행 등 개인정보를 대량으로 취급해야 한다. 이러한 상황에서 주목할 만한 기술이 있다. 바로 '클라우드' 기술이다. 지자체와 지자체 간을 클라우드로 연결하는 것은 위기관리의 관점에서 보면 가능성을 내포하고 있다. 재해 시 상호응원협정에 '정보'라는 새로운 요소를 추가할 가능성이 있기 때문이다. 앞에서 설명한 재해 응급지원협정은 기본적으로 '물건'과 '사람'의 지원이다. 그러나 지자체 간 클라우드는 '정보'의 백업으로 소통 가능하다. 또한 지자체 간 클라우드는 원칙적 공간상의 거리라는 제약은 없다. "피해지역으로부터 멀리 떨어진 곳에 지자체가 안고 있는 개인정보 데이터를 저장한다"는 점에서 의의가 있다.

동일본대지진에서는 다양한 지자체 간 협력이 이루어지고 있으며,[10] 개인정보보호 및 ICT(Information Communication Technology)가 얽힌 지자체 간 방재체계에 관한 대처도 이루어지고 있다.[11] 이와테미야기내륙지진 이후 클라우드의 보급이 급속히 진행되고 있다. 그러한 부분이 어떻게 재해 연계(결합)되어야 하는지, 될 수 있는지 지금 당장 고려해야 할 문제이다. 따라서 본 장에서는 지금까지의 지자체 간 재해 시 상호응원협정과의 비교를 의식하면서 지자체 간 클라우드의 가능성에 대한 고찰을 덧붙이고자 한다.

2. 지자체 간 클라우드 활용 의의

2-1. 재무행정 개혁과 ICT 활용

지방지자체의 재무행정 개혁으로는 다양한 방책을 생각할 수 있지만 대략적으로 "수입증가 도모", "지출 삭감(컷)", "효율화 촉진" 중 어느 하나에 해당한다고 할 수 있다.

---

10 예를 들어 『실천자치 Beacon Authority』 통권 46호, 2011년 특집으로 지자체 간 협력에 관한 구체적 사례가 많이 소개되고 있다. 또한 전력중앙연구소의 보고서 "지역의 광역 연계의 형성과정에서 보는 행위자의 역할-간사이 광역연합과 도호쿠의 그랜드 디자인 형성의 사례연구(연구보고 : Y11035)"에서는 광역 연합의 가능성에 대해 검토를 실시하고 있다. http://criepi.denken.or.jp/jp/kenkikaku/report/detail/Y11035.html (검색일: 2013년 6월 4일).

11 이에 관한 서적으로는 사쿠라이 미호코·고쿠료 지로, 『지자체 ICT네트워킹-3·11후 재해 대응·정보발신·교육·지역활성화』, 게이오기주쿠대학출판회, 2012년 등을 참조하면 된다.

재무행정 개혁의 일환으로 어떻게 수입증가를 실현할 것인가에 해대 가장 먼저 머리에 떠오르는 것이 세금의 액수를 늘리거나 세율을 높이는 증세(增稅)이다. 그러나 통상 증세라는 수단은 최후의 수단으로 이용되는 경향이 있으며, 우선 기금 등을 없애거나 수익자 부담의 관점에 따라 수수료 발행 비용의 인상을 하는 등 공채발행도 쉽게 할 수 없게 된 단계에서 증세라는 수단이 채택되는 경우가 많다. 지출 컷도 사실은 마찬가지로 처음에는 봉인을 설정한다는 일률적인 검토를 하고, 그래도 어려울 경우 투자적 경비가 억제되며, 다양한 노력이 이루어지고도 한계가 있을 경우 공무원 인건비 삭감에 이르게 된다. 즉 재무행정 개혁에서 채택된 방책에는 일정한 패턴이 있는 것이다.[12]

그러나 효율화를 촉진하는 방안은 기술혁신과 연동하는 경향이 있다. 이전에는 '전산화', 'OA(Office Automation)화'라는 정보기술의 활용도 효율화를 촉진하는 방안 중의 하나였다. 예전에는 방대한 데이터를 보존하고 처리하는데 이용이 한정되었던 정보기술이지만 오늘날 전자결재나 전자회의 시스템 등을 도입하는 지자체도 나타나 정보발신에도 이용되고 있다. 인력을 ICT로 옮겨가는 것은 단순히 효율화를 촉진시킬 뿐만 아니라 인건비를 억제하는 면도 크다. 그런 가운데 "지자체 간 클라우드의 도입"은 지자체 간 공동처리의 추진과 정보 기술의 활용을 갖춘 최첨단 재무행정 개혁으로 간주할 수 있다. 그러나 클

---

12   물론 정치적 요인(수장의 정책선호와 여야당 상황)에 따라서도 좌우된다. 가와무라 가즈노리, 『현대 일본의 지방선거와 주민의식』, 게이오기주쿠대학출판회, 2008년. 또한 시정촌 합병은 효율화 정책의 최종 수단으로 간주할 수도 있을 것이다. 이마이 아키라, 『'헤세이 대합병'의 정치학』, 공인사, 2008년; 가와무라 가즈노리, 『시정촌 합병을 둘러싼 정치의식과 지방선거』, 木鐸社, 2010년.

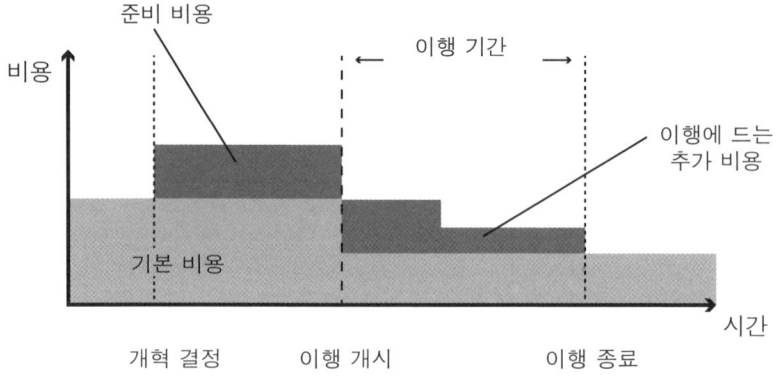

(그림 1) 제도·시스템 변경에 소요되는 추가 비용
출처: 가와무라 가즈노리·유아사 하루미치·고선규, 『재해지에서 생각하는 일본의 선거 정보기술 활용의 가능성을 중심으로』, 도호쿠대학출판회, 2013년.

라우드 뿐만 아니라 ICT를 행정에 적극적으로 도입하는 것은 쉽지 않다. ICT를 이용하면 행정의 효율화 촉진이 가능한 것을 알고 있더라도 그것을 막는 장벽이 있는 것이다.

 가장 높은 장벽은 "굳이 높은 도입 비용(초기비용)을 지불하면서까지 도입할 필요가 없다"는 의견이다. ICT를 행정 운영에 도입하는 기본적인 목적은 이를 통해 간소화를 촉구하여 행정비용을 남기는 것이다. 단, ICT를 행정 운영에 도입할 시에는 고액의 초기 투자 비용을 준비할 필요가 있다. "초기 투자 재원을 어디에서 변통할 것인가"라는 과제를 해결하지 않으면 ICT 도입의 논의는 불가능하다. 초기비용은 통신망의 정비 등 하드웨어에 대한 투자뿐만 아니라, 직원이 ICT 기술을 습득하는 등 소프트웨어 부분과도 관련된다(기관내부 디지털 디바이드의 극복). 또한 이행 기간에 드는 추가 비용도 ICT 도입에 소극적이 되는 요인이 된다(그림 1).[13] 업데이트 비용(운영 비용)도 ICT 활용에 방해가 된다. "국가의 도움으로 아무리 고성능 시스템을 도입했다 손 치더라도 업데이트 비용이 보상되지 않으면 장점은 없다"라는 것이다. 또한 관련하여 ICT는 일취월장하기 때문에 4년이 지나면 정보기기의 성능도 OS도 바뀌어 버려 고액으로 도입한 장비가 무용지물이 되기 쉽다는 문제도 있다. 정보기술을 적극적으로 활용하려고 해도 업데이트 비용이나 비용대비 효과가 걸림돌이 되기 쉽다.

비용대비 효과를 높이기 위해서는 여러 지자체와 협력하여 '규모의 경제'를 획득하여 투자 비용을 줄일 필요가 있다. 그런 점에서 보면 지자체 간 클라우드의 활용은 "'규모의 경제' 추구"와 "ICT 활용에 따른 효율성의 추구"라는 "두 마리 토끼를 잡고자 함에 그 목적이 있다"라고 간주 할 수 있는 것이다 .

2-2. 지자체 간 클라우드 도입 환경

지자체 간 클라우드의 도입에 따른 다양한 장점에 관해서는 다들 동의하는 편이다. 다만 앞에서 언급한 '규모의 경제' 추구와 ICT활용에 따른 효율화 추구를 어떻게 양립하느냐가 관건이다. 이것은 기본적으로 평상시를 상정한 발상이지만 비상시에 부족한 인력을 보충하는 데

---

13 ICT의 활용은 직원 개인별 디지털 디바이드의 영향을 받는다. 따라서 이행기에는 ICT 기술이 뛰어난 직원에게 부담이 치우치는 경향이 된다. 디지털 디바이드 해소에는 시간이 소요되기 때문에 "새로운 기술을 도입하는 것보다 지금 그대로의 방식으로 충분하다"라는 발상도 생기기 쉽다. 이 또한 ICT 도입을 막는 장애가 된다.

있어서도 유효할 것으로 생각된다(제1장 참조). 또한 지자체 간 클라우드는 정보손실 리스크헷지의 장점도 있어 원격지에 데이터가 보관되어 있으면 쓰나미 등의 영향으로 인한 데이터 손실은 피할 수 있다.[14]

그런데 이미 언급한 바와 같이 일본의 중앙과 지방 관계는 집권·융합형 시스템이며, 전국적으로 일률 체계를 채택하고 있다. 따라서 기본적인 행정절차는 공통적이다. 또한 세법의 체계와 지방교부세 교부금 제도를 보면 알 수 있듯이 일본의 세금재정은 중앙집권적이다. 이러한 중앙-지방 관계를 전제로 재원마저 담보가 가능하다면 일본은 지자체 간 클라우드를 도입하기 쉬운 환경에 있다고 할 수 있다.

일본은 전국적으로 일률 법체계에 의해 지방행정이 운영되고 있지만 정령지정도시나 핵심도시, 특례시는 도도부현(都道府県)의 권한 이양을 받고 있기도 하여 업무량이 많고, 한편 도시와 마을 수준에서는 업무량이 제도적으로 한정되어 있다. 뿐만 아니라 정촌은 광역 행정의 형태로 외부에 일부 업무를 맡기고 있는 경우도 많다. 따라서 지자체 클라우드의 사양을 고려할 경우 업무량이 많은 도시일수록 사양이 복잡하고 클라우드의 변경부분이 많아 질 수밖에 없다. 한편 업무가 적은 마을일수록 변경 부분은 작아진다. 즉 일본에서는 지자체 간 클라우드 구축 시 작은 지자체가 더 큰 지자체와 짝을 이루면 시스템 구축 비용을 절감할 수 있는 구조로 되어 있는 것이다.

그러나 새로운 행정기술의 도입에는 지자체 간의 차이와 직원 간 개인차가 있으며, 당연히 디지털 디바이드(정보격차)가 발생한다. 또한

---

14 재해와 클라우드의 관계를 간결하게 정리한 대표적 논의는 다음을 참조하면 된다. 예를 들어 에나미 도시히로, "재해대책으로서의 클라우드", 『공명』 제74호, 2012년 2월호, pp.46～51이 있다.

"행정에는 실수가 있어서는 안 된다"는 무오류 신화가 존재하는 것이 일본 행정의 특징이기도 하다. 우리들은 이러한 디지털 디바이드나 행정문화 역시 클라우드(뿐만 아니라 ICT 전반) 도입을 어렵게 한다는 것을 인식해 둘 필요가 있다.

3. 가마이시 시의 지자체 간 클라우드 가능성

동일본대지진 피해지 중에서 신규로 지자체 간 클라우드를 도입한 사례로 유명한 것이 노다무라(野田村)·오오쓰치초(大槌町)·후다이무라(普代村) 3정촌에 의한 지자체 간 클라우드의 사례이다. 3정촌에 의한 지자체 간 클라우드 구축의 목적 중 하나는 "지자체가 보유한 주민정보 등 기간계 업무를 내륙 등의 견고한 데이터 센터로 이행함으로써 지진, 쓰나미 등으로 인한 데이터 손실을 방지하는 재해성 대비를 확보한다. 또한, 네트워크 경유로 신속하게 업무를 복구 할 수 있는 체제를 구축함으로써 업무 연속성을 확립한다[15]"는 것이며, 위기관리적인 의의가 강조되어 있다.

---

15 http://www.town.otsuchi.iwate.jp/docs/2012042500033/ (검색일: 2013년 5월 26일) 다음과 같은 항목도 도입의 목적으로 거론되고 있다.
① 주민 서비스의 향상
② 비용 절감
③ 법제도 개정에 대한 효율적인 대응
④ 직원 부담의 경감
⑤ 업무 연속성의 확립
⑥ 정보 보안의 향상
⑦ 시스템 확장성의 확보

다만 필자는 이 3정촌 지자체 간 클라우드 운용은 전도다난할 것으로 생각한다. 특히 문제가 되는 것은 향후 "업데이트 비용을 어떻게 변통할 것인가"라는 점이다. 필자는 지방지자체의 직원이 "국가는 초기비용(도입 비용)은 주지만 운영 비용(유지 비용·업데이트 비용)은 주지 않는다"고 투덜대는 상황을 종종 볼 수 있다. 이는 지자체별 상황에 맞지 않는 시스템을 도입하면 유지할 수 없고 업데이트도 할 수 없다는 것을 지자체 직원이 우려하고 있음을 보여주고 있다. 3정촌이 지자체 간 클라우드 시스템에 관해 피해 발생 후 몇 년이 경과한 시점에 자기부담으로 업데이트할 수 있는 것일까.[16] 지자체 간 클라우드 시스템 업데이트는 앞에서 지적한 소방시설·병원시설의 업데이트와 동일한 구도가 된다. 3정촌 중 어딘가가 업데이트를 거부하면 시스템 개선은 불가능하다.

필자로서는 이 3정촌의 사례가 지자체 클라우드의 운용이라는 점에서 흥미로운 사례이다. 특히 위기관리의 관점에서 본 지자체 간 클라우드의 가능성을 감안하자면 가마이시 시의 사례가 의의 깊다고 생각한다. 그러므로 가마이시 시의 사례에 대해 소개하고자 한다.

---

16 무리할 경우 재해 복구·부흥에 비용을 지나치게 소요하여 지자체가 파탄할 수도 있다. 이 때 '부흥파탄(復興破綻)' 혹은 파탄을 회피하고자 '지진(으로 인한) 합병震災合併'이 발생하게 된다. 관련하여 『아사히신문』 2011년 4월 1일 필자의 기고 기사를 참조.

3-1. 가마이시 시의 지자체 클라우드 도입과정

가마이시 시 시청은 고지대에 있으며,[17] 동일본대지진 쓰나미의 피해가 있었지만 지자체의 정보처리에 관련된 기간계(基幹系) 시스템은 다행히도 피해를 면할 수 있었다. 가마이시 시는 이 교훈을 기화로 삼고 복구·부흥을 계기로 하여 지자체에 클라우드를 정비하면서 기타큐슈 시를 중심으로 한 틀과 연계한다는 방침을 추진하였다. 클라우드 위기관리 차원에서 클라우드를 활용한다는 유용한 의의를 발견한 것이다(그림 2).

피해 지자체인 가마이시 시는 총무성의 "재해 지자체 정보화 추진 사업(2011년도 3차 보정 분)"에 응모하여 채택되었다. 마침 시스템 업데이트 시기와 겹쳤다는 것이 응모한 이유이지만 피해 지자체를 위한 예산에 응모하면을 활용할 경우 도입 비용(초기비용)이 줄어 든다는 배경도 있었다. 다만 앞서 언급한 새로운 공공지원사업뿐만 아니라 피해 지역을 위한 예산은 조성이 결정되면 즉시 공모하여 업체를 선정하고 납품시켜야 한다. 따라서 가마이시 시는 2012년 7월, 연도 내에 시스템을 시작하는 것을 조건으로 공모를 실시하였다. 통상적으로 좋은 결과를 기대하기 어려운 시도였지만 현재 시스템을 다루던 한 업체만이 응모한 결과 이행비용을 최소한으로 설정하여 시스템을 도입할 수 있게 되었다.

또한 가마이시 시에서는 시스템 도입에 있어서 창구 직원에 대한 배

---

17 옛부터(아마도 거대한 방조제가 없었던 시절부터) 지역의 중핵 지자체의 청사는 고지대에 위치한 경향이 있다(예를 들어, 게센누마시와 시오가마시 등). 과거의 쓰나미 경험에서 배운 지혜라고 할 수 있겠다.

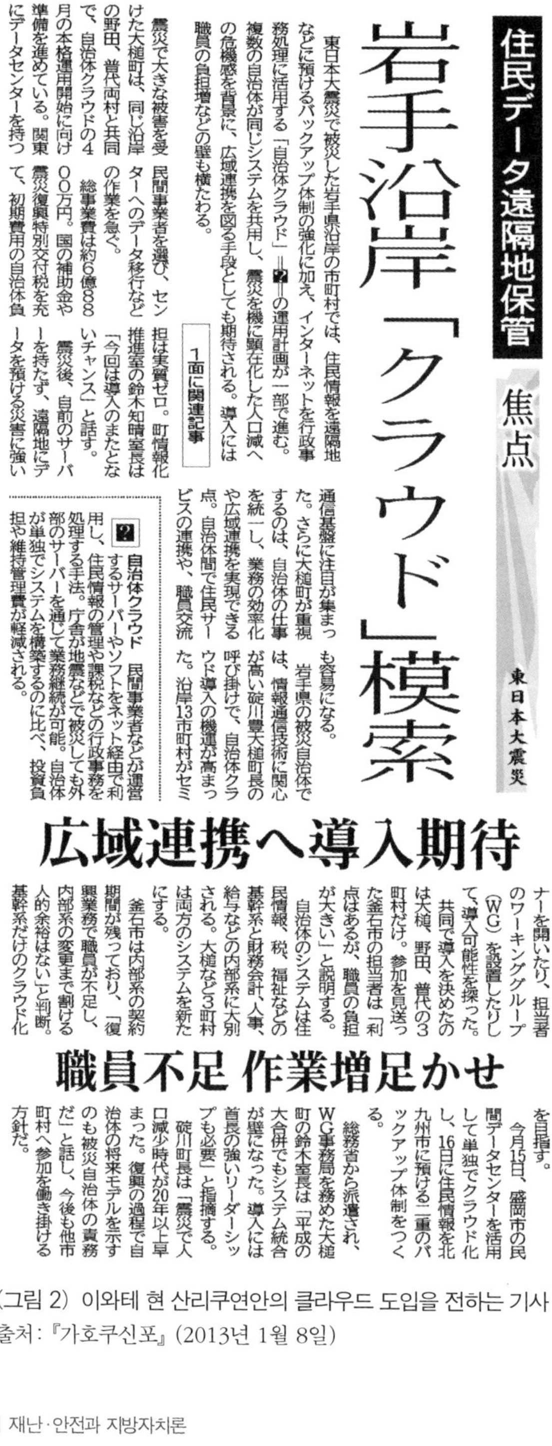

住民データ遠隔地保管

岩手沿岸「クラウド」模索

焦点

東日本大震災

東日本大震災で被災した岩手県沿岸の市町村では、住民情報を遠隔地などに預けるバックアップ体制の強化に加え、インターネットを行政事務処理に活用する「自治体クラウド」＝?＝の運用計画が一部で進む。複数の自治体が同じシステムを共用し、震災を機に顕在化した人口減への危機感を背景に、広域連携を図る手段としても期待される。導入には職員の負担増などの壁も横たわる。

1面に関連記事

震災で大きな被害を受けた大槌町は、同じ沿岸の野田、普代両村と共同で、自治体クラウドの4月の本格運用開始に向け準備を進めている。関東にデータセンターを持つ民間事業者を選び、センターへのデータ移行などの作業を急ぐ。

総事業費は約6億8800万円。国の補助金や震災復興特別交付税を充て、初期費用の自治体負担は実質ゼロ。町情報化推進室の鈴木知晴室長は「今回は導入のまたとないチャンス」と話す。

震災後、自前のサーバーを持たず、遠隔地にデータを預ける災害に強い通信基盤に注目が集まった。さらに大槌町が重視するのは、自治体の仕事を統一し、業務の効率化や広域連携を実現できる点。自治体間で住民サービスの連携や、職員交流も容易になる。

岩手県の被災自治体では、情報通信技術に関心が高い碇川豊大槌町長の呼び掛けで、自治体クラウド導入の機運が高まった。沿岸13市町村がセミナーを開いたり、担当者のワーキンググループ（WG）を設置したりして、導入可能性を探った。

? 自治体クラウド　民間事業者などが運営するサーバーやソフトをネット経由で利用し、住民情報の管理や課税などの行政事務を処理する手法。庁舎が地震などで被災しても外部のサーバーを通じて業務継続が可能。自治体が単独でシステムを構築するのに比べ、投資負担や維持管理費が軽減される。

広域連携へ導入期待

共同で導入を決めたのは大槌、野田、普代の3町村だけ。参加を見送った釜石市の担当者は「利点はあるが、職員の負担が大きい」と説明する。

自治体のシステムは住民情報、税、福祉などの基幹系と財務会計、人事、給与などの内部系に大別される。大槌など3町村は両方のシステムを新たにする。

釜石市は内部系の契約期間が残っており、「復興業務で職員が不足し、内部系の変更まで割ける人的余裕はない」と判断。基幹系だけのクラウド化を目指す。

職員不足 作業増足かせ

今月15日、盛岡市の民間データセンターを活用して単独でクラウド化し、16日に住民情報を北九州市に預ける二重のバックアップ体制をつくる。

総務省から派遣され、WG事務局を務めた大槌町の鈴木室長は「平成の大合併でもシステム統合が壁になった。導入には首長の強いリーダーシップも必要」と指摘する。

碇川町長は「震災で人口減少時代が20年以上早まった。復興の過程で自治体の将来モデルを示すのも被災自治体の責務だ」と話し、今後も他市町村へ参加を働き掛ける方針だ。

(그림 2) 이와테 현 산리쿠연안의 클라우드 도입을 전하는 기사
출처: 『가호쿠신포』(2013년 1월 8일)

려를 빼놓지 않았다. 우선 사용자는 창구 직원이라는 점에 주안(인지)하여 실제 사용자(창구직원)에 의한 인지하고 창구 직원에 의한 검토 회의를 설치하였다. 그리고 회의 과정에서 사용자가 되는 창구 직원의 의향을 조사하였다. 기술계 직원만으로 시스템 선고를 실시하면 고기능이 도입되어 쓰기 불편한 시스템이 장착될 가능성이 있다. 따라서 가마이시 시에서는 실제로 단말기를 이용하는 창구 직원이 사용하기 쉬운 시스템이 되도록 의식한 것이었다. 또한 사양 제안에서 납품까지의 기간이 짧은 경우도 있기 때문에 창구 직원의 연수도 배려하였다. 창구 직원의 합동연수는 물론 조작방법 독학(E-Learning)이 가능한 동영상을 준비하였다. 전자매체를 통해 스스로 공부하는 시스템을 고려하게 된다면 시청에서 약간 떨어진 곳에 위치한 긴급구호센터 창구 직원이 연수시간 내에 청사를 방문하지 못할 수도 있다는 점을 고려한 것이다. 또한 복구·부흥사업에 쫓겨 시 자체의 인력이 부족하였던 점을 의식한 결과이기도 했다.

3-2. 기타규슈 시와 연계

가마이시 시와 같은 지자체 내 클라우드의 도입과정은 어느 지자체에서든 비슷한 결과를 초래할 수 있다. 가마이시 시의 도입과정이 타 지자체와 다른 점은 원격지인 기타규슈 시와 시스템을 연계하고 있다는 점이다. 가마이시 시는 '북쪽의 철인(현 신일철주금)' 신일본제철 가마이시 럭비부로 알려진 것처럼 신일본제철 경제도시이다. 신일본제철 출범 후에 용광로가 중단됐기 때문에 현재 선강일관(銑鋼一貫)[18] 제철소는 아니지만 선재 생산거점이다.

가마이시 시는 신일본제철 경제도시라는 명목(관계)으로 도카이시, 기타규슈 시와의 연계가 가능하다. 지자체 내 클라우드를 도입함에 있어서 가마이시 시는 기타규슈 시로부터 KRIPP[Kitakyushu Regional ICT Promotion Panel: 기타규슈지구 전자 지자체 추진협의회]의 참가 권유가 있었기에 클라우드 구축에 맞추어 참가하였다. 백업 데이터를 네트워크 경유로 보관하는 서비스에 기대를 걸었던 것이다.[19]

협력 게임과 같은 발상을 하면 쌍방에게 이점이 있었기 때문에 기타규슈 시가 가마이시 시를 권유하였고, 가마이시 시는 권유에 응한 것으로 간주할 수 있다. 가마이시 시 측의 장점은 더 멀리 떨어진 지자체에서 주민정보를 저장할 수 있다는 점이다. 지진으로부터의 복구·부흥을 진행시키는 데 주민들 데이터는 필수적이며 "어떻게 주민 데이터 손실을 막을 것인가"가 재해에서 얻은 교훈이다. 기타규슈 시와 연계함으로써 가마이시 시는 이와테 현 내에 있는 제1차 백업지점 이외에 제2차 백업지점을 손에 넣을 수 있었던 것이다.[20]

그렇다면 기타규슈에 어떤 인센티브가 있었던 것일까. 재해지 지원이라는 평가가 있었던 것은 틀림없지만 그 뿐만이 아닐 것이다. 큰 지

---

18 중간재인 선철부터 완성품인 강재까지를 연속된 생산과정 속에서 한 번에 생산할 수 있는 설비를 갖춘 제철소를 지칭한다. _역자 주
19 필자의 청취조사 결과이다. 또한 『이와테일보』 2013년 1월 17일에 관련기사가 있다.
20 기타규슈 시가 자체 백업을 하고 있기 때문에 이는 가마이시 시 입장에서 보면 외부 3차 백업이 된다.

자체 입장에서는 작은 지자체가 정보 시스템을 사용하면 할수록 개발비용과 유지비용을 줄일 수 있다. 가마이시 시는 KRIPP에 참여함으로써 부담금을 지불하게 된다. 그것은 기타규슈 시 입장에서 보면 유지부담의 절감이라는 결과를 가져오는 것이다. 또한 보도를 통해 이러한 구조가 있다는 것을 세상에 알릴 수 있다는 장점도 있다. 이러한 장점의 존재가 활동의 인센티브가 된 것이라 생각된다.

지자체 간에 데이터를 백업하는 것은 "여러 지자체에서 공유하는 안전·안심 '커뮤니티 클라우드'의 구축으로 이어진다"[21] 지자체 간 클라우드를 우선 백업에서 시작하는 것이 위기관리의 관점에서 의미 있다는 점을 가마이시 시의 사례가 잘 보여주고 있다.[22]

4. 지자체 연계의 맹점

지방지자체끼리 연계(혹은 합병)하는 것은 WIN-WIN 세트라는 공식이 성립되어 있기 때문이라고 할 수 있다. 그러나 '시정촌 합병이나 광역행정', '재해 시 상호응원협정', 그 WIN-WIN 세트는 '지자체 간

---

21 http://www.hitachi.co.jp/Div/jkk/jichitai/casestudy/kitakyushu2/casestudy1.html (검색일: 2013년 5월 26일)

22 어디까지를 클라우드에 올릴 것인지는 향후 면밀한 조사가 필요하다. 최소한의 기록대장을 본청에 남기는 (피난에 필요한 데이터) 일이 필요한 것이고, 최소한의 공통기반도 고려할 필요가 있다. 가마이시 시에서는 타 지자체가 추려낼 수 있는 부분도 필요하다고 생각하고 있으며, "지역정보 플랫폼에 대한 준거"는 고려해야 한다고 지적한다. 물론 처음부터 수정이 가능하지만 비용이 막대하기 때문에 현실적이지 않다.

클라우드'에서 약간의 차이가 있다.

  시정촌 합병이나 광역 행정에 의한 연계를 추진하는 과정에서 행정 구역의 일부가 다른 행정 구역 안에 떨어져 있는 지역이 생기지 않도록 고려한다는 원픽에 따라 교섭 상대는 인접지역이며 극히 한정된다. 교섭을 원하지 않아도 '생활권'이 동일하기 때문에 교섭자리에 나오지 않을 수 없는 경우도 생긴다. 그러나 재해 시 상호응원협정에 관한 교섭대상이나 지자체 간 클라우드 구축에 관한 교섭 대상은 인근에 한정되는 경우가 한정되어 있지 않다는 점을 이론적으로 고려하면 제휴 상대는 지자체의 수만큼 있다고 해도 좋다. 그러나 실제로는 어떤 형태로든 제약도 존재하여 교섭 대상은 제한된다. 물론 인근 지자체와 교섭도 가능하지만 이 비상시를 의식한 연계는 리스크헷지라는 관점에서 일정 이상의 거리가 있는 지자체와 연계하는 편이 바람직할 것이다.

  지자체의 광역적인 관계에 대한 일반적인 이미지는 크게 두 가지가 있다. 하나는 역사·문화, 전통 등에 의거한 '평상시 주민교류'이다. 최근에는 B급 미식가[23] 모임을 유대관계의 계기로 하는 교류도 증가하고 있다. 다른 하나는 '사무의 공동처리'이다. 즉 인근 지자체와 일부 사무처리조합과 광역연합에 공동으로 사무처리를 한다는 유대관계이다. 전자의 관계는 비교적 원거리 지자체와 결합하는 특징이 있으며, 후자의 관계는 역사·경제 등의 공유 생활권이 원칙으로 되어 있다. 전자는 말하자면 주민 교류에 주안점이 있고, 후자는 직원 간의 교류에 중점이 있다는 차이도 있다.

---

23 저렴한 가격으로 일상생활에서 쉽게 먹을 수 있는 음식을 총칭_역자 주

재해 시 상호응급지원협정은 한쪽에 재해가 발생하였을 때 또 다른 지자체가 음식과 식수, 생활필수품을 피해 지자체에 제공하면서 복구에 필요한 직원을 파견하는 것이며, 전자와 후자의 관계를 겸비한다. 재해 시 상호응급지원협정을 체결하여 직원에 대한 지원뿐만 아니라 피해 지자체의 주민에게 지원물자를 보내는 동기 부여도 되기 때문이다. 또한 평소의 방재훈련 등을 통한 주민간의 교류도 이루어진다.

그러나 재해 시 상호응급지원협정 체결에는 하나의 맹점이 있다. 그것은 "재해 시 상호응원협정을 어떤 지자체와 체결할 것인가"하는 점이다. 동일본대지진 발생 1년 후에 열린 오쿠야마 에미코 센다이 시장의 강연 때 오쿠야마 시장은 "지진발생 직후 센다이는 삿포로 시와 니가타 시, 고베 시로부터 큰 지원(성원)을 성원을 받았다"고 청중에게 말하였다. 이것은 정령지정도시라는 틀의 존재가 방재상 중요한 역할을 하고 있음을 의미하고 있다. 쥬에츠지진을 경험한 나가오카 시는 재해 시 상호지원협정을 다카오카 시, 아이즈와카마쓰 시와 맺고 있다. 역사적 배경과 현 내에서의 기능, 그리고 거리(대략 2~3시간)라는 부분을 의식한 결과라고 볼 수 있다.

이러한 사례를 보면 재해 시 상호응급지원협정 체결에는

① 재해 시 상호지원의 체계가 평상 시부터 활동체계와 연동하기 쉬운가?
② 산업구조와 역사, 지자체가 놓여져 있는 입장, 그리고 규모가 서로 비슷한가?

라는 두 가지 포인트가 중요한 판단재료로 되어 있는 것을 알 수 있다.[24] 또한 너무 가까이하면 동시에 재해에 휩쓸릴 가능성이 높기 때문에 곤란하고, 그렇다고 너무 멀리하면 물리적으로 지원하러 갈 수 없게 될 가능성이 있다. 따라서

> ③ 협정을 체결할 지자체와 적당한 거리가 필요하다는 조건이 더해진다.[25]

'산업구조'나 '역사', '지자체가 처해 있는 입장', '지자체의 규모'가 서로 비슷한지가 협정을 체결하는 조건에 왜 포함되는 것일까. 이는 그러한 조건들이 '기초적 지자체의 권한', '주민의 기질'과 크게 관련되어 있기 때문이다.

일본의 기초적 지자체는 시구정촌으로서 기능할 수 있지만 그 권한과 업무를 보면 더 세분화할 수 있다. 보다 인구 규모가 큰 곳일수록 권한이 위양되거나 이양(委讓)되어 있으며 업무도 많다. 따라서 상호 지원하는 대등한 관계를 생각한다면 그 상대방은 업무가 서로 유사한 쪽인 것이 더 낫다. 업무가 서로 비슷하므로 응원구호 직원이 부족한 부분에 순조롭게 들어갈 수 있기 때문이다.

또한 과거의 역사와 산업구조가 주민 기질에 영향을 미친다는 것은 잘 알려져 있으며, 산업도시는 마을과 어촌 중 어촌과 연계하는 편이 응원구호 직원이 겪는 스트레스가 적다는 점은 선험적으로 증명되고 있다. 실제로 산리쿠연안의 지자체에 파견된 공무원 가운데는 어부들

---

24 시정촌의 유사단체 구분을 떠올리면 알기 쉬울 것이다. http://www.soumu.go.jp/main_sosiki/jichi_gyousei/c-gyousei/j-k_system/ (검색일: 2013년 5월 14일)
25 물리적인 거리보다 시간적인 거리가 더 중시되는 것처럼 보인다.

의 강한 표현[26]을 진심으로 받아 들여 "자신을 거부하는 것은 아닌가"라고 진지하게 고민하며 스트레스를 받고 있는 사람도 있다. 어부들의 말투가 원래 그렇다고 알고 있다면 오해는 없겠지만 경험이 없다면 착각해 버리는 경우도 생기는 것이다. 그렇다면 비슷한 산업구조, 비슷한 역사를 자랑하는 지자체와 서로 지원하는 것은 매우 합리적이라고 할 수 있다. 나가오카 시도 잘 살펴보면 '경제도시 관계'가 형성되어 있으며 현 내의 부도심지역이라는 공통점도 있다.

단 이러한 협정체결의 사례를 보면 맹점이 있다는 것을 깨닫는다. 그것은 인력에 여유가 있는 지자체(기본적으로 市区)는 한정되어 있으며 "인력에 여유가 없는 정촌은 유효적인 상호응급지원협정 등 대처할 수 없을 가능성이 있다"는 점이다. 규모가 어느 정도 없으면 물자는 조달할 수 없고, 중장기적인 지원을 하고 싶어도 할 수 없는 것이 실태이다. 만일 시 수준과 영세 마을이 재해 시 상호응급지원협정을 맺었다고 하더라도 부족한 인력을 대등한 형태로 보충하는 것은 아마 불가능할 것이고, 도시 규모의 지역이 적극적인 지원을 실시하는 비상호적(片務) 관계가 될 수도 있다.[27] 그리고 작은 지자체끼리 재해 시 상

---

26 필자가 산리쿠연안의 여러 피해 지자체 청취조사 당시 피해를 입은 어업 관계자 몇몇에게 "선생님, 평범하네요"라고 들은 적이 있다. 무슨 말인지 되물었더니 "어부와 평범하게 말할 수 있는 대학의 선생님 따위 별로 없어요"라고 말하는 것이다. 그래서 야이즈 출신임을 밝히자 그들은 무릎을 쳤다. 그들은 필자가 그러한 기개를 지녀서 말이 통한다고 이해한 것이다. 어촌 사람들의 말투는 거친 성격을 반영하고 있다. 그들이 일부러 악의적으로 말하는 것은 아니지만 경험이 없으면 '심하다'고 느끼게 된다. 이 이야기는 행정의 상호응원뿐 아니라 대학 교원의 피해지역 조사연구와도 결부될 만큼 많다.

27 단 영세마을은 재해 시 상호응원협정을 맺을 수 없다는 뜻은 아니다. 예를 들어 2013년 5월 14일 현의 경계지역 야마가타시와 가미마치가 재해 시 상호응원협

호응급지원협정을 체결하는 것 자체가 어렵고 만일 협정을 맺을 수 있다고 해도 상호응급지원이 충분히 이루어질 수 있다고는 말하기 어렵다.

재해 시 상호응급지원협정은 대등한 쌍무적 관계이며, 지원 내용은 원칙적으로 쌍방이 동일하다. 따라서 거의 비슷한 지자체와 협정을 체결하는 것이 기본이다. 또한 지자체 간 거리도 고려하여 실질적으로 제대로 기능(작동)할 수 있는 협정이 되어야 한다.

그러나 지자체 간 클라우드의 경우 어디와 연계하면 효과적인지는 재해 시 상호응급지원협정과는 약간 다르다. 지자체 간 클라우드는 데이터 백업과 시스템의 공통화를 목표로 삼기 때문에 클라우드 도입에 관한 공간적 거리는 조건에 들어가지 않는다. 또한 기본은 평상시의 관계이며, 재해 시의 대응은 원칙적으로 백업되어 있는 데이터를 확인하여 시스템이 쓰나미 등으로 유실되면 그것들을 복구 하도록 되어 있다. 지자체의 규모는 반드시 동일할 필요는 없다. 또한 규모가 작은 지자체는 큰 지자체에 의지한다는 신세를 지는 한편, 큰 지자체는 작은 지자체를 편입하여 시스템 개발에 들어간 비용을 사용료로 회수할 수 있어 유지에 드는 비용을 줄일 수 있다는 장점이 있다. 따라서 재해 시 상호응급지원협정과 달리 규모가 다른 지자체끼리 지자체 간 클라우

정을 체결하였다. 보도에서는 "재해가 발생하였을 때, 음식과 음료수, 생활필수품 등의 지원, 직원 파견, 기자재 제공, 피난민 수용"을 한다고 보도하고 있지만 가미마치가 현청 소재지인 야마가타시와 대등한 형태로 서로 응원하기는 어려울 것이다. 또한 큰 지자체가 작은 지자체와 협정을 체결할 때 큰 지자체에서는 주민의 반발이 일어날 가능성이 있다. 큰 지자체의 주민은 작은 지자체와 협정을 체결하기 보다 대등 내지는 자신의 지자체보다 큰 지자체와 협정을 체결하는 것이 응원의 질적인 관점에서 바람직하다고 생각할 것으로 예상되기 때문이다.

드를 구축하더라도 WIN-WIN 관계가 성립할 가능성이 있다.

　마지막으로 다음과 같은 문제를 문제제기를 통해 결론을 대신하고자 한다. "유대가 없는 지자체나 관심이 없는 지자체는 재해 시 상호응급지원협정과 지자체 간 클라우드 같은 관계를 구축할 수 없는 것 아닌가"하는 점이다. 동일본대지진에서는 일대일 지원의 긍정적인 면이 강조되었지만 실제로는 협정을 맺고 있는 지자체와 그렇지 않은 지자체 사이에서 긴급 대응에 커다란 차이가 발생하였다. 국가나 도도부현은 광역방재의 관점에서 이 부분을 더욱 고려해야 한다고 필자는 생각하는 바이다. 결론내기는 어렵지만 반드시 고민해야 할 문제이다.

부록(APPENDIX)

센다이 시민의식조사 · 센다이 북부조사 내역

〈센다이 시민의식조사 2011 · 센다이 북부조사 2012 공통〉

• 조사 실시를 위한 예산

릿쿄대학 학술추진 특별중점자금(릿쿄 SFR) 동일본대지진 · 부흥 지원 관련연구 '지진 피해의 격차에 관한 통계적 사회조사에 의한 실증 연구-지진피해와 사회계층의 관련(연구 대표자 사회학부 교수 마마다 다카오間々田孝夫)'

• 조사실시 담당

무라세 요이치(村瀬洋一, 릿쿄대학 사회학부 교수), 또한 조사는 도호쿠 대학 대학원 정보과학연구과 정치정보학연구실과 공동으로 실시

• 센다이 시민의식조사 2011

-모집단 : 센다이 시 전역의 20세 이상 남녀
-표본 추출법: 무작위 추출법(선거 인명부의 인구 분포에 따라 센다이 시내 70지점을 추출, 1지점에서 30명을 추출)
-조사 대상자 수 : 2,100 명
-조사 실시 방법 : 유치법
-조사 실시 방법 : 2011년 11월 23일에 조사원(학생 등)이 조사 대상자가 방문하여 조사표 배포 2011년 11월 24일부터 11월 27일에 조사원이 회수, 그러나 그 후 우편으로 보내 1월 초까지 회수 접수 실시.
-유효 회수 : 1,532명(2012년 1월 31일 현재) 회수율 73%
※2012년에 답변한 1,532명에게 우편으로 추가 조사를 실시(패널 서베이). 977명으로부터 회답이 있었다.

• 센다이 북부조사 2012

-모집단 : 센다이 시 북린 자치(구로가와군 각 정촌, 미야기 군 리후초, 오사키 시 산본기지구 · 마쓰야마지구)의 20세 이상 남녀
-표본 추출법 : 무작위 추출법(각 지자체의 인구 비율에 따라 각 지자체 선거 인명부에서 추출)

-조사 대상 자수 : 2,006명

-조사 실시 방법 : 설문지 우편발송 후 답변 회수(2012년 11월부터 2013년 1월에 걸쳐 조사 대상자에게 설문지를 발송하고 회신에 의한 회수 실시)

-유효 회수 수 : 1,339명(2013년 2월 28일 현재) 회수율 67%

참고문헌

에필로그

名越健郎,「東北に出現した黙示録の世界」,『Foresight』, 2011年3月23日.

田中幹人・標葉隆馬・丸山紀一朗,『災害弱者と情報弱者―3・11後、何が見過ごされたのか』, 筑摩選書, 2012年.

東野真和,『駐在記者発 大槌町震災からの365日』, 岩波書店, 2012年.

河北新報編集局,『再び、立ち上がる!―河北新報社、東日本大震災の記録』, 筑摩書房, 2012年.

公明新聞東日本大震災取材班,『「人間の復興」へ―東日本大震災公明党500日の記録』, 公明党, 2012年.

皆川治,『被災、石巻五十日。―霞ヶ関官僚による現地レポート』, 国書刊行会, 2011年.

東北大学の,「東北大学震災体験記録プロジェクト」は、高倉浩樹・木村敏明[監修],『聞き書き震災体験―東北大学90人が語る3・11』, 新泉社, 2012年.

テーミス編集部,『THEMIS』2012年4月号, 2012年.

A. Portes. 1998. "Social Capital: Its Origins and Applications in Modern Sociology", *Annual Review of Sociology* 24, pp.1-24.

ロバート・D・パットナム(河田潤一[訳]),『哲学する民主主義―伝統と改革の市民的構造』, NTT出版, 2001年.

衞藤英達,『統計と地図でみる東日本大震災被災市町村のすがた』, 日本統計協会, 2012年.

戸羽太,『被災地の本当の話をしよう―陸前高田市長が綴るあの日とこれから』, ワニブックス【PLUS】新書, 2011年.

제1장 3·11 동일본대지진의 특징과 교훈

NHK東日本大震災プロジェクト, 『明日へ―東日本大震災命の記録』, NHK出版, 2011年.

善教将大, 『日本における政治への信頼と不信』, 木鐸社, 2013年.

河村和徳·湯淺墾道·高選圭[編], 『被災地から考える日本の選挙―情報技術活用の可能性を中心に』, 東北大学出版会, 2013年.

亀井克之·髙野一彦, 「東日本大震災と企業の危機管理」, 関西大学社会安全学部[編], 『検証 東日本大震災』, ミネルヴァ書房, 2012年.

勝間基彦, 「災害時の円滑な業務の実施体制の確保―徳島県業務継続計画」, 『地方自治職員研修臨時増刊号 東日本大震災と自治体―3·11後の自治体政策とは!?』第44巻通巻610号, 2011年, pp.39-47.

宮城県, 『東日本大震災(続編)―宮城県の発災六か月後から半年間の災害対応とその検証』, 2013年.

永田尚三, 「消防·防災政策の形成と展開」, 大山耕輔[監修]笠原英彦·桑原英明[編著], 『公共政策の歴史と理論』ミネルヴァ書房, 2013年, pp.133-151.

河村和徳, 『市町村合併をめぐる政治意識と地方選挙』, 木鐸社, 2010年.

貝原俊民, 『震災100日の記録―兵庫県知事の手記』, ぎょうせい, 1995年.

長岡市災害対策本部[編集], 『中越大震災―自治体の危機管理は機能したか』, ぎょうせい, 2005年.

三陸河北新報社, 『ともに生きた伝えた―地域紙「石巻かほく」の1年』, 早稲田大学出版部, 2012年.

荒蝦夷[編集]·IBC岩手放送[監修·協力], 『その時、ラジオだけが聴こえていた』, 竹書房, 2012年.

河北新報社[編], 『河北新報特別縮刷版3·11東日本大震災1ヵ月の記録』, 2011年.

情報支援プロボノ·プラットフォーム[iSPP][編著], 『3·11被災地の証言―東日本大震災 情報行動調査で検証するデジタル大国·日本の盲点』, インプレスジャパン, 2012年.

本條晴一朗・遊橋裕泰, 『災害に強い情報社会―東日本大震災とモバイル・コミュニケーション』, NTT出版, 2013年.

西尾勝, 『行政学(新版)』, 有斐閣, 2001年.

佐々木信夫, 『現代地方自治』, 学陽書房, 2009年.

市川喜崇, 「震災復興と自治体間協力―相互応援協定・「対口支援」」, 『地方自治職員研修臨時増刊号 東日本大震災と自治体―3・11後の自治体政策とは!?』, 第44巻通巻610号, 2011年, pp.96-105.

伊藤修一郎『自治体政策過程の動態―政策イノベーションと波及』慶應義塾大学出版会、2002年.

川崎市選挙管理委員会事務局, 「陸前高田市選挙管理委員会と二人三脚でなし遂げた選挙執行の記録（一）」, 『選挙』第64巻12号, 2011年, pp.3-16.

川崎市選挙管理委員会事務局, 「陸前高田市選挙管理委員会と二人三脚でなし遂げた選挙執行の記録（二）」, 『選挙』第65巻1号, 2012年, pp.30-39.

川崎市選挙管理委員会事務局, 「陸前高田市選挙管理委員会と二人三脚でなし遂げた選挙執行の記録（三）」, 『選挙』第65巻2号, 2012年, pp.40-47.

ガバナンス編集部, 「復興の推進力となるのは首長の強いリーダーシップだ―全国市長会会長・新潟県長岡市長森民夫氏に聞く」, 『月刊ガバナンス』平成24年3月号, 2012年, pp.14-16.

廣瀬克哉[編著], 『情報改革』, ぎょうせい, 2005年.

上神貴佳・堤英敬, 『民主党の組織と政策―結党から政権交代まで』, 東洋経済新報社, 2011年.

御厨貴[編], 『「政治主導」の教訓―政権交代は何をもたらしたのか』, 勁草書房, 2012年.

国立国会図書館経済産業調査室・課, 「福島第一原発事故と4つの事故調査委員会」, 『国立国会図書館ISSUE BRIEF』No.756, 2012年.

村井嘉浩, 『復興に命をかける』, PHP研究所, 2012年.

河村和徳, 『現代日本の地方選挙と住民意識』, 慶應義塾大学出版会, 2008年.

毎日新聞, 「震災検証」取材班, 『検証「大震災」―伝えなければならないこと』, 毎日新

聞社, 2012年.
永田尚三,「東日本大震災と消防」関西大学社会安全学部[編],『検証 東日本大震災』, ミネルヴァ書房, 2012年, pp.189-215.
桜井政成[編著],『東日本大震災とNPO・ボランティア―市民の力はいかに立ち現れたか―』, ミネルヴァ書房, 2013年.
石川幹子,「東日本大震災1年―被災自治体の復興計画策定の経緯からみた課題と展望」, 東京大学社会科学研究所[編],『復興のガバナンス―東京大学社会科学研究所全所的プロジェクト研究「ガバナンスを問い直す」第2回臨時セミナー記録』, 東京大学社会科学研究所研究シリーズ第51号, pp.23-31.
山岸俊男,『信頼の構造―こころと社会の進化ゲーム』, 東京大学出版会, 1998年.

제2장 재해지에서의 이타적 활동은 어땠을까

池田謙一・唐沢穣・工藤恵理子・村本由紀子,『社会心理学』, 有斐閣, 2010年.
林春男,『率先市民主義―防災ボランティア論講義ノート』, 晃洋書房, 2011年.

제3장 재해지역 재일본대사관의 정보발신 및 과제

須藤伸子,「ボランティアや他機関との協力のもと被災外国人への情報伝達に奔走」,『国際人流』第24巻7号, 2011年.
須藤伸子,「東日本大震災の外国人被災者支援―仙台市災害多言語支援センターの活動から」,『自治体国際化フォーラム』第262号, 2011年.
文嬿珠,「韓国言論の東日本大震災報道と日韓関係」, 日本政経社会学会(韓国)2012年国際シンポジウム「東日本大震災以後の日本社会のパラダイム転換と日韓関係(2012年2月17日、開催地:ソウル特別市)」, 報告資料.
熊谷徹,「ドイツメディアの過熱報道に見えたもの」,『放送出版』2011年夏号, pp.52-53.

제4장 재해와 '지역의 인프라스트럭쳐(교통)' 확보

金沢大学能登半島地震学術調査部会, 『過疎・超高齢化地域での震災に関する総合的調査研究―金沢大学 平成19年度能登半島地震学術調査報告書』, 2008年.

久繁哲之介, 『地域再生の罠―なぜ市民と地方は豊かになれないのか?』, ちくま新書, 2010年.

北陸建設弘済会北陸地域づくり研究所, 「北陸地域の活性化」に関するプロジェクト事業プロジェクトⅣ, 『「新たな公」による北陸の地域づくりの検討』, 2009年度報告書, 2010年.

ガバナンス編集部, 「復興の推進力となるのは首長の強いリーダーシップだ―全国市長会会長・新潟県長岡市長森民夫氏に聞く」, 『月刊ガバナンス』平成24年3月号, 2012年, pp.14-16.

山下祐介, 『限界集落の真実―過疎の村は消えるか?』, ちくま新書, 2012年.

河村和徳, 『宮城県の合併自治体の事例を中心にポスト合併時代の「広域行政」と「住民自治」について考える』, 平成22年度宮城県受託研究「市町村の広域行政に係る調査研究」研究成果報告書, 2011年.

土屋武之, 「全面復旧への道は遠い被災路線」, 『週刊東洋経済』第6311号, pp.76-79.

제5장 사회단체조사를 통해 본 3·11 동일본대지진

三陸河北新報社, 『ともに生きた伝えた―地域紙「石巻かほく」の1年』, 早稲田大学出版部, 2012年.

NTTタウンページ株式会社のiタウンページ「組合・団体」.

辻中豊, 『利益集団』, 東京大学出版会, 1988年.

辻中豊・森裕城[編], 『現代社会集団の政治機能―利益団体と市民社会』, 木鐸社, 2010年.

平野浩・河野勝[編], 『アクセス日本政治論(新版)』, 日本経済評論社, 2011年.

村井嘉浩, 『講演シリーズ 復興元年 民の力で早期の復興を!!』, 内外情勢調査会, 2012年.

河村和徳, 「被災地における住民意識―復旧・復興策に厳しい評価しているのは誰か?」, 『公共選択』第59号, 2013年, pp.110-125.

제6장 재해 복구 및 부흥에 대한 평가

中邨章・牛山久仁彦[編著], 『政治・行政への信頼と危機管理』, 芦書房, 2012年.

池田謙一, 「行政に対する信頼の構造」, 日本政治学会編, 『年報政治学 政治行政への信頼と不信』2010-Ⅰ号, 2010年, pp.11-30.

S. Van de Walle and G. Bouckaert. 2003. "Public Service Performance and Trust in Government: The Problem of Causality", *International Journal of Public Administration* 29(8&9), pp.891-913.

秋月謙吾, 「地方政府における信頼」, 日本政治学会編, 『年報政治学 政治行政への信頼と不信』2010-Ⅰ号, 2010年, pp.68-84.

野田遊, 『市民満足度の研究』, 日本評論社, 2013年.

ジョセフ・S・ナイ・Jr.=フィリップ・D・ゼリコウ=デビッド・C・キング(嶋本恵美[訳]), 『なぜ政府は信頼されないのか』, 英治出版, 2002年.

大山耕輔, 「信頼とガバナンスはなぜ必要か―政府と市民の視点から」, 『法学研究』第82巻第2号, 2009年, pp.117-149.

제7장 '새로운 공공'지원사업의 교훈

金井利之, 「自治体制度(行政体制)の10年」, 『ガバナンス』, 平成23年4月号, 2011年, pp.32-34.

「新しい公共支援事業の実施に関するガイドライン（平成23年12月5日改定）」.

『みやぎNPOプラザ情報 One to One（NPO法人杜の伝言板ゆるる発行）』第70（2012年秋）号.

田中弥生, 『NPOが自立する日―行政の下請け化に未来はない』, 日本評論社, 2006年.

辻中豊・坂本治也・山本英弘, 『現代日本のNPO政治』, 木鐸社, 2012年.

村松岐夫, 『地方自治』, 東京大学出版会, 1988年.

田中弥生, 『市民社会政策論―3・11後の政府・NPO・ボランティアを考えるために』, 明石書店, 2011年.

原田晃樹・藤井敦史・松井真理子, 『NPO再構築への道―パートナーシップを支える仕組み』, 勁草書房, 2010年.

제8장 '이웃의 힘'의 의한 재해 복구 및 부흥

長岡市役所地域振興戦略部[編集], 『新潟県中越大震災:長岡市の創造的復興』, 長岡市

辻中豊・ロバート・ペッカネン・山本英弘, 『現代日本の自治会・町内会』, 木鐸社, 2009年.

柴田高博, 「応急仮設住宅の建設と運営 応急仮設住宅の入居」, ひょうご震災記念21世紀研究機構災害対策全書編集企画委員会, 『災害対策全書二 応急対応』, ぎょうせい, pp.284-285.

秋山靖浩・河崎健一郎・杉岡麻子・山野目章夫[編], 『別冊法学セミナー 3・11大震災暮らしの再生と法律家の仕事』, 日本評論社, 2012年.

新川達郎, 「復興計画のガバナンス―東松島市の取り組みから」, 『ガバナンス』平成24年3月号, 2012年, pp.33-35.

河村和徳, 『宮城県の合併自治体の事例を中心にポスト合併時代の「広域行政」と「住民自治」について考える』, 平成22年度宮城県受託研究, 「市町村の広域行政に係る調査研究」研究成果報告書, 2011年.

東北開発研究センター[監修]・山田晴義[編著],『コミュニティの自立と経営』, ぎょうせい, 2006年.

東北開発研究センター[監修]・山田晴義[編著],『地域コミュニティの支援戦略』, ぎょうせい, 2007年.

浦野正樹・大矢根淳・吉川忠寛[編],『復興コミュニティ論入門』, 弘文堂, 2007年.

北陸地域づくり研究所,『北陸地域づくり叢書「新たな公」による北陸の地域づくり』 No.3, 2009年.

地方公務員等ライフプラン協会,『ALPS』第70号, 2005年, pp.22-25.

北陸地域づくり研究所, 「地域指標:中越大震災の被災地における復興動向―データと報告書から中越の「復興感」を読む」, 『北陸の視座』第26号, 2012年, pp.26-32.

제9장 가설주택자치회는 유대관계로 형성된 것인가

G. Hardin. 1968. "*The Tragedy of Commons*." Science 162, pp.1243-48.

M. Olson. 1965. *The Logic of Collective Action: Public Goods and the Theory of Groups*. Cambridge, MA: Harvard University Press(依田博・森脇俊雅[訳],『集合行為論―公共財と集団理論＜新装版＞』, ミネルヴァ書房, 1996年).

大水敏弘,『実証・仮設住宅―東日本大震災の現場から』, 学芸出版社, 2013年.

E. Ostrom. 1990. *Governing the Commons: The Evolution of Institutions for Collective Action*, Cambridge [England]; New York: Cambridge University Press.

E. Ostrom. 2009. "A General Framework for Analyzing Sustainability of Social-Ecological Systems." *Science* 325, pp.419-422.

羅一慶,『日本の市民社会におけるNPOと市民参加』, 慶應義塾大学出版会, 2008年.

石巻仮設住宅自治連合推進会・竹中徹・竹中徹ゼミナール有志,『石巻仮設住宅団地役員アンケート調査結果報告』, 2013年.

中邨章・牛山久仁彦[編著], 『政治・行政への信頼と危機管理』, 芦書房, 2012年.
塩崎賢明, 『住宅復興とコミュニティ』, 日本経済評論社, 2009年.

제10장 무엇이 복구·부흥을 지연시키는 것인가?

田代洋一・岡田知弘[編著], 『復興の息吹—人間の復興・農林漁業の再生』, 農文協, 2012年.
三田妃路佳, 『公共事業改革の政治過程—自民党政権下の公共事業と改革アクター』, 慶應義塾大学出版会, 2010年.
S. Arnstein. 1969. "A Ladder of Citizen *Participation*." *Journal of the American Institute of Planers* 35, pp.216-224.
篠原一, 『市民参加』, 岩波書店, 1977年.
田尾雅夫, 『市民参加の行政学』, 法律文化社, 2011年.
河北新報社, 『東日本大震災全記録』, 河北新報社, 2011年.
ジョージ・ツェベリス(眞柄秀子・井戸正伸[監訳]), 『拒否権プレーヤー—政治制度はいかに作動するか』, 早稲田大学出版部, 2009年.
A. O. Hirschman. 1970, Exit, Voice and Loyalty: *Responses to Decline in Firms, Organizations and States*. Cambridge, Mass.: Harvard University Press.
松井克浩, 『震災・復興の社会学—二つの「中越」から「東日本」へ』, リベルタ出版, 2011年.
山下祐介, 『東北初の震災論—周辺から広域システムを考える』, ちくま新書, 2013年.
L. W. Milbrath. 1965. *Political Participation: How and Why Do People Get Involved in Politics?* Chicago: Rand McNally.
蒲島郁夫, 『政治参加』, 東京大学出版会, 1988年.
三船毅, 『現代日本における政治参加意識の構造と変動』, 慶應義塾大学出版会, 2008年.

長峯純一,「防潮堤の法制度,費用対便益,合意形成を考える」,『公共選択』第59号, 2013年, pp.143-161.

제11장 공무원 제도가 초래한 재해 복구·부흥의 지연

平野浩・河野勝[編],『アクセス日本政治論(旧版)』,日本経済評論社, 2003年.
復興まちづくり研究会[編著],『復興まちづくり実践ハンドブック』,ぎょうせい, 2011年.
東野真和,『駐在記者発 大槌町震災からの365日』,岩波書店, 2012年.
今村都南雄,『官庁セクショナリズム』,東京大学出版会, 2006年.
大森彌,『官のシステム』,東京大学出版会, 2006年.
A. Downs. 1967. *Inside Bureaucracy*. Boston: Little, Brown(渡辺保男[訳], 『官僚制の解剖―官僚機構の行動様式』,サイマル出版会, 1975年).
黒川和美[著]・「官僚行動の公共選択分析」編集委員会[編],『官僚行動の公共選択分析』,勁草書房, 2013年.
草野厚,『官僚組織の病理学』,ちくま新書, 2001年.
新川達郎,「復興計画のガバナンス―東松島市の取り組みから」,『ガバナンス』平成24年3月号, 2012年.
原田泰,『震災復興 欺瞞の構図』,新潮新書, 2012年.
W. A. Niskanen. 1971. *Bureaucracy and Representative Government*. Chicago: Aldine-Atherton.
長岡市災害対策本部[編集],『中越大震災―自治体の危機管理は機能したか』,ぎょうせい, 2005年.
ガバナンス編集部,「復興の推進力となるのは首長の強いリーダーシップだ―全国市長会会長・新潟県長岡市長森民夫氏に聞く」,『ガバナンス』平成24年3月号, 2012年, pp.14-16.
熊本県庁チームくまモン,『くまモンの秘密―地方公務員集団が起こしたサプライズ』幻冬舎新書, 2013年.

富野暉一郎, 「自治体の首長と大震災」, 『ガバナンス』平成24年3月号, 2012年, pp.27-29.

제12장 시정촌은 위기관리·부흥의 단위가 될 수 있을까

遠藤薫[編著], 『大震災後の社会学』, 講談社現代新書, 2011年.
室崎益輝・幸田雅治[編著], 『市町村合併による防災力空洞化―東日本大震災で露呈した弊害』, ミネルヴァ書房, 2013年.
河村和徳, 『市町村合併をめぐる政治意識と地方選挙』, 木鐸社, 2010年.
今井照, 『「平成大合併」の政治学』, 公人社, 2008年.
長岡市災害対策本部[編集], 『中越大震災―自治体の危機管理は機能したか』, ぎょうせい, 2005年.
中邨章・牛山久仁彦[編著], 『政治・行政への信頼と危機管理』, 芦書房, 2012年.
藤田由紀子, 『公務員制度と専門性―技術系行政官の日英比較』, 専修大学出版局, 2008年.
吉村弘, 『最適都市規模と市町村合併』, 東洋経済新報社, 1999年.
西川雅史, 「市町村合併の政策評価―最適都市規模・合併協議会の設置確率」, 『日本経済研究』第46号, 2002年, pp.61-79.
永田尚三, 『消防の広域再編の研究―広域行政と消防行政』, 武蔵野大学出版会, 2009年.
山崎仁朗・宗野隆俊[編], 『地域自治の最前線―新潟県上越市の挑戦』, ナカニシヤ出版, 2013年.
東京市町村自治調査会[監修]・牛山久仁彦[編著], 『広域行政と自治体経営』, ぎょうせい, 2003年.
佐藤岩夫, 「＜復興ガバナンス＞の視覚と課題」, 東京大学社会科学研究所[編], 『復興のガバナンス―東京大学社会科学研究所全所的プロジェクト研究「ガバナンスを問い直す」第2回臨時セミナー記録』, 東京大学社会科学研究所研究シリーズ第51号, pp.5-20.

今井照,「『『仮の町』構想と自治の原点」,『ガバナンス』平成24年9月号, 2012年, pp.22-25.

山梨学院大学行政研究センター[編],『広域行政の諸相』, 中央法規, 2001年.

金井利之,「自治体制度(行政体制)の10年」,『ガバナンス』平成23年4月号, 2011年, pp.32-34.

제13장 지자체 간 클라우드의 가능성에 대한 고찰

遠野まごころネットのホームページ(http://tonomagokoro.net).

ガバナンス編集部,「復興の推進力となるのは首長の強いリーダーシップだー全国市長会会長・新潟県長岡市長森民夫氏に聞く」,『ガバナンス』平成24年3月号, 2012年, pp.14-16.

市川喜崇,「震災復興と自治体間協力ー相互応援協定・「対口支援」」,『地方自治職員研修臨時増刊号 東日本大震災と自治体ー3・11後の自治体政策とは!?』第44巻通巻610号, 2011年, pp.96-105.

『実践自治 Beacon Authority』通巻46号, 2011年.

電力中央研究所の報告書,「地域における広域連携の形成過程にみるアクターの役割ー関西広域連合および東北のグランドデザイン形成のケーススタディ(研究報告:Y11035)」.

櫻井美穂子・國領二郎,『自治体ICTネットワーキングー3・11後の災害対応・情報発信・教育・地域活性化』, 慶應義塾大学出版会, 2012年.

河村和徳,『現代日本の地方選挙と住民意識』, 慶應義塾大学出版会, 2008年.

今井照,『「平成大合併」の政治学』, 公人社, 2008年.

河村和徳,『市町村合併をめぐる政治意識と地方選挙』, 木鐸社, 2010年.

榎並利博,「災害対策としてのクラウド」,『公明』第74号(2012年2月号), pp.46-51.

관련 홈페이지

『河北新報』

『岩手日報』

『朝日新聞』

『日本経済新聞』

『読売新聞』

『毎日新聞』

『大崎タイムス』

『北陸中日新聞』

内閣府(http://www5.cao.go.jp/) 홈페이지

집필자 소개

가와무라 가즈노리(河村和德)

現職 : 도호쿠대학대학원 정보과학연구과 교수
　　　(東北大学大学院情報科学研究科)
E-mail : kwmr3@sp.is.tohoku.ac.jp
HP : http://www.page.sannet.ne.jp/kwmr/(일본어)

〈주요 저서〉

- 가와무라 가즈노리(河村和德), 『現代日本の地方選挙と住民意識(현대 일본의 지방선거와 주민 의식)』, 慶應義塾大学出版会, 2008年.

- 가와무라 가즈노리(河村和德), "일본의 지방정치와 유권자 의식" 小林良彰 편저·나일경(羅一慶) 옮김, 『일본의 선거와 유권자 의식』, 논형(서울), 2008年 수록.

- 『市町村合併をめぐる政治意識と地方選挙(시정촌 합병을 둘러싼 정치의식과 지방선거)』, 木鐸社, 2010年.

- 가와무라·유아사 하루미치(湯淺 墾道)·고선규 편저, 『被災地から考える日本の選挙—情報技術活用の可能性を中心に(재해지역에서 바라보는 일본의 선거: 정보기술의 활용 가능성을 중심으로)』, 東北大学出版会, 2013年.

- 가와무라 가즈노리(河村和德)·이바라키 슌(茨木 瞬), "日本における被災地市民の行政への信頼(일본의 재해피해 지역 시민의 행정에 대한 신뢰)", 『日本研究』, 〈고려대학교 글로벌일본연구원〉, 제25집, 2016년.

- 이토 히로아키(伊藤 裕顕)·가와무라 가즈노리(河村和德), 『被災地選挙の諸相 現職落選ドミノの衝撃から2016年参院選まで(재해피해 지역 선거 분석: 현직의 '낙선 도미노' 충격과 2016년 참의원선거)』, 河北新報出版センター, 2017年.

〈공저자〉

- 제2장 : 오오바야시 신야(大林 真也)
  現 아오야마가쿠인대학(青山学院大学) 문화연구(社会情報学部) 조교수(助教)

- 제3장 : 후쿠이 에이지로(福井 英次郎)
  現 게이오대학(慶應義塾大学) 쟝모네EU연구센터 연구원

- 제4장 : 야마모토 마사타카(山本 昌貴)
  現 호쿠리쿠철도(北陸鉄道) 기획부 차장

- 제2장 및 제9장 : 기라 요스케(吉良 洋輔)
  現 가나즈대학(会津大学) 문화연구(文化研究)센터 부교수(准教授)

(2017년 9월 1일 현재, 소속)

역자 소개

김영근(金暎根)

도쿄대학 대학원 총합문화연구과에서 박사학위(국제관계학 전공)를 받았으며, 현재 고려대학교 글로벌일본연구원 교수로 있으며, 사회재난안전연구센터 소장을 맡고 있다. '재해후의 일본경제정책 변용: 간토·전후·한신·동일본대지진의 비교분석' 등의 논문을 썼으며, 『일본 재해학과 지방부흥』(공편), 『한일관계사 1965-2015. II: 경제』(공저), 『동일본 대지진과 일본의진로』(공저) 등의 저서와 『한일 경제협력자금 100억 달러의 비밀』, 『제언 동일본대지진』, 『일본 원자력 정책의 실패』 등의 역서가 있다.

주된 관심분야는 글로벌 위기관리 및 재해안전학, 일본의 정치경제, 동아시아 국제관계, 국제기구 등이다. 미국 예일대학 국제지역연구센터(YCIAS)파견연구원, 일본 아오야마가쿠인대학 국제정치경제학부 협력연구원, 현대경제연구원 동북아연구센터 연구위원, 무역투자연구원(ITI) 무역정책실 연구실장, 계명대학교 국제대학 일본학과 조교수를 역임했다.

김경림(金瓊琳)

성신여자대학교 일어일문학과를 졸업하고 동경여자대학교 언어문화학과에서 연구생으로 있으면서 언어의 생명력에 매력을 느꼈다. JETRO서울센터(1991-1996년), POSCO도쿄지점(1996-2000년), LG투자증권도쿄사무소(2002-2003년), 국가인권위원회 장애차별1과(2017년) 등에서 근무하면서 한국과 일본의 사회·문화 비교에 관심을 가지게 되었다. 일본에서 약 10년간의 생활을 거쳐 일본어 통역 및 번역전문가로 활동 중이다. 2006년 「조선일보」와 무라카미 하루키 작가의 인터뷰 통역 경험은 번역가의 꿈을 키우는 계기가 되었다. 역서로『숲속에 잠든 물고기』(공역: 나남출판사), 『야쿠자 경영학』(김&정 출판사)이 있다.

색인

ㄱ

가설주택 9, 102, 112-114, 123, 139, 141, 142, 160, 165, 166, 170, 175-181, 183-185, 188, 189, 197, 198, 200-217, 224, 243-247, 251, 285, 286, 289

가호쿠신포 161, 162, 263, 266
개인정보 288-290
거버넌스 7, 10, 48, 154, 184, 222, 282
겐로쿠시타 101
계획정전 68
고독사 114, 184, 211
고령화 102, 111, 181
공공재 184, 198, 211
공공정보커먼즈 283, 284
공공 커먼즈 282
공복 247, 253
공생 226
공유 81, 112, 182, 197-202, 214-216, 246, 264, 278, 301, 302
공조 87, 217
공평 51, 215, 243, 244-246, 250, 257
과소화 99, 102, 142, 180, 181, 194, 234, 235, 240

과학기술인문사회 융합 45
광역방재 307
광역 재해 33
교통수단(발, 다리) 104, 111, 112 → 지역의 발
교통 약자 101, 105, 112
교통 인프라 60, 92
교통정책 100, 105, 264
구호 75
구호활동 34
국토교통성 109, 221
규모의 경제 274, 293
기부금 122, 123, 168
기술혁신 291
기억의 풍화화 179, 219
긴급재해경비본부 148

ㄴ

난카이트로프 135, 143, 287
네트워크 81, 83, 126, 127, 152, 165, 194, 202, 207, 214, 295, 300
뉴노멀 10

ㄷ

대안(미나시)가설주택 142, 160
도호쿠 지방 14, 16, 17, 19, 22-24, 29, 45, 58, 68, 78, 83-86, 91, 92, 101, 116, 120, 138, 140-142, 161, 162, 167, 170, 181, 188, 191, 223, 240, 256, 290, 292, 310
동일본대지진 7-10, 18, 26, 29, 31-34, 38-41, 45-47, 49-52, 55, 57, 58, 60, 77, 80, 82-85, 87, 88, 90, 94-96, 99, 101, 102, 107, 111, 112, 115-117, 120, 121, 135, 137-140, 143, 148, 149, 159, 161, 163, 165-167, 173-176, 181, 189, 191, 195, 198, 219, 222, 223, 226, 227, 230, 231, 237, 243, 251, 252, 255-257, 259, 260, 263, 268, 273, 275, 278, 285-288, 290, 295, 297, 303, 307, 309
디지털 디바이드(정보격차) 294

ㄹ

라이프라인 38, 58, 97, 137
라이프 이벤트 152
리더십 9, 109, 222, 241, 243, 254, 255, 257, 259, 260, 287
리스크 사회 45, 46

ㅁ

마을만들기 227
마이넘버제도 36
매뉴얼 11, 84, 96, 139, 251, 267
민주당 36, 48, 123, 127, 129-132, 138, 139, 222, 223

ㅂ

방재 26, 32-34, 40, 76, 85, 96, 109, 112, 132, 135, 138, 139, 143, 158, 256, 263, 269, 270-272, 274, 278-280, 282, 287, 290, 303, 307
방재 · 위기관리 96, 279, 282
방조제 32, 55, 241, 297
법률 만능주의 249, 255
보도 18, 20, 22-24, 37, 46, 80, 82, 86-89, 95, 116, 127, 135, 190, 194, 211, 225, 246, 255, 261, 262, 279, 301, 306
복구 · 부흥 8, 9, 33, 35, 37, 38, 41, 43, 49, 50, 53, 55, 94, 95, 99, 111, 116, 125, 128-130, 132, 133, 140, 142, 143, 145, 146, 152, 154, 163, 168, 169, 174, 176, 178, 180, 185, 187, 189-192, 195, 203, 207, 213, 219-224, 226, 227, 230, 231, 233, 234, 236, 238, 240, 243-245,

247-249, 252-255, 257, 260, 276-278, 296, 297, 299, 300
복합 재해 33
볼런티어 8, 52, 57, 58, 60-67, 75, 158, 159, 172, 173, 214
부흥격차 134, 175, 192, 219, 220
부흥구상회의 48, 226, 227, 232, 237, 256
부흥예산 132-134, 255-257
부흥주택 114, 175, 180, 244
부흥지원조성금 190
부흥청 35, 36, 48, 50, 51, 138, 154, 190, 222, 256

ㅅ

사람 8, 17-, 30, 33, 36, 39, 42, 45-49, 52, 57, 58, 61-70, 72-74, 77, 80, 84, 88, 100, 101, 103-109, 114, 135, 138-141, 142, 145, 146, 148, 149, 151, 152, 154, 158, 159, 166, 170, 173, 176, 180, 181, 183, 184, 191, 195, 198, 201, 202, 204, 206, 207, 210-213, 215, 216, 219, 224, 226-228, 232-239, 246, 248, 250, 252, 253, 258, 259, 265, 273, 289, 305
사전(事前), 재전(災前) 20, 139, 161, 181, 188, 189, 203
사정청 50

사회공헌공동체 166-168
사회관계자본 12, 201, 202, 212
사회 이노베이션 163
상정외(예상 밖) 8, 29-31, 41, 52
(재해 시)상호응원협정 269, 285, 287-290, 301-303, 305
새로운 공공 9, 109, 110, 157-165, 167, 169, 171-174, 185, 192, 193, 202, 297
생산거점 300
서플라이 체인(Supply Chain) 35
선거 10, 11, 30, 32, 36, 41, 43, 44, 47, 49, 66, 94, 123, 131, 132, 222, 260, 264-266, 281, 282, 291, 292, 310
세월호 재해 10
섹셔널리즘 251
시민권력 228, 229
시민 사회 117, 173
시민의식조사 25, 26, 46, 47, 60, 66, 68, 139, 143, 149, 155, 236, 237, 309, 310
시정촌 합병 36, 111, 188, 261, 263-266, 271, 275, 277, 291, 301, 302
신뢰 30, 52, 54, 89, 95, 138, 139, 146, 153, 154, 159, 167, 168, 182, 194, 202, 217, 264, 274, 325
심각한 사고 82
쓰나미(해일) 13, 16, 19, 24-26, 30, 33, 34, 40, 41, 43, 57, 58, 68, 86,

88, 111, 120, 139, 141, 144, 169, 170, 176, 180, 181, 185, 188, 198, 219, 221, 231, 232, 240, 246, 249, 285, 287, 288, 294, 295, 297, 306

ㅇ

안심 11, 46, 96, 160, 194, 282, 301
안전의식 9
안전지역 90, 92
업무연속성(BCP) 31, 32, 295
역기능 9, 130, 219-221, 248, 249, 252, 254, 255
연보 정치학 139
온디맨드 택시 112
올슨(M. Olson) 198
외국인 77-80, 83-85, 88, 90, 94, 96, 226
외무성 79, 81, 82, 85
원전사고 10, 17, 22, 24, 30, 34, 39, 46, 48, 58, 68, 80, 81, 89-92, 95, 138-141
원호자 33, 77, 78
위기관리 8, 9, 12, 26, 30-32, 38, 40, 41, 49, 51, 96, 138, 217, 257, 258, 260, 261, 266, 269, 272, 274-282, 288, 289, 295-297, 301
유대감(기즈나) 9, 29, 30, 45 → 인연
유대관계 197, 302

의연금 19, 20, 116, 121, 122
이웃의 힘 9, 175, 180, 184, 189, 191
이재민 33, 34, 49, 51, 112, 142, 226, 230, 286
인연 29, 30, 65, 176, 275 → 유대감(기즈나)
인프라스트럭쳐(교통) 9, 97, 316
일본 내각부 163
일본정경사회학회 88
임시주택 243

ㅈ

자민당 36, 127, 129-132, 223
자숙 30, 88, 90
자원봉사 57-62, 66, 67, 75, 76, 84, 98, 116, 158, 159, 176, 177, 181, 189, 191, 202, 208, 211-214, 217, 222, 250, 252, 261, 273, 288, 289
자율성 183
자조 217
자주성 182
자치회 활동 66, 67, 217
재난 대비 145
재난 대응 8, 9, 138, 146-148, 185
재일 공관 78, 79
재일본대사관 77, 315
재해공영주택 205, 210, 216, 217
재해다언어지원센터 84
재해 대응 84, 94, 115, 131, 138, 290

재후(災後) 10, 32, 145
재해 복구 8, 9, 175, 185, 222, 225, 243, 296
재해부흥 36, 37, 44, 131, 152, 163, 165, 167, 169, 202, 235
재해자 25, 26, 30, 36, 49, 54, 55, 57, 58, 60, 66, 95, 111, 114, 138, 142, 148, 160, 167, 170, 173
재해지(피재지역) 9, 13, 16-22, 24-26, 30-32, 36, 37, 41, 42, 44, 46-48, 51-55, 57-60, 62, 64-66, 75-80, 83, 85-92, 94, 95, 98, 101, 102, 107, 110-112, 114-117, 120-123, 125-128, 130, 131-133, 135, 138-140, 143, 145, 146, 151, 153, 154, 159, 161, 164, 167-174, 176, 178, 182, 184, 190, 202, 209, 222-224, 230, 233, 234, 236, 241, 249, 251, 252, 257, 261, 270, 274, 287, 292, 300
재해지원 270
재해특수 224
재해자(재해피해자) 25, 26, 30, 36, 49, 54, 55, 57, 58, 60, 66, 89, 95, 111, 114, 138, 142, 148, 160, 167, 170, 173, 240
재해 현장 8, 9, 30, 95, 153, 231
전력 27, 34, 39, 40, 58, 61, 68, 72, 87, 116, 290
전력부족 39, 40, 58, 68

절전행동 57, 58, 68-70, 71, 73-75
정권교체 11, 94, 127
정보 9, 13, 16-23, 33, 39, 40, 45, 46, 48, 67, 77, 79-83, 85-89, 92, 94-96, 130, 135, 146, 151-153, 160, 162, 164, 167, 176, 181, 182, 185, 207, 211, 214, 223, 228, 231, 256, 272, 282-284, 286, 288-295, 297, 300, 301, 310
정보격차 87, 88, 294
정보발신 77, 79, 81, 83, 256, 290, 291
정보제공자 95
정전 13, 16, 39, 40, 68, 77, 79, 80, 82, 87
정치 8, 10, 16, 20, 26, 30, 36, 45-49, 94, 116, 117, 119, 123-131, 138-140, 151, 153, 172, 175, 189, 191, 195, 217, 222, 223, 232, 234, 237-239, 241, 247, 248, 252, 253, 255-257, 264-266, 274, 279, 291, 310
정치변화 94
정치참여 234, 237, 238
종속적 사회집단 21
주민기본대장 네트워크 46
주민집회(방청회) 231
주민참여 9, 219, 220, 226-231, 233, 235-238, 240, 241, 254
중앙-지방 관계 41-43, 294
쥬에츠(대)지진 27, 109, 110, 176, 189,

192, 193, 202, 257, 258, 272, 277, 278, 303

지방선거 10, 11, 36, 47, 49, 66, 123, 222, 264-266, 291

지방정부 11, 79, 80, 87, 139, 278

지방지자체 7, 8, 10, 32, 36, 188, 190, 194, 215, 273, 274, 277, 281, 282, 283, 287, 290, 296, 301

지역방재계획 32, 33, 269

지역 방재력 33

지역의 발 101, 108, 111 → 교통수단

지역 커뮤니티 160

지진(진재) 7-11, 13-18, 20-24, 26, 27, 29-34, 37-41, 43-55, 57, 58, 60-62, 64-66, 68, 75, 77-85, 87, 88, 90-92, 94-99, 101, 102, 107, 109-117, 120, 121, 127, 132, 135, 137-141, 143, 144, 146, 148, 149, 152, 153, 158-161, 163, 165-169, 173-181, 183-186, 189, 191-193, 195, 198, 201, 202, 211, 213, 219, 222-224, 226, 227, 230, 231, 234, 235, 237, 238, 243, 246, 248-253, 255-263, 266, 268-275, 277, 278, 285, 287-290, 295-297, 300, 303, 307, 309

지진재해 부흥구상회의 226

진재부흥 165, 230, 236, 255

질서 16, 57, 58, 68

집합행위의 딜레마 202

ㅊ

총무성 44, 190, 270, 282, 297

추정기사 88

ㅋ

카쉐어링 113, 165, 202

커먼즈의 비극 198

클라우드 4, 45, 285, 289-291, 293-302, 306, 307

ㅌ

탄소세 107

특수 107, 142, 224

ㅍ

피난 권고 33, 90-93

ㅎ

(고베)한신·아와지대지진 34, 38, 44, 45, 138, 158, 160, 168, 173, 183, 189, 191, 192, 222, 288, 289, 303

한일관계 88
핵심도시 294
헤이세이 대합병 32, 44, 111, 170, 185, 187, 261, 262, 264, 271, 274, 276-279
후쿠시마 원전사고 10, 17, 22, 24, 34, 39, 46, 48, 58, 68, 80, 81, 89, 91, 92, 138, 140

43, 48, 50-52, 57, 60, 66, 72, 79, 81, 84, 85, 90, 94, 114, 115, 120, 131, 135, 138, 139, 141, 145, 146, 148, 151, 152, 158, 161, 167, 171, 173, 183, 184, 201, 219, 222, 223, 287, 289, 290

I

ICT 40, 44, 45, 290-293, 295, 300

N

NGO 158
NPO 45, 52, 65, 109, 112-114, 116, 135, 158-160, 162-169, 171-174, 176, 177, 179, 181, 182, 185, 186, 189-191, 202, 253, 286, 289

P

PTSD 17

기타

3・11 7-10, 18, 19, 29-33, 36, 40, 41,